JN297236

視覚科学

横澤一彦
Kazuhiko Yokosawa

勁草書房

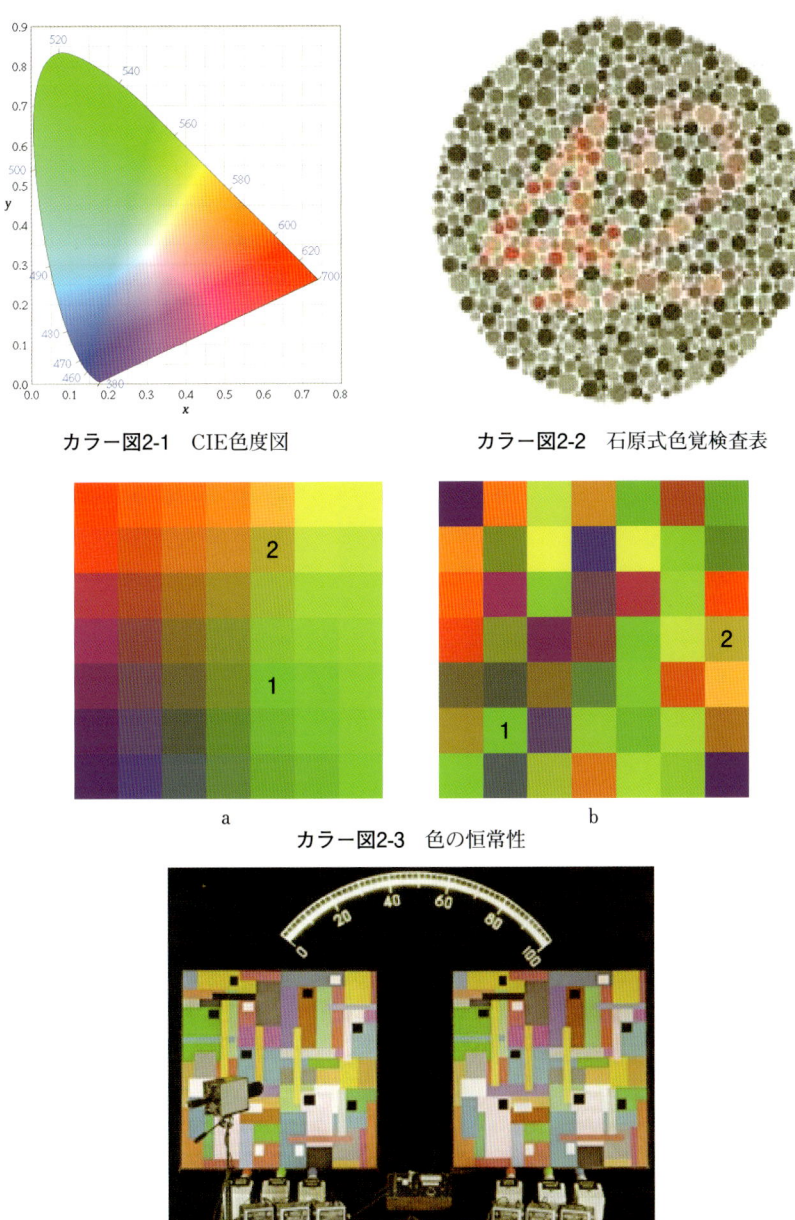

カラー図2-1　CIE色度図

カラー図2-2　石原式色覚検査表

カラー図2-3　色の恒常性

カラー図2-4　モンドリアン図形（Land, 1977）

カラー図2-5　色相反転画像による順応

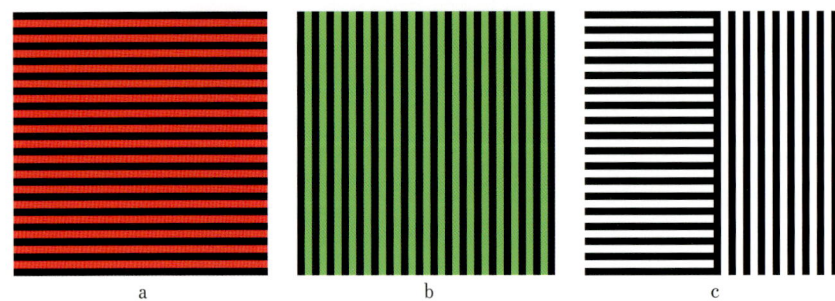

カラー図2-6　マッカロー効果

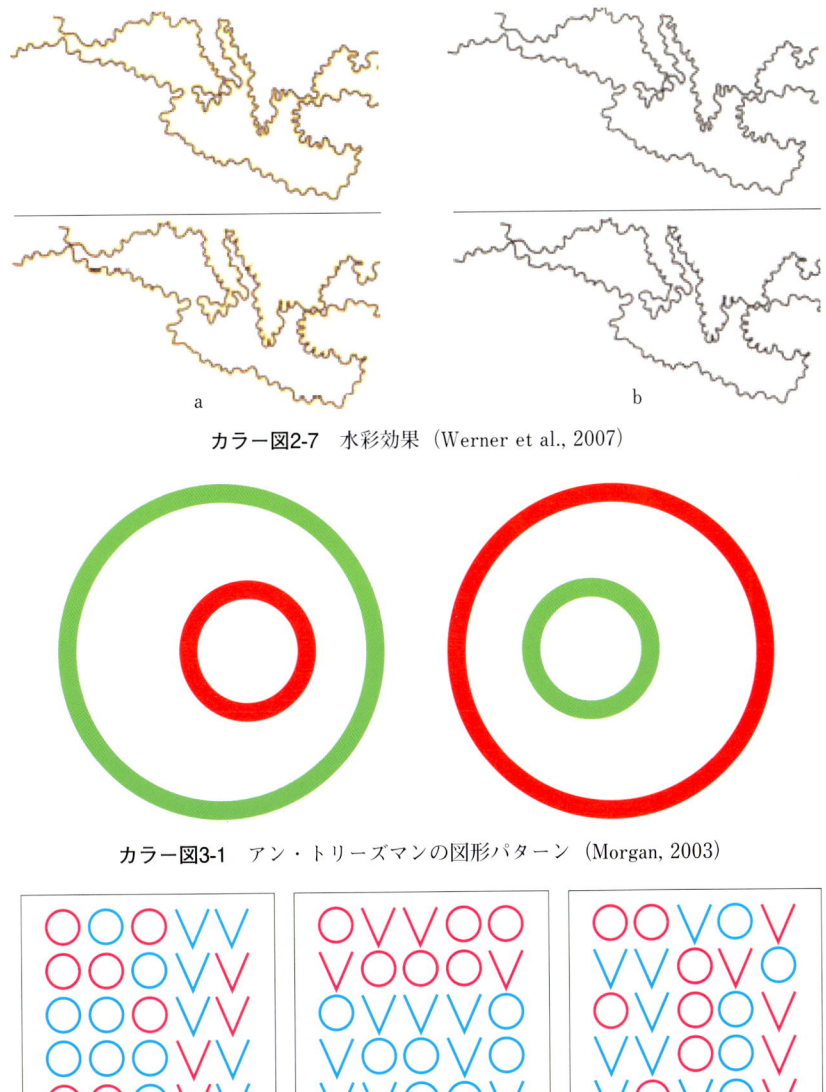

カラー図2-7 水彩効果（Werner et al., 2007）

カラー図3-1 アン・トリーズマンの図形パターン（Morgan, 2003）

カラー図4-1 色と形を組み合わせたテクスチャ（Treisman, 1986）

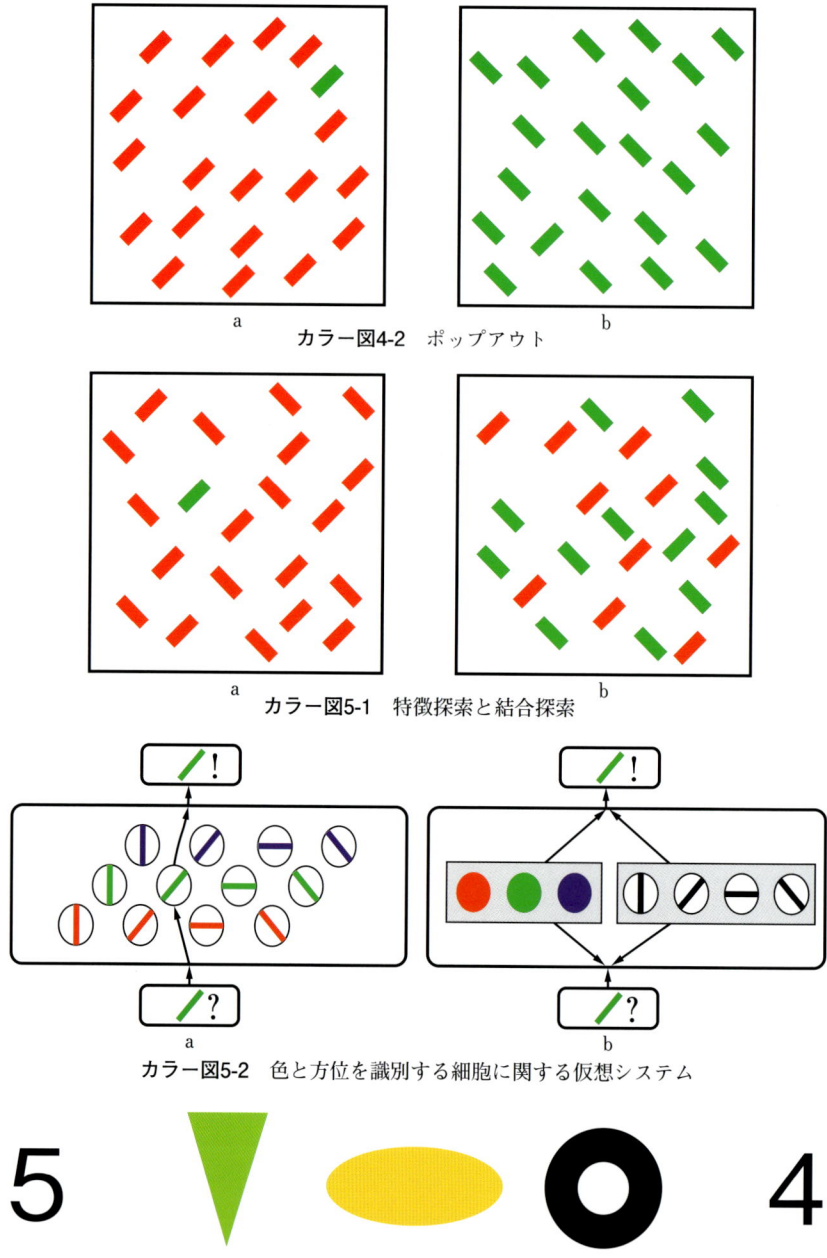

カラー図4-2 ポップアウト

カラー図5-1 特徴探索と結合探索

カラー図5-2 色と方位を識別する細胞に関する仮想システム

カラー図5-3 結合錯誤（Treisman, 1986）

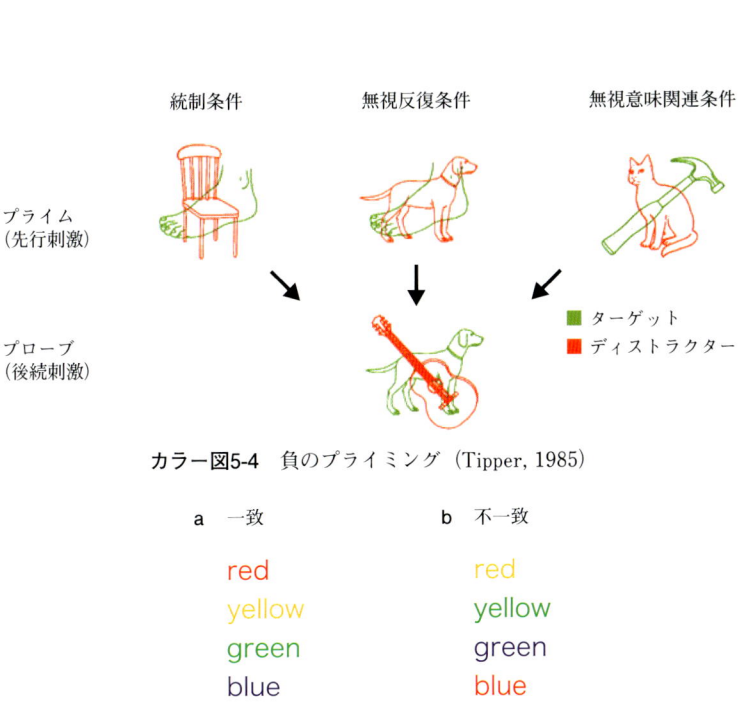

カラー図5-4 負のプライミング (Tipper, 1985)

カラー図6-1 ストループ効果

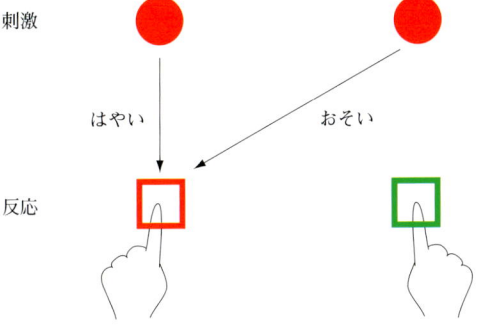

カラー図7-1 サイモン効果

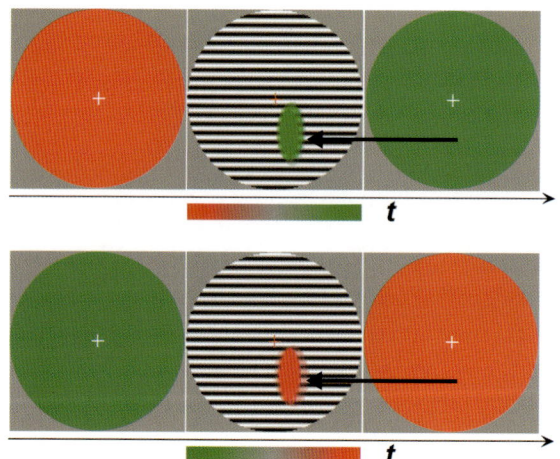

カラー図8-1 共感覚色の例

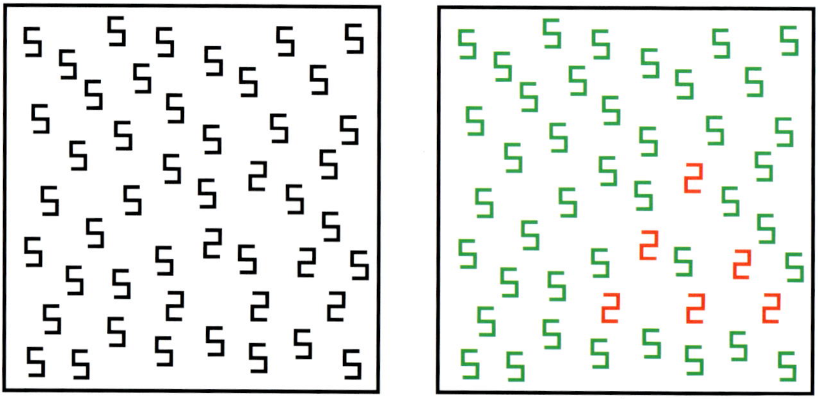

カラー図8-2 共感覚的ポップアウト （Ramachandran & Hubbard, 2003）

カラー図9-1 人工盲点 （Kamitani & Shimojo, 1999）

推薦のことば

　視覚は，人が外界を知る最大の情報源であり，コミュニケーションの媒体として大変大きな役割を果たしているだけでなく，美を感じ，喜びを与える源泉でもある。この視覚に対する人々の関心は古く，ギリシャ時代に遡ることができるが，ニュートン，ゲーテ，ヘルムホルツなどの科学史と文化史上の偉人たちの貢献も大きい。物理学，生理学，心理学，情報工学などが関係した極めて学際的な研究領域である。

　本書は網膜の受容機構から，色や明るさの感覚，形や空間の知覚，注意の働き，物体や文字や顔や情景の認知，他の感覚との関連から，脳の活動と意識の問題まで，極めて広い範囲を1冊の本に，豊富な図版を用いて大変わかりやすく簡潔に解説している。予備知識がなくてもわかるように基礎から説き起こし，最新の研究まで言及している。

　情報工学で工学博士を得てから，心理学に転じ，東大教授として活躍している著者によって，初めてなしえた快挙である。視覚に関心をもつ多方面の読者に推薦したい。

東京大学・日本大学元教授　　大山　正

　脳が視覚情報をどのように処理し外界を認識しているか，その仕組みの解明は非常に興味をひく課題である。この課題を扱う視覚科学の研究領域は多くの分野にまたがっている。

　本書の著者は，情報工学出身の認知心理学者というキャリアを持ち活躍中である。本書は，2つの分野に精通している著者ならではの視点から視覚科学の基礎から最新の研究までわかりやすく解説している。視覚に興味をもつ大学生，大学院生，社会人，研究者のための教科書・入門書として必読の書である。

工学院大学名誉教授　　淀川英司

はじめに

視覚システムが完全に理解されたならば，魂という魅力的な問題がもっと研究しやすくなるだろう。　　　　　　　　　　　——フランシス・クリック

見るという行為の特定の側面がややこしく思えるのは，私たちが見るという行為全体がややこしいとは思っていないからだ。
　　　　　　　　　　——ルートヴィッヒ・ウィトゲンシュタイン

1　見ることを科学する？

　視覚科学というのは，文字通り，見ることを科学するということである。しかしながら，見ることが科学するような代物なのかという点に関して，疑問をもたれる方が多いかもしれない。事実，網膜に映し出される像（網膜像），すなわち外界が映し出された「光」の分布が「視覚」の全てならば，いまさら見ることを科学する必要はほとんどない。眼球のレンズ系としての巧みな仕組みを理解することによって，外界光によって生成される網膜像と外部世界との対応関係について，比較的簡単に納得することができる（詳細は，第1章で取り上げる）。
　しかし，「光」は地球上に常に存在してきたが，「視覚」は生物における光への適応であり，生物の進化の過程で最初から常に存在してきたわけではないことを忘れてはならないと思う。したがって，「光」と「視覚」に関する学問，すなわち光学と視覚科学は区別しなければならない。実は，われわれの全ての行動を司っている脳の多くの部位が視覚に関わっていることがすでに分かっている（詳細は，第1章と第9章で取り上げる）。このことからも，われわれの視覚系の情報処理が高度に発達し，われわれの行動にとって非常に重要であることは明白である。決して，網膜像そのものが「見る」ということの全てではな

はじめに

いのである。したがって，視覚科学は眼球や網膜レベルの情報処理過程のみを扱うわけではない。もっと言えば，網膜像に対応する脳内の表象（representation），すなわち心のうちに表れた表現形態を段階的に探し出すだけでもない。

進化心理学者のニコラス・ハンフリーは，『赤を見る』（Humphrey, 2006）という刺激的な著書の中で，プロジェクターで映し出されたスクリーン全面の赤色を見ること（彼の言葉を借りれば「赤する（Redding）」こと）から，意識の正体に迫ろうと試みた。意識とは不可解な性質ではあるが，赤を見るという経験でさえ，豊かで主観的な人生を築くための基礎をなすことには違いなく，意識は人生を生きることが大切で有意義であることを思わせるべく存在するという結論を導いている。いずれにしても，見るということを追求することは，認知心理学に留まらない哲学的な問題を包含し，最終的には意識とか，魂とかを扱うことと同列の問題なのかもしれない（このような議論の詳細は，第9章で取り上げる）。

それでは，科学するとはどのようなことなのだろうか？　本書は，認知心理学の立場から，見ることの科学について書きたいと思っている。認知心理学は，心や行動の理解にあたって，思弁や思索によるのではなく，明確な科学的論証や論拠を求める学問をさす。個人の内なる心を万人がとらえるためには，客観的な論証が必要であり，その手段が実験という手法なのである。そして，批判的な吟味のために，常に追試（すでに実施された実験をふたたび行い確認すること）を受けることに扉が開かれていなければならない。すなわち，本書で取り上げる現象や実験結果のほとんどは，認知心理学における代表的な研究成果であるが，それらはいつでも追試することが可能でなければならない。

科学的な論証のために，認知心理学が果たす役割とは何だろうか？　視覚が重要な脳内プロセスだとすれば，先端的な脳科学研究で解明すべき問題であると考える方も多いに違いない（認知心理学を脳科学の一分野と考えないのならばだが）。それに対する一つの答えになると思うのだが，著名な脳神経科学者である大阪大学の藤田一郎教授が，『「見る」とはどういうことか』（藤田, 2007）という著書の中で面白いたとえ話を書いている。「地球におりた宇宙人」と題された節で，高度な知性を発達させた宇宙人が人間を観察するというのだが，

この宇宙人は本というものを知らなかったので，人間が本で何をしているのか，見当がつかないという。そこで，彼らは自分の星に本を持ち帰り，黒い部分と白い部分の面積をはかり，パルプとインクの成分を調べ，本についての分析結果が山のように得られた。しかし，本とは何かについては何も分からなかった。さて，宇宙人は何をすべきだったのだろうかという問いかけである。

　これは，「見る」ということを科学するための神経科学者のアプローチが，この宇宙人と同様の状態になりかねないことを警告したものであろう。この場合足りないのは，本を読むという「行動」の観察であり，この「行動」の観察こそが認知心理学的な研究の原点なのである（統制された環境下で行動を観察することが，認知心理学的実験である）。これまでも，行動の観察から得られた認知心理学的研究成果が脳科学を牽引した例は枚挙にいとまがないほどである。これからも，認知心理学的なアプローチが，脳科学の進展に重要な役割を果たす可能性は少なくないと思う。

2　認知心理学は錯視の研究？

　本書は，基本的に視覚に関する認知心理学の教科書であり，専門の学術研究論文を読む前の入門書を目指している。そもそも，認知心理学は一般の方がイメージする心理学とはどうも異なるらしい。さらに，心理学の初学者や他分野の研究者からみると，認知心理学とは錯視を研究する学問であるかのように感じられているような気もする。錯視（visual illusion, optical illusion）とは，大きさや強さ，長さといった点で，物理的な属性とは異なる属性として対象が知覚される視覚現象である（すなわち，動いていない絵が動いて見えたり，同じ長さの線分が違って見えたりする現象を指す）。このような錯視に関する研究も認知心理学の一分野であり，われわれのある種の行動を理解する上で重要であるには違いない。しかし，多くの認知心理学者にとって，錯視は決して主たる研究対象ではないし，錯視現象の発見が主たる研究目的ではない。上述のような認知心理学に対する誤解が存在するとすれば，それらを本書が少しでも埋められたらよいと思う。

　ただし，本書は認知心理学全般を扱っていない。いわゆる視知覚もしくは視

はじめに

覚認知と呼ばれる過程もしくは機能を取り上げたものであり，認知心理学で取り扱われる他の機能，たとえば思考や推論などの高次機能については触れていない。これは認知心理学の全貌を広く学びたい学生の皆さんの教科書としては，いささか不十分であろう。しかしながら，そのようなメニューをきちんと揃えた，数多ある認知心理学の教科書（このような大学の教養課程向きの教科書では，たいていの場合一回の講義時間だけで視知覚を取り上げることを想定している）とは異なり，本書からは視覚科学に関する先端的な研究の動向を踏まえた認知心理学の神髄を感じ取ることができるはずである。なぜならば，そもそも認知心理学の提唱者であるナイサーの著書"Cognitive Psychology"（Neisser, 1967）の約半分は視覚認知に関する内容（残り半分の大半は聴覚認知）であり，さらにそれ以降40年以上に渡って最も多くの認知心理学者が取り組み，最も解明が進んでいる分野が視覚だと考えられるからである。したがって，大学の教養としての認知心理学ではなく，心理学科の専門課程で学ぶべき認知心理学の講義のための教科書，認知心理学系のゼミの参考書，理工系の視覚科学関連の講義のための教科書，視覚全般に関わる研究者のための入門的な手引書として本書を提案したいと考えている。

　視覚に限定しても，認知心理学的な様々なトピックスを挙げることができる。整理のために，本書では主に処理レベルや機能で章立てを考えた。視覚情報の入口から扱うことになる前半部分（第1章から第4章まで）は，既存の認知心理学の教科書や脳科学の入門書などの内容と重なるので，認知心理学を理解する上で必要な内容を厳選することにした。その上で，大きなインパクトを与えた最新の研究群を加えることに腐心した。これまで解明が進んできた分野だけに，バラエティにとんだ内容になったと思う。後半になるにしたがって，内容も最近の認知心理学の進捗を反映したものになっている。注意（第5章）やオブジェクト認知（第6章），そして情景認知（第7章）は最も筆者の専門に近く，さらにこれまで日本語の教科書で取り上げられることが少なかった分野である。また，狭義の認知心理学研究に限定せず，広く視覚に関連する分野も取り上げた（第8章や第9章）。まだ解明途上のトピックスも多いが，フランシス・クリック（Crick, 1994）の言葉を借りれば，できるところから取り組む必要がある研究の現場を感じてもらえればよいと思う。そして，現状で明らかになってい

る視覚に関する基本法則とか文法（Hoffman, 1998）に相当するものを是非とも知ってもらいたい。

　本書によってさらに視覚科学に興味を持たれた皆さんが，できるだけ容易に勉強を続けられるように，専門の学術誌に掲載された論文の引用はできるだけ避け，一般にも手に入りやすい書籍（特に，英語の書籍の場合には，日本語に翻訳され出版されている書籍）や雑誌を取り上げることにしたので，有効に利用してもらいたい。それによって，同一の現象でも，様々な立場で検討され，異なった見解や位置付けがあることを知ることができると思う。そして，本書をもう一度読み直してもらえば，視覚科学に対する本書の立場もより明確になるに違いない。

参考文献

Crick, F. (1994). *The Astonishing Hypothesis*. New York: Simon & Schuster.（クリック，F. 中原英臣・佐川峻（訳）(1995). DNA に魂はあるか——驚異の仮説　講談社）

藤田一郎 (2007).「見る」とはどういうことか　化学同人

Hoffman, D. D. (1998). *Visual Intelligence: How we create what we see*. New York: W. W. Norton & Company.（ホフマン，D. 原淳子・望月弘子（訳）(2003). 視覚の文法——脳が物を見る法則　紀伊國屋書店）

Humphrey, N. (2006). *Seeing Red: A Study in Consciousness*. Harvard University Press.（ハンフリー，N. 柴田裕之（訳）(2006). 赤を見る——感覚の進化と意識の存在理由　紀伊國屋書店）

Neisser, U. (1967). *Cognitive Psychology*. New Jersey: Prentice Hall.（ナイサー，U. 大羽蓁（訳）(1981). 認知心理学　誠信書房）

視 覚 科 学

目　次

目次

推薦のことば
はじめに

第1章　視覚系の初期伝達経路 …… 1
  1　外界から網膜へ …… 1
  2　網膜から脳へ …… 14
  3　眼球運動 …… 20

第2章　明るさと色 …… 31
  1　光覚閾と順応 …… 31
  2　空間周波数とコントラスト感度 …… 35
  3　エッジと表面 …… 39
  4　表面材質推定と明るさの恒常性 …… 41
  5　可視光とスペクトル …… 45
  6　3原色説と反対色説 …… 47
  7　色の恒常性とレティネックス理論 …… 50
  8　色順応 …… 51
  9　カテゴリカル色と色識別性 …… 52
  10　明るさと色の独立性 …… 53

第3章　奥行きと運動 …… 57
  1　奥行きと視差 …… 57
  2　両眼視差以外の奥行き手がかり …… 62
  3　視野闘争 …… 69
  4　運動視と窓問題 …… 71
  5　運動残効と視覚消失 …… 73
  6　フラッシュ・ラグ効果 …… 76
  7　仮現運動 …… 77
  8　バイオロジカルモーション …… 78
  9　運動と奥行きの相互作用 …… 80

第4章　一目で分かること ……………………………… 85

1　固視と有効視野 ……………………………………… 86
2　テクスチャ分凝 ……………………………………… 87
3　ポップアウトとスービタイジング ………………… 91
4　感覚貯蔵と視覚的持続 ……………………………… 94
5　知覚的体制化と主観的輪郭 ………………………… 97

第5章　視覚的注意 ……………………………………… 103

1　注意の存在証明 ……………………………………… 104
2　注意の時空間的処理限界 …………………………… 106
3　視覚探索 ……………………………………………… 113
4　注意と探索履歴 ……………………………………… 119
5　注意とオブジェクト ………………………………… 123
6　無視と閾下知覚 ……………………………………… 125

第6章　オブジェクト認知 ……………………………… 131

1　視点と見え …………………………………………… 131
2　日常物体認知 ………………………………………… 135
3　顔認知 ………………………………………………… 139
4　文字単語認知 ………………………………………… 150

第7章　情景理解と空間認知 …………………………… 159

1　領域分割 ……………………………………………… 159
2　ジストと情景理解 …………………………………… 161
3　レイアウトと情景理解 ……………………………… 165
4　空間認知 ……………………………………………… 169
5　認知地図と方向オンチ ……………………………… 172
6　視覚空間と行為空間 ………………………………… 175
7　美　感 ………………………………………………… 179

第8章 感覚間相互作用 …… 185

1 視聴覚情報の因果関係 …… 186
2 音声による視聴覚相互作用 …… 190
3 視触覚相互作用 …… 193
4 共感覚 …… 195

第9章 脳，そして意識 …… 203

1 脳機能計測 …… 204
2 視覚関連領野 …… 208
3 脳の障害 …… 215
4 機能局在 …… 219
5 意　識 …… 222

おわりに …… 229
索　引 …… 237

目　次

Let's try !

本書の図を見ながら，また日常生活で簡単に体験できる現象を取り上げた．各現象を実際に体験することで，理解を深めて欲しい．

1-1	視角と1円玉　9	3-1	利き目と両眼視差　58
1-2	盲点の確認　12	3-2	ネッカー・キューブ　63
1-3	外界と網膜像の対応　14	3-3	テーブル回転錯視　64
1-4	前庭動眼反射　21	3-4	クレーター錯視　66
1-5	トロクスラー効果　22	3-5	影と奥行き　66
1-6	サッケードの観察　24	3-6	プルフリッヒ効果　81
1-7	サッケード抑制　25	5-1	変化の見落とし　106
2-1	ガンツフェルト　35	6-1	サッチャー錯視　142
2-2	コントラスト感度　36	6-2	マリリンシュタイン錯視　145
2-3	マッハの帯　38	6-3	平均顔からのずれ　146
2-4	明るさの恒常性　42	6-4	ストループ効果　155
2-5	カラーシャッフル　50	7-1	日本の認知地図　173
2-6	ベンハムの独楽　54	8-1	ブーバ／キキ効果　199

第1章　視覚系の初期伝達経路

　　神は，人間の眼のような見かけ倒しの装置を作ったことを恥じている。
　　　　　　　　　　　　　　　　　　——ヘルマン・フォン・ヘルムフォルツ

　　比類のないしくみをあれほどたくさんそなえている眼が，自然淘汰によっ
　て形成されたと考えるのは，正直なところ，あまりにも無理がある。
　　　　　　　　　　　　　　　　　　——チャールズ・ダーウィン

　眼球から脳に至る視覚情報処理過程は，想像以上に複雑であり，丁寧にそれらを説明しようとすれば，それだけで分厚い神経生理学や脳科学の専門書や教科書になってしまう。そこで，視覚情報処理過程の詳細な説明は引用する文献に譲るとして，ここでは次章以降で取り上げる認知心理学的研究成果の内容を，視覚情報処理過程の中で位置づけて理解できるレベルにとどめておくことにする。

1　外界から網膜へ

　光感知は，アメーバやミドリムシなどの単細胞生物でも見られる。しかし，光感知器官があっても，それを元にした外界像が得られない限り，眼とは呼べない。進化の過程で，眼が誕生するのは網膜が形成されたときであろう。アンドリュー・パーカー (Parker, 2003) は，最初に眼が登場したのは5億4300万年前のカンブリア紀に，最初の三葉虫が誕生したときだと考えている。さらに，三葉虫が進化史上最初の活発な捕食者になったのは，眼という適切な探索能力を初めて得たために，獲物に照準を合わせるということが可能になったことに起因するという。おびただしい数の三葉虫が世界中の海を支配し，その結果として化石といえば三葉虫の化石を思い浮かべる方も多いのではないかと思う

(ただし，化石の多さは，元々生息していた数量の多さだけでなく，三葉虫の殻の成分が化石化しやすい物質だったことにも起因するらしい)。

　光は，地球上の全ての動物に影響を与え，光が持つ力を行動に結びつけているのは眼である。パーカーの「光スイッチ」説では，眼，すなわち視覚が進化の原動力になり，カンブリア紀の大爆発を起こしたと考えられている（この説に対する批判は，Ings (2007) 参照）。カンブリア紀の大爆発とは，今日に至る主要な動物グループが一斉に進化し，それぞれ特有の形態を持つに至った時期の劇的な変化を指す。結果的に，現生する多細胞動物の95％以上が眼を持っていると言われている。

(1) 眼の構造

　三葉虫は，現生する昆虫などと同様に複眼（compound eye）であったと考えられるが，われわれ人間の眼は，カメラ眼といわれる単眼（simple eye）である。様々な方向からの光をとらえるには，眼がくぼむか，飛び出すかのどちらかが必要であり，進化的に見ると，複眼は飛び出した方向での進化，単眼はくぼむ方向での進化ということになる。

　くぼむ方向での進化は，焦点を絞るというメカニズムを獲得することになる。すなわち，われわれの単眼は，外界を「見る」ために，図1-1のように，外界光を水晶体（crystalline lens）というレンズに入れ，厚さ200〜250μmの網膜（retina）に収束し，像を結び，視神経（optic nerve）を通して脳に伝えている。このような眼球全体は強膜（sclera）という厚くて白い膜で覆われており，前方の角膜（cornea）部分だけは少し出っ張って透明になっている。このとき，水晶体の前面を取り囲むドーナツ状の膜である虹彩（iris）を調節して，瞳孔（pupil, 虹彩の中央の孔）を通る光の量を変化させる（光量の調節に関しては，第2章参照）。虹彩の色はメラニン色素の量で決まり，一般に「眼の色」と呼ぶのは虹彩の色を指している。

　現生脊椎動物の研究から，眼の大きさは視覚の鮮明さに影響すると考えられている。現生する動物では，メキシココビトサンショウウオの単眼は直径1ミリちょっとしかなく，これが正確な像を結ぶのに最小の眼のサイズと考えられており，他の動物はそれ以上の大きさの単眼を持つ。像を得るためには，外界

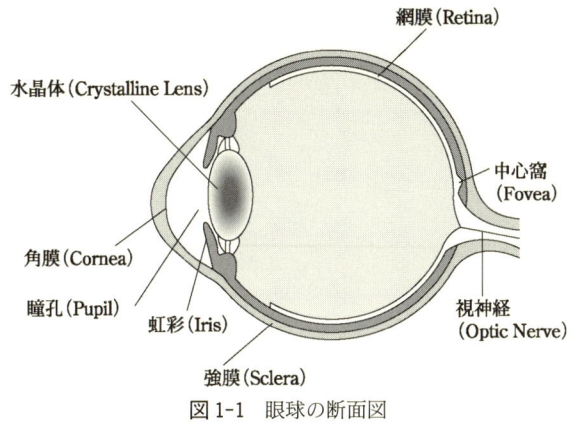
図 1-1　眼球の断面図

の様々な場所からの光線を1点に向けて屈折させることで，焦点を合わせなければならない。ぼけを補正し，焦点距離を調節するために，レンズとしての水晶体の形状を変化させ，焦点面の位置を調整している。すなわち，焦点の遠近調節は水晶体の厚さを変えることによって対応することになる。水晶体は弾性を持っており，遠くを見ている状態などの無調節の時には毛様筋（ciliary muscle）が緩み，チン小帯（Zinn's zonule）が引っ張られ，水晶体の厚さが薄くなり，結果的に遠方に焦点が合う。逆に，近くを見るときには毛様筋の収縮によって，チン小帯が緩み，水晶体の厚みが増し，近くに焦点があう。この遠近調節は動眼神経（oculomotor nerve）によってコントロールされる。

眼の遠近調節の能力を調節力といい，最も近い焦点までの距離を近点距離，最も遠い焦点までの距離を遠点距離とすると，調節力＝（1／近点距離）－（1／遠点距離）で表される（単位は屈折率を表す Diopter の頭文字のD）。正常の眼は10Dの調節力があるが，加齢により調節力は低下する。これが，老視（presbyopia, 老眼ともいわれるが，老視が正式名称）である。老眼鏡とは，凸レンズによって水晶体の厚みの不足を補い，近距離の物体をはっきり見えるようにする矯正眼鏡である。

屈折率の異常によって網膜上に映像の焦点があわないものを屈折異常と呼び，近視，遠視，乱視などがある。近視（myopia）は屈折力が強すぎるため，網膜の前方に焦点があうので，凹レンズで矯正し，遠視（hyperopia）は屈折力

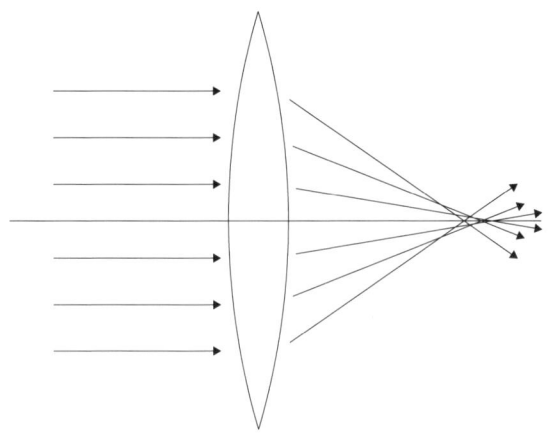

図1-2　球面収差（篠森, 2007）

が弱いため，網膜の後方で焦点があうので，凸レンズで矯正する。また，乱視（astigmatism）は角膜や水晶体の歪みによって方向ごとに屈折力が違っている屈折異常である。そこで，放射状の線からなる乱視表で最もはっきり見える線の方向を調べ，それを乱視の軸角度と呼ぶ。この軸角度にあわせた円柱レンズ（cylindrical lens）で乱視を矯正する。

　ただし，レンズというものは，中心部分も周辺部分も変わらずに焦点を合わせることは難しい。図1-2のように，レンズの周辺部を通る光が曲がりすぎて，焦点面がずれてしまう球面収差（spherical aberration）という光学的問題が生ずるためである。この問題を避けるために，カメラはレンズを何枚か組み合わせて用いる。一方，眼は，このような球面収差という問題にうまく対応することができる。たとえば，角膜と水晶体の光学的な特性をみると，お互いに打ち消し合うような逆向きの収差となっており，両者は相補的な関係になっている。

(2)　網膜をめぐる誤解

　約200μmの薄い層である網膜では，網膜上の位置関係を保持しながら，明るさや色などの特徴抽出が行われている。網膜上の位置関係はレチノトピー（retinotopy）と呼ばれ，網膜から脳に至る処理過程でも保持されている。網膜

の機能は，映画のスクリーンやカメラのフィルムにたとえられることが多いが，そのこと自体が，視覚科学を理解する上で，二重の誤解を生んでいるかもしれない。

第一の誤解は，スクリーンやフィルムとしての網膜に映った情報は，「見た」と意識できた情報ではないことである。なぜならば，その情報を元に，どのように認識し，理解しているのかが，「見る」という行為だからである。したがって，外界が眼球というレンズを通して網膜というスクリーンに像を結ぶ過程が，見るということと等価であるように考えてはいけない。図1-3のように，デカルト（Descartes）は『屈折光学（La Dioptrique）』において，眼球という暗い洞窟のなかの「私」が見ているという図式で「見る」ことを表した。見るということは眼球もしくは網膜を指すのではなく，そのような洞窟に隠れた「私」なのである。それでは「私」はどこにいて，表象された外部世界はどこにあるのだろうか（デカルトによる図式に関しては，小林（2003）などを参照）。少し哲学的になったが，このような問題の存在を知ることは，視覚科学を正しく理解するための第一歩であろう。

第二の誤解は，網膜がスクリーンやフィルムと同様に，平面的で静的な存在と考えてしまいがちな点である。網膜は外部世界の情報をもっと直接的に得ようとして脳から末梢方向へ出てきた視覚情報処理の入口部分であるが，40種類以上の神経細胞があり，図1-4のような階層的で高度な情報処理を行っている。すなわち，網膜は8層構造をなしていて，図1-4の下から①色素上皮層（pigment epithelium），②視細胞層（bacillary layer），③外顆粒層（outer nuclear layer），④外網状層（outer plexiform layer），⑤内顆粒層（inner nuclear layer），⑥内網状層（inner plexiform layer），⑦神経節細胞層（ganglion cell layer），⑧視神経線維層（optic fiber layer）である。このような階層構造の中で，桿体（rod）細胞，錐体（cone）細胞，水平細胞（horizontal cell），双極細胞（bipolar cell），神経節細胞（ganglion cell）などの階層的な結合関係がある。このような構造からも容易に想像されるように，スクリーンやフィルムという平面的なたとえ自体が適切ではなく，網膜では明確な目的を持った処理が行われている。

網膜での情報処理を経て，その最終段階である神経節細胞は，真っ暗闇でも，

第 1 章 視覚系の初期伝達経路

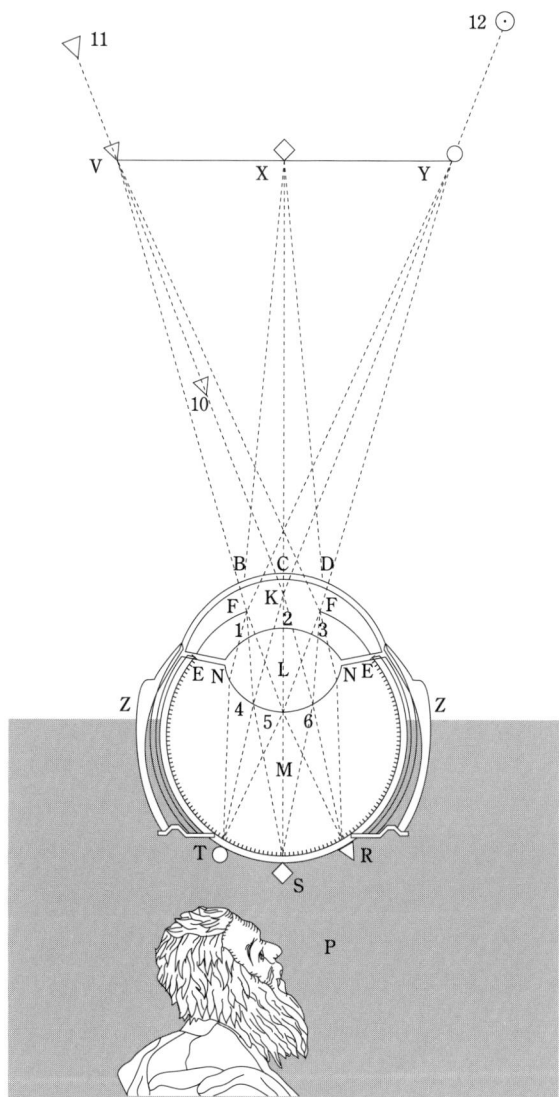

図 1-3　デカルトの屈折光学

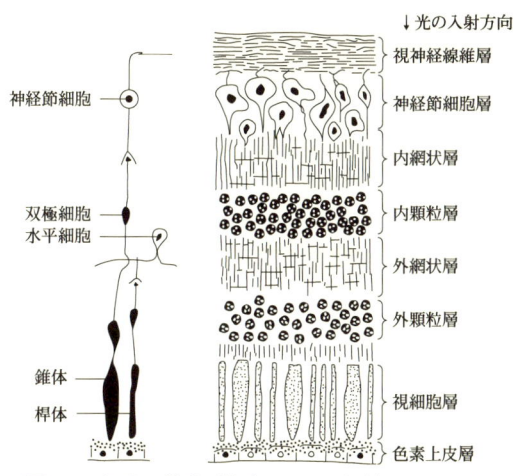

図 1-4　網膜の構造（篠森, 2007を改変）

たえず自発放電している。自発放電は，光の照射で変化するが，広く視野を一様に照らす刺激が与えられたときにはほとんど反応しない。各細胞には受け持つ網膜上（したがって視野上）の範囲があり，この範囲を受容野（receptive field）と呼ぶが，その受容野の一部が明るいときや暗いときに神経節細胞は強く反応する。

　このような神経節細胞は 2 種類に分類できる。すなわち，オン中心／オフ周辺型（on-center/off-sorround type）とオフ中心／オン周辺型（off-center/on-sorround type）である。オン中心／オフ周辺型は，図1-5a のように，受容野中央部を照射する場合に活性化し，図1-5b のように周辺部を照射する場合は抑制される細胞である。一方，オフ中心／オン周辺型は，ちょうどその逆となる。すなわち，2 種類の神経節細胞の主目的はいずれも，空間コントラスト（明暗や色の差）の検出であろう（明るさと色に関しては，第 2 章参照）。どの神経節細胞でも，受容野の中心部を照射するときと，周辺部を照射する時の反応は同程度ということになる。このために，図1-5c のように広く視野を一様に照らされる全体照射のときには強く反応しないのである。網膜の多くの神経細胞の基本設計は，「何も変化がなければ，何も報告するな」というものなのである。

第1章　視覚系の初期伝達経路

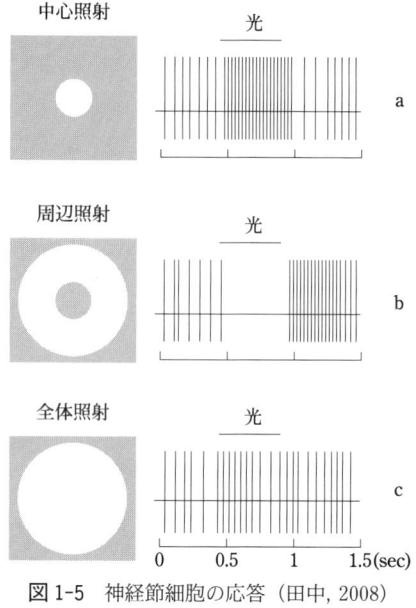

図1-5　神経節細胞の応答（田中, 2008）

ただ，驚かれる方も多いかもしれないが，網膜での情報処理に関してもまだ分かっていないこともたくさんあるのが現状である。

(3) 眼の中心と視力

神経節細胞から出る神経線維は約100万本である。人間の網膜には1億2600万個の光受容体があると言われているので，数量的には大幅な削減が実現されている。もしこのような削減がないならば，視神経は眼球の直径と同じ太さになってしまうかもしれない。約100万本という神経線維数は，数の上ではハイビジョン対応画質（1366×768画素の約105万画素，ただしフルハイビジョンは1920×1080画素の約207万画素）程度ということになるので高精細と見なすこともできるが，初期のデジカメ程度の画質しかないということもできる。しかも，解像度は視野全体に均等ではなく，中心視と周辺視では極端に異なる。中心視（central vision）とは，基本的に眼球運動により視線が向く方向を中心として，中心窩（fovea）と呼ばれる網膜中心部とその近傍での処理である。一方，周

辺視（peripheral vision）とはそれ以外の網膜周辺部での処理を指す。

視角

中心窩に対応する視角1度ぐらいの範囲が，いわゆる視力のよい中心視領域である。なお，視角（visual angle）とは，視線方向に投影される対象の大きさを角度で表したものであり，視距離D，対象の大きさL，視角θ（度）とすると，$\theta = \frac{360}{\pi} \cdot \tan^{-1}$ (L/2D)で定義される。この式にあてはめると，視距離57センチのとき，視角1度が1センチになる（認知心理学の学術論文で，視距離57センチでの実験が多いのは，実験刺激の大きさを統制しやすいという理由によることが多い）。

__Let's try !__　1円玉の直径は2センチであるが（1円玉が，そんなに大きいとは思わないという方は，是非とももものさしで測ってみて下さい），腕を伸ばし，親指と人差し指で1円玉をかざして隠れる範囲が，視角2度くらい（約57センチ離れた2センチ）になる。視力のよい領域である視角1度という範囲はその4分の1の面積であり，相当小さいことが分かると思う。

視力（visual acuity）とは，2つの物を分離して見ることができる最小の間隔，すなわち解像度のことである。実際には，その間隔の視角を分（度の60分の1）で表し，その逆数が視力として定義される。視力検査で使われるランドルト環（Landolt ring）は，図1-6のように5×5のマス目を使って構成されており，円の切れ目となる1マスの一辺の分単位の視角の逆数が視力である。すなわち，判別できる最小の間隔が視角1分ならば視力1.0，視角5分ならば視力0.2ということになる。ただし，この視力は中心窩の解像度を反映しているので，中心窩から少しでも外れると急激に視力は低下する。

網膜偏心度

網膜偏心度（retinal eccentricity）とは，中心窩からの網膜上の距離であり，通常は視角で表す。網膜偏心度が視角1度のとき視力は半分程度，網膜偏心度が視角5度になると視力は4分の1程度になる。これは，網膜が不均一である

第1章 視覚系の初期伝達経路

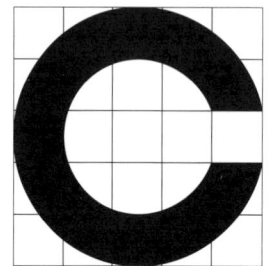

図1-6 ランドルト環

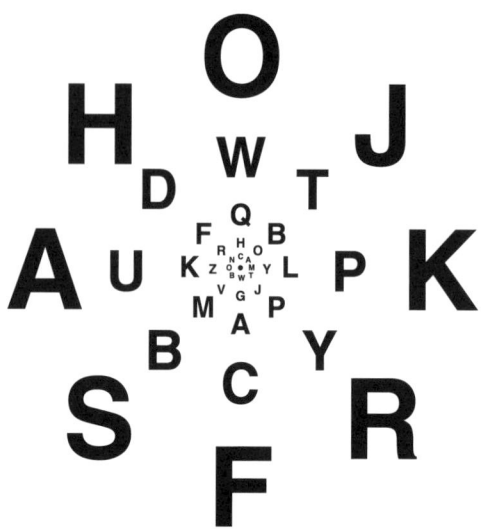

図1-7 偏心度と視力の関係（Anstis, 1974）

ことの証左になっている。図1-7は，網膜偏心度と視力の関係を文字の大きさで示しており，画面中央部を固視したときに，どの文字も等しく読める大きさになっている（Anstis, 1974）。

桿体細胞と錐体細胞

　中心視と周辺視の特性の違いは，網膜における桿体細胞と錐体細胞という2種類の光感受性細胞（photosensitive neuron）の分布の違いからも説明することができる。図1-8に，網膜における桿体細胞と錐体細胞の分布を示す。

　明るい環境で活躍するのは，円錐形の錐体細胞である（明るさ知覚の詳細については，第2章参照）。錐体細胞は片眼あたり600万個ほどある。この錐体細胞には3種類あって，それぞれ長波長，中波長，短波長の光を担当するので，L錐体（Long-wavelength-sensitive cone），M錐体（Middle-wavelength-sensitive cone），S錐体（Short-wavelength-sensitive cone）と呼ぶことにする。多少厳密さを欠くが，それぞれが赤，緑，青の3原色に対応すると考えてもよい。われわれは，この3種類の細胞の出力の差から，色彩を区別している（3原色と錐体細胞に関しては，第2章で取り上げる）。錐体細胞は中心窩に最も高密

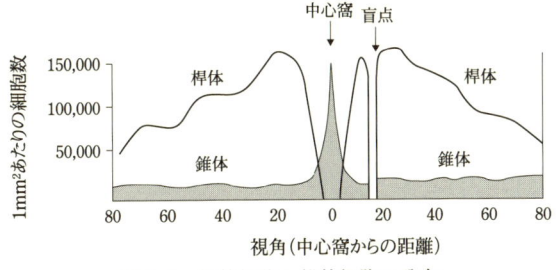

図 1-8　桿体細胞と錐体細胞の分布

度に存在し，周辺では少ない。一方，暗い環境で活躍するのは，棒状の桿体細胞である。桿体細胞は片眼あたり1億2000万個ほどある。明るさに対する桿体細胞の感度は，数個の光量子（photon，もしくは light quantum）でも反応するほど驚異的である（光量子は，光のエネルギーの最小単位）。中心窩付近には桿体細胞はないので，暗闇では少し目をそらし，周辺視のほうがよく見える。ただし，桿体細胞では色を識別できないので，錐体細胞の少ない周辺視では色がよく見えない。

　桿体細胞と錐体細胞の2種類が分業しているのは，トレードオフ（trade-off，二律背反という状態）を伴う2つの要求を満たすためである。光に対する感度を上げるためには，広い空間から光量子を集めなければならない。すなわち，空間解像度を犠牲にしなければならないことになる。空間解像度を上げると，狭い空間では光量子を集めにくくなり，感度は上がらない。これが，トレードオフである。このトレードオフを伴う要求を満たすためには，2つの細胞，すなわち桿体細胞と錐体細胞の2種類が必要であり，この2つの細胞から始まる2つの視覚情報処理システムが脳に至るまで保持される。

　錐体細胞が密集しているのに，中心窩というくぼみになっている点は不思議に思われるかもしれない。ちょうど茂みに飛び込んだボールを探すのは難しいが，草をかき分けてあれば地面にあるボールもよく見えるようになることと同様に，妨害を受けないように他の諸細胞がかき分けられているので，くぼみができていると考えられている。また，桿体細胞や錐体細胞のような光感受性細胞は，光に背を向けるように配置されているが，これも不思議に思われるかもしれない。これは，非常に活発な活動を余儀なくされる光感受性細胞にどのよ

第1章　視覚系の初期伝達経路

うに栄養，すなわち酸素を送るのかという問題に関わっていると考えられている。酸素を送るための大規模な血管網が光を遮ることは許されない。そこで，光感受性細胞は網膜の一番奥の色素上皮層に頭を突っ込んでいて，そこから栄養を得るために，光に背を向けるような構造になっているのである（図1-4）。

盲　点

　盲点（blind spot）は，光を検出できない小領域を指す。盲点は，網膜の構造からやむをえず生じた視神経乳頭（optic disk）という領域があることによって存在する。神経節細胞から出る神経線維は網膜の中心からやや鼻側によった視神経乳頭に集まる。この神経線維の束のために，そこには光感受性細胞である視細胞（photoreceptor）が入り込む余地がない。したがって，ここに外界の光があたってもまったく見えないことになる。網膜をふたたびスクリーンにたとえると，そこには何も映らない穴が開いていることになる。すなわち，図1-9のように，固視点から耳側の視角15度の位置に，視角5度の円形状の見えない部分が存在する。17世紀のフランスの物理学者マリオット（Mariotte）が発見したので，マリオット暗点（tache de Mariotte）ともいわれている。

　Let's try !　盲点の存在は，自分自身で確認できる。左目をとじて，右目で図1-10上段左の★を見つめて，本書と目の間隔を近づけたり離したりすると，右側にある●が完全に見えなくなるポイントがある。同様に，右目で中

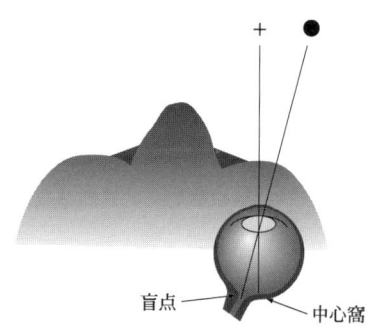

図1-9　盲点の位置

1　外界から網膜へ

★

★　　　　　　　　●

　　　　　　1　　2　　3　　4

★　　　　　　　■■■■　　■■■■

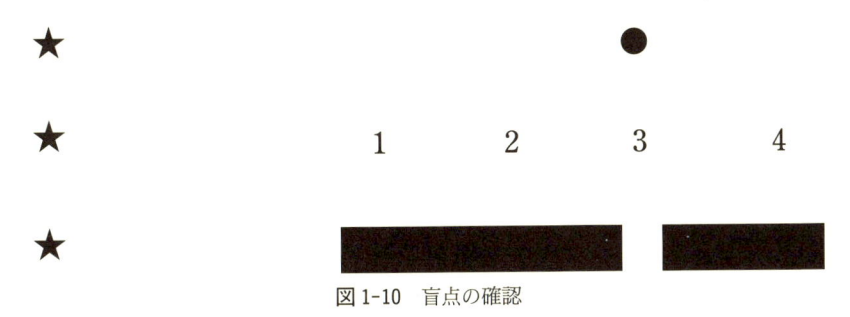

図 1-10　盲点の確認

段左の★を見つめて，本書と目の間隔を近いところから，だんだんと離していくと右側の数字が順番に見えなくなるに違いない。このことから，盲点が固定した小領域にあることを確認できるだろう。同様に，片目で下段の★を見て，本書と目の間隔をだんだんと離していくと，右の線分が1本につながって見えるようになる。

盲点はものが見えない領域と考えられているが，日常的には盲点を感じることは難しい。なぜならば，両眼視において盲点位置の視野が重なることがないため，両盲点の視野が常時補完されているからである。ただし，驚くべきことに片眼でも盲点に気づくことは難しい。これは，存在しないものを勝手に埋め込んで見えるようにしてしまう作業，すなわち充塡（filling-in）が行われているからである。盲点での充塡があたかも最も都合がよいように情報を埋め込んでいるため，片眼で見ても盲点の存在に気づかないのである。

なお，このような盲点での充塡と同じ現象が，中心視に近い位置でも生起し，人工的な盲点となることが知られている（Ramachandran & Gregory, 1991）。画面にスノー・ノイズ（snow noise，いわゆる砂嵐）を表示したディスプレイの中央に円形を呈示し，そこから少し離れた位置に正方形を呈示する。そして，円形を10秒ほど固視すると，正方形が完全に消える。このような状況では，正方形の存在を知らせるべき神経細胞の反応が周囲の過剰刺激により疲労するためだと考えられている。

眼球は凸レンズの役割を果たすので，網膜には外界が上下左右反転した実像が映る。外界が網膜上に上下左右反転して映っていることは，対角の関係で写

像されているということに他ならない。詳細は次節で説明する。

Let's try ! 　右眼を閉じ，指で左眼上まぶたの鼻側部分を軽く押してみてほしい。そうすると，網膜が圧迫されて，外界光を正常に感じられなくなり，結果的に黒いスポットになってしまう。この黒いスポットの位置が確認できると，最初は予想外なので，驚くであろう。おそらく，こめかみ側の下部に黒いスポットが見えるに違いない。今度は，こめかみ側の上まぶたを押してみると，右下に黒いスポットが見えるに違いない。すなわち，対角の位置に黒いスポットが見えるのである。左眼を閉じ，右眼で試しても同様のことが確認できるだろう。

それでは，網膜に映った像は，脳にどのように伝えられるのだろうか。

2　網膜から脳へ

(1)　脳の入り口まで

視交差

　一般に，右半身の感覚情報は左脳（正確には左半球，left hemisphere），左半身の感覚情報は右脳（同じく右半球，right hemisphere）で処理され，体の運動制御も右半身は左脳が，左半身は右脳が担当している（対側支配と呼ばれる）。しかし，視覚の場合には，右眼から左脳，左眼から右脳へと情報が送られるわけではない。図1-11のように，左右視神経の束は，それぞれ2分割されており，網膜に映っている像が左右2分割される。網膜像の右側半分，すなわち外界視野の左側半分は右脳に伝達され，網膜像の左側半分は左脳に伝達される。これは，神経繊維が交差する視交差（optical chiasma）によるもので，右視野は左脳，左視野は右脳へ送られることになる。これを半交差と呼ぶ。しかし，われわれには右視野と左視野をつなぐ境目は気にならない。このように右視野と左視野がなめらかにつながっているのは，両者をつなぐために左右の脳半球の間で密接な情報交換をしているためである。

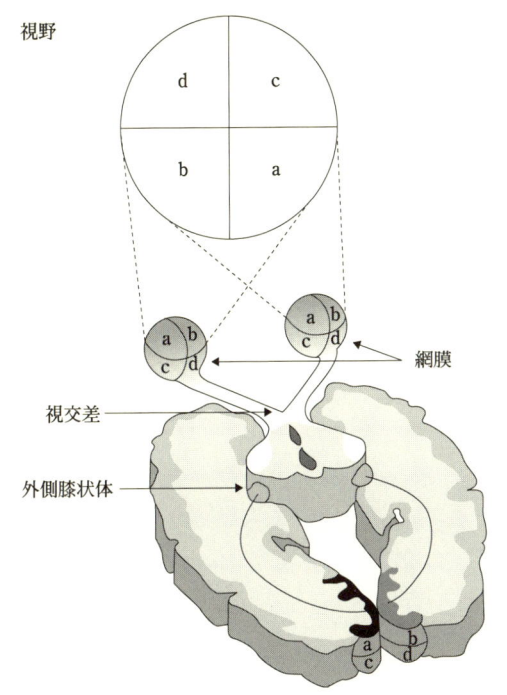

図1-11　視放射

視放射

　神経節細胞は，図1-11のように，ちょうど両こめかみの奥のあたりに位置する外側膝状体（lateral geniculate nucleus, LGN と略される）で中継され，視放線あるいは視放射（optic radiation）とよばれる接続により扇型に広がり，大脳の一番後ろにある後頭葉の視覚領（visual cortical area）に伝えられる。さらに，大脳が左右の半球に分かれているため，画像も左右に分かれて投影されている。初期視覚領（early visual cortical area）では網膜における相対的位置関係，すなわちレチノトピーがそのまま再現されている（Tootel, Silverman, Switkes, & De Valois, 1982）。視野の上側が腹側（下側）に，視野の下側が背側（上側）に投影される（第9章を参照）。また，視野の周辺部が内側，視野の中心部が外側に投影され，大きな領域が割り当てられている。視覚処理が進むにつれて，受容野が大きくなり，網膜のどこにあっても，位置に無関係に反応す

15

るようになる。

(2) 初期視覚領

外側膝状体からの視放射は，初期視覚領である第一次視覚野（primary visual cortex, V1 と略される）に広がる。第一次視覚野が，縞模様をなしており，肉眼でも見えることから解剖学的には線条皮質（striate cortex）とも呼ばれる。ヒューベルとウィーゼル（Hubel & Wiesel, 1959）は，これらの細胞の機能を初めて発見した（この単一細胞記録の先駆的功績に対してノーベル医学生理学賞が2人に授与されている）。

単純細胞と複雑細胞

ヒューベルとウィーゼルが発見した細胞は，単純細胞や複雑細胞などというカテゴリーに分類された。単純細胞（simple cell）は，方位選択性（orientation selectivity）があり，特定の位置で特定の方位を持つエッジ（境界）に反応する受容野を持つ。受容野とは，すでに述べたように，刺激がその神経細胞の活動に影響を与えることができる視野の範囲である。複雑細胞（complex cell）は，単純細胞と同様に方位選択性を示すが，単純細胞よりも大きな受容野を持ち，方位が合っていれば，受容野のどの部位に呈示しても反応する。この反応の違いから，第一次視覚野の細胞には階層的な関係があると考えられてきた。すなわち，このような階層的構造から，さらに複雑な特定の形態（たとえば，文字や顔）に対して，大きさ，方向，位置の変化に関わらず反応する細胞に行き着くかどうかが議論されてきた。このような研究の原点の1つとして，古くはセルフリッジ（Selfridge, 1959）が描いたパンディモニアム（Pandemonium, 日本語に訳せば，伏魔殿）がある。図1-12のように，各部屋（すなわち，各階層）に様々な担当のデーモンが住み，各自が得た情報を次の部屋に伝え，それに基づき最終的な認知が行われるというモデルである（セルフリッジの論文は，人工知能の古典的業績である）。たとえば文字Rの識別は，28の特徴検出デーモンがそれぞれの特徴の有無に関して並列処理を行い，その出力を元に認知デーモンが特定のアルファベットに該当する程度に伴って活性化する。これに基づいて，決定デーモンによって文字が判別される。

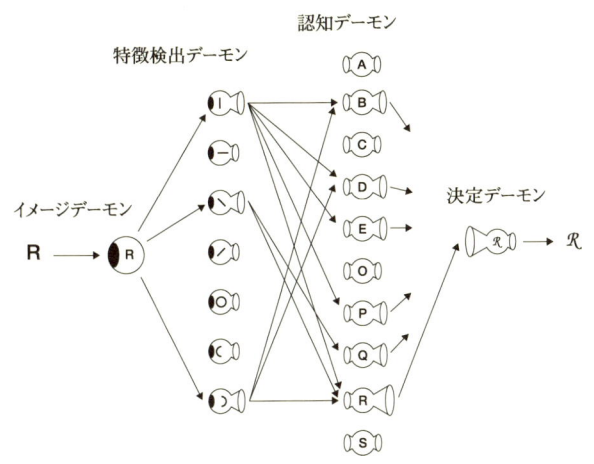

図 1-12　パンディモニアム（Selfridge, 1959）

　これらのデーモンを全ての細胞に置き換えることができるならば，視覚系の階層的な情報処理が理解されたことになるはずであった．事実，ヒューベルとウィーゼルの研究を端緒にして，ネコやサルの第一次視覚野の構造や機能は細胞レベルの受容野として詳細に描き出された．ただし，各細胞の受容野を明らかにすることと，その細胞の機能を理解することが異なることは常に注意しなければならない．たとえば，単純細胞がそもそもエッジを抽出するために利用されているのか，それ以外にどのような目的のために機能している可能性があるかを知ることは簡単ではないし，いまだに解明の途上である．すなわち，細胞の受容野を特定するだけでは，視覚系という複雑なシステムの中での各細胞の役割を完全に理解することにはならないのである．

機能コラム
　単純細胞と複雑細胞は，方位に関して選択性を持つ受容野を有している．ネコやサルの大脳外辺部である大脳皮質（cerebral cortex）に垂直に微小電極を差し込み，各細胞の活動を記録すると，同じ方位選択性を持つ複数の細胞が見つかる．このため，同じ方位に選択性を持つなど，似かよった性質を持つ細胞群が，大脳皮質に垂直に分布する構造を機能コラム（functional column）と呼ぶ．

第1章　視覚系の初期伝達経路

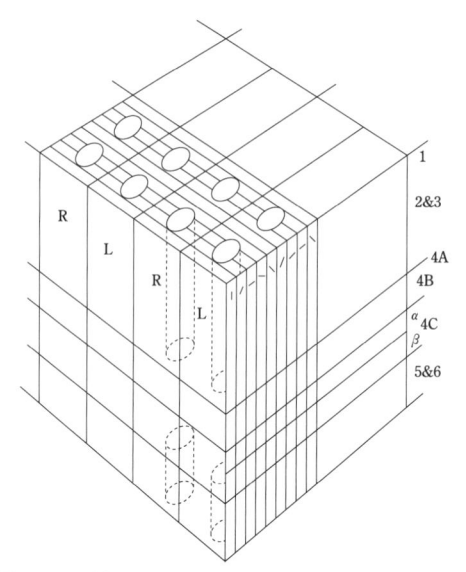

図1-13　機能コラム（Livingstone & Hubel, 1984）

　隣り合う機能コラムの方位選択性はランダムではなく，体系的で緩やかに変化している。すなわち，選択的に反応する方向の違いが大きい細胞は，皮質における距離が遠いことになる。また，眼球優位性があることも分かっている。眼球優位性（ocular dominance）とは，両眼から得られた情報が第一次視覚野で収束するものの，多くの細胞が片側の眼球からの入力に対して，より強く反応することを指す。さらに規則的な斑点模様に配置されるブロブ（blob）は，線分の傾きに対する選択性を持たず，色や明るさに選択性を示すことが分かっている。すなわち，機能コラムは，図1-13のように，方位選択性と眼球優位性，そしてブロブなどの細胞群からなり，3次元的に整然と配置されている構造を持っている（Livingstone & Hubel, 1984）。

　この機能コラムには様々な利点が考えられる。たとえば，類似した刺激属性を表象する細胞間の距離が近いことで，刺激の弁別を助けるに違いない。逆に，似たような刺激を表象する細胞の結合を強化するのにも役立つと考えられる。

2　網膜から脳へ

複数の経路

　網膜から第一次視覚野に至る過程は，2つの経路，すなわち大細胞系（magnocellular pathway）と小細胞系（parvocellular pathway）に分けることができる。網膜では光感受性細胞として桿体細胞と錐体細胞の2種類があることはすでに説明したが，神経節細胞もそれらに対応するようにM神経節細胞とP神経節細胞の2種類に大別することができる。M神経節細胞は短時間（一過性）の反応特性を示し，高い光感度と時間解像度を持っており，反応までの時間遅れも小さい。したがって，最終的には動きの検出などに役立つ情報を提供することになる（第3章と第9章も参照）。P神経節細胞は高い空間解像度と色選択性を持っているが，反応までの時間遅れが大きく，活動が持続的である。したがって，最終的には物体の認知に役立つことになる（第6章と第9章も参照）。

　図1-14のように，M神経節細胞とP神経節細胞は網膜では混在しているが，外側膝状体では明確に大細胞層（magnocellular layer）と小細胞層（parvocellular layer）に分けることができる。このような大細胞系と小細胞系という2つの流れによる分業が，図1-14のように大脳皮質の第一次視覚野以降も続くことになる（Livingstone & Hubel, 1988）。このような網膜から大脳皮質に至る過

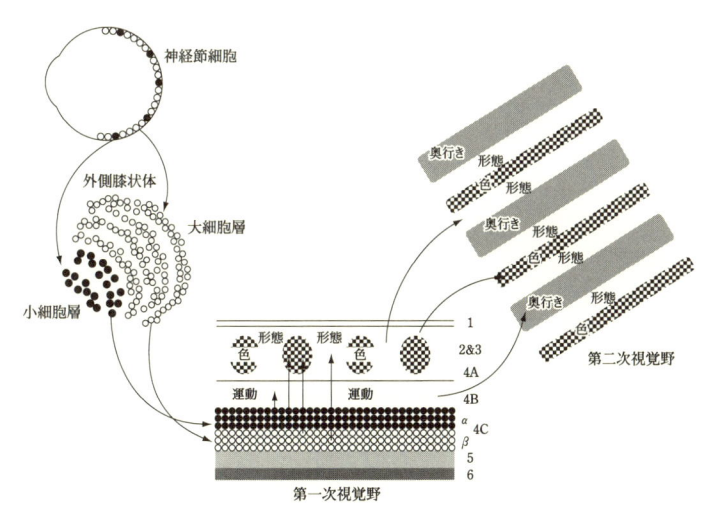

図1-14　大細胞系と小細胞系（Livingstone & Hubel, 1988を参考に作成）

程は，動物，主にサルを用いた神経生理学的研究に基づいているが，ヒトの視覚系も基本的に同じような過程を経ていると考えられている。第一次視覚野以降の段階では，色や動きなどが個別で段階的に処理されることになるが，詳しい説明は次章以降に譲ることにする。

実は，眼球から脳に至る経路は外側膝状体を経由する経路だけではなく，上丘（superior colliculus）や下丘（inferior colliculus）を経て，視覚連合野（associative visual cortex）で合流する経路がある。この経路は，空間定位や眼球運動の制御に関わっていると考えられているのだが，詳細は次節，そして第9章でも説明する。

3　眼球運動

視覚情報処理の出発点は網膜であり，前節では網膜から脳の入り口である大脳視覚領までの経路を説明した。ここでは，もう一度出発点に戻り，その網膜にどのような外界を映し出すのかを考えてみたい。

(1)　眼球運動の種類

鳥や昆虫には360度の視野を持っているものがいる。人間の視野はその半分程度である（両眼で見ている視野は140度程度）。したがって，外界を適切に選択し映し出すには，図1-15のように姿勢（A），頭部運動（B），そして眼球運動（C）の3つの方法を使うことが必要である。姿勢や頭部運動を固定し，眼球運動だけで視線を移動できる偏心度約20度の範囲をアイ・フィールド（eye field）と呼ぶ。また，頭部運動と眼球運動だけで視線を移動できる偏心度約90度の範囲をヘッド・フィールド（head field）と呼ぶ。

ヘッド・フィールドの外側に視線を向けようとすれば，姿勢を変えなければならないことになる。姿勢や頭部運動は，内耳の平衡器官からの信号を生起させ，眼はそのような運動とは逆方向に動く。これを前庭動眼反射（vestibulo-ocular reflex）と呼ぶ。スポーツなどの激しい運動をしていても外界がはっきり見えるのは，この反射による。

3 眼球運動

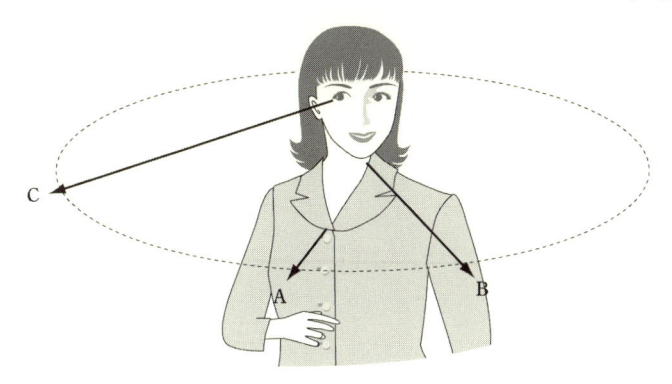

図 1-15　姿勢，頭部運動，眼球運動の関係

Let's try !　前庭動眼反射の優れた機能を簡単に知るには，本を読みながら試してみればよい。このとき，頭を上下左右に振りながらでも本を読めるのに，本自体を動かすと前庭動眼反射が起こらないので，本を読むことはできなくなる。

百円玉の直径は2.2センチなのだが，ちょうどそれぐらいの大きさである眼球は，眼窩（orbit）というくぼみの中で，6本の眼筋（外直筋，内直筋，上直筋，下直筋，上斜筋，下斜筋）が協調することによって素早く向きを変えることができる。このような筋肉の協調によって生じる動きを眼球運動（eye movement）と呼ぶ。眼球運動には様々な分類があり，大別すると随意的眼球運動（voluntary eye movement）と不随意的眼球運動（involuntary eye movement）に分かれる。

(2)　固視微動

代表的な不随意的眼球運動としては，固視微動（fixation nystagmus）と呼ばれる，常に起こる微小な振動の繰り返しがある。

静止網膜像とトロクスラー効果
固視微動によって，輪郭情報などの持続的抽出が視神経において可能になる。

第1章 視覚系の初期伝達経路

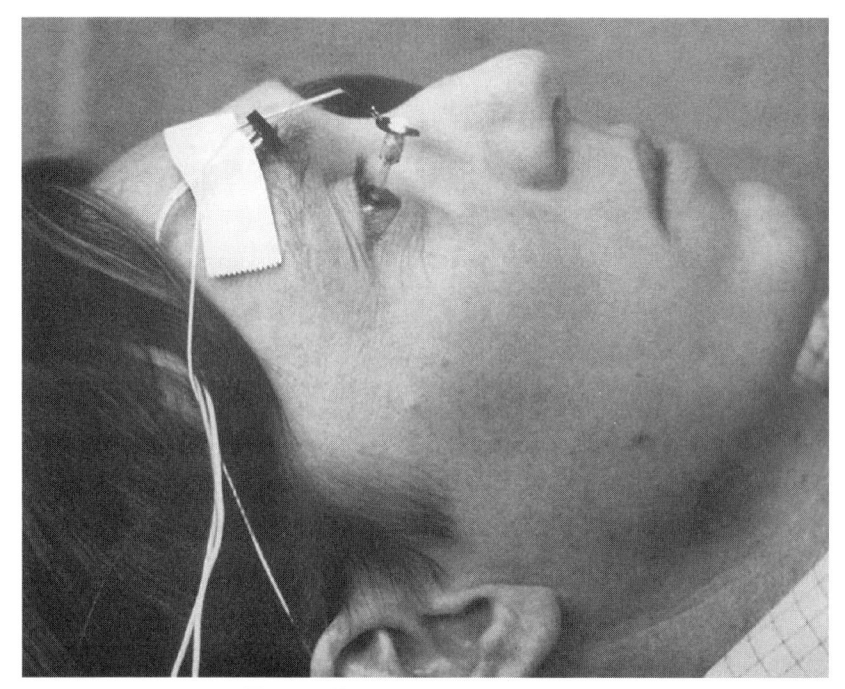

図1-16 静止網膜像 (Pritchard, 1961)

もし図1-16のように固視微動を何らかの方法で強制的に止めてしまう（たとえば，Pritchard, 1961）と，徐々に外界の像が崩壊・消失し，一様になってしまう。これを，静止網膜像（Stabilized Image）と呼ぶ。

Let's try ! 図1-17のような図形の中心を適当な距離から片眼で固視し続けると円環が消失してしまう。この現象は，トロクスラー効果（Troxler's effect）と呼ばれる（Troxler, 1804）。低空間周波数（空間周波数に関しては第2章参照）のみから生成された図形なので，固視微動による輪郭の変化信号が発生しにくいために，静止網膜像と同様の状態になってしまうと考えられている。トロクスラー効果によって知覚の消失が生じる時間は10秒程度か，それ以上かかる。

静止網膜像やトロクスラー効果は，網膜の多くの神経細胞の基本設計が，

図 1-17　トロクスラー効果

「何も変化がなければ，何も報告するな」というものであることを反映している。

ジター錯視

　固視微動によって，常に網膜像がぶれていることになるにも関わらず，われわれは手ぶれしたカメラのような映像でなく，静止した映像を見ることができる。このような補正のメカニズムを考えてみる。図1-18a のように，2重の同心円状図形で，周辺部に静止ランダムノイズ，中心部にダイナミックランダムノイズのパターンを配置した順応刺激を，30秒ほど観察する。ランダムノイズとは，ランダムに点が配置されたごま塩状の刺激であり，静止ランダムノイズとは静止画，ダイナミックランダムノイズは常に変化する動画である。その後，中心部も静止ランダムノイズのパターンを呈示すると，図1-18b のように，最初から静止しているはずの周辺部が動いて見える。これが，ジター錯視（jitter after-effect）である（Murakami & Cavanagh, 1998）。ジター錯視は，順応した後では少しの間だけ，ぶれ補正のメカニズムが働きにくくなるために，静止

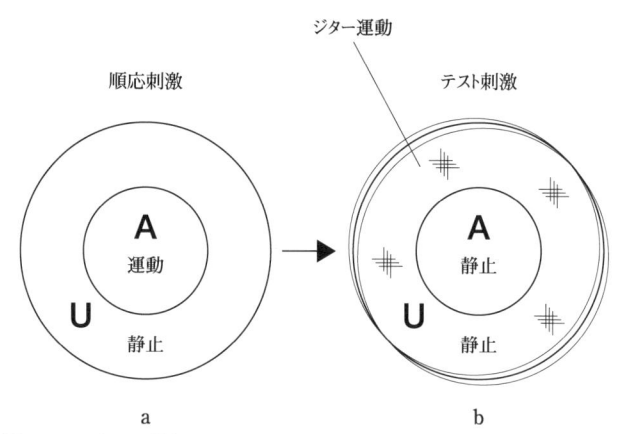

図1-18 ジター錯視（Murakami & Cavanagh, 1998を参考に作成）

像に運動が見えてしまう現象であると考えられている。

(3) サッケード

随意的眼球運動としては，図1-19のように，静止した対象を追うときに生起する跳躍運動（saccadic eye movement，サッケード，衝動性眼球運動），運動する対象を追うときに生起する随従運動（smooth pursuit eye movement，滑動性追跡眼球運動）がある。随従運動は，運動対象に随従できなくなると，跳躍運動になる。

Let's try ! たとえば，急行電車に乗り，通り過ぎる駅の駅名を確認している人の眼球運動をのぞきこんでもらえば，随従運動と跳躍運動の繰り返しが分かるに違いない。

睡眠時間にもよるので概算に過ぎないが，1秒間に数回のサッケードが起きているから，1日に10万回くらいはサッケードしていることになり，これは1日の心拍の数と同じくらいの数となってしまう。これだけのサッケードをしているにも関わらず，われわれが自分のサッケードを意識することが滅多にないのは驚くべきことかもしれない。

図 1-19　跳躍運動と随従運動（田中, 2008を改変）

　多くの動物の眼は固定されているが，脊椎動物の眼は少なくても多少は動くようにできている。ただし，小動物，たとえば小鳥は頭を動かすことでサッケードと同じ機能を実現しており，この小鳥の頭の動きはサッケードによく似ていると言われている。眼の筋肉のない障害者の場合にも，小鳥のように首をかしげ，頭を振ることによって，サッケードと同様の機能を実現している例も報告されている（Gilchrist, Brown, & Findlay, 1997）。

サッケード抑制

　他人の眼球運動を観察することは簡単でも，自分の眼球運動をその場で観察することは難しい（もちろん，正面から自分の顔をビデオカメラで撮影し，後からそれを見れば，自分自身の眼球運動を確認できるが）。

　Let's try !　たとえば，自分の顔を手鏡で見て，鏡に映る自分の右目と左目を交互にみてほしい。すなわち，視野のある点からある点までを高速に移動させるサッケードをしてもらいたい。このとき，自分のサッケードを鏡で観察することはできない。そばの誰かにその様子を見てもらえば，あなたの眼球が左右に相当動いていることを確認してもらえるはずである。これは，サッケード抑制（saccadic suppression）といって，サッケードしている間は実はわれわれは視覚情報を取り込んでいないためである。

　網膜から第一次視覚野に至る過程が大細胞系と小細胞系という2つの経路に分かれることはすでに述べたが，このうち大細胞系の情報がサッケードによっ

て選択的に抑制されていることが分かっている（Burr, Morrone, & Ross, 1994）。眼球が常に動いていても，外界が止まって見える現象は，位置の恒常性（position constancy），あるいは視覚世界の安定性（visual stability）と呼ばれる（本田，1991）。このような現象に対して，網膜像の変化が眼球の動きと相殺されていることに基づくという説もある。しかしながら，網膜像の変化を相殺するほど正確に眼球位置を捕捉すること，すなわちサッケード情報を元に網膜像を正確に補正することは難しい。したがって，外界が止まって見えるのは，サッケード抑制によって網膜像の瞬間的なぶれが意識されなくなるところが大きいと考えられている。

サッケードの時間特性

　サッケードが衝動性眼球運動とも呼ばれるのは，いったん動き始めると目的位置まで停止せず，自分の意思でも中断したり，方向を修正したりできない特徴を持つからである。移動距離が大きくなると速度も速くなり，サッケードの最大速度は視角1000°／秒を超えることもある。また，次のサッケードまでには160ミリ秒から170ミリ秒の時間間隔が必要なので，視対象が次々に動くときにはサッケードが開始されるまで160ミリ秒から170ミリ秒ほど遅延することになる。

　ただし，現時点で固視すべき位置，すなわち固視点の呈示の有無によって，サッケード間に必要な時間間隔が変化することが知られている（Saslow, 1967）。すなわち，サッケードがある固視点から次の固視点への移動ではなく，現固視点を一旦消去し，視覚刺激が呈示されていないギャップ期間を設けておくと，次の固視点にサッケードする時間遅れが短くなる。これは，ギャップ効果（gap effect）と呼ばれ，現固視点の消去がサッケードの準備を促すためであると考えられている。

　また，1つの標的（target, 認知心理学的課題において目標となる刺激），もしくは次の固視点までが視角10度以内にあれば，たいてい1回のサッケードだけで正確に定位できるのだが，それ以上の大きなサッケードの後には小さなサッケードを伴うことが多く，これを修正サッケード（corrective saccade）と呼ぶ。

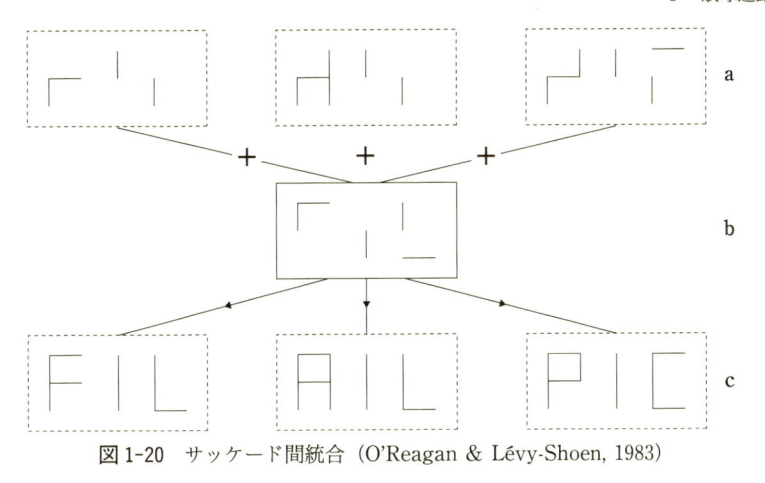

図1-20 サッケード間統合（O'Reagan & Lévy-Shoen, 1983）

サッケード間統合

　サッケードは，視対象を中心窩に映したり，固視と移動を繰り返すことによって視対象を走査する役割を果たす（Noton & Stark, 1971）。サッケードを中心とする眼球運動による視覚過程をアクティヴ・ビジョン（Active Vision）と呼び，サッケード間統合（trans-saccadic integration）の問題が取り上げられている（Findlay & Gilchrist, 2003）。すなわち，サッケードによる不規則なサンプリング処理を断続的に行いながら，整合性のある安定した世界をいかに構築しているかという問題である。これは，サッケードをさせないときの統合とは異なると考えられている（O'Reagan & Lévy-Shoen, 1983）。図1-20のように，まずaのいずれかを瞬間呈示した後に，サッケードさせ，サッケード後にbを呈示すると，両者が統合されるならばcのような文字列が見えるはずである。しかし，このような文字列を報告することは困難であった。もしaとbの両者をサッケードさせずに継時的に呈示した場合には，統合が可能である（これは，感覚貯蔵によって可能になるのだが，感覚貯蔵の詳細は第4章参照）。すなわち，サッケード前後で単純な加算的情景統合が行われているわけではないことになる。

　さて，サッケードを中心とする眼球運動に関して説明してきたが，眼球運動によってある対象に視線を向けていても，それを「見る」ことに必ずしもなら

ない。これは注意の問題であり，第5章で述べることになる。

参考文献

Anstis, S. M. (1974). A chart demonstrating variations in acuity with retinal position. *Vision Research,* **14**, 589-592.（図は Elsevier の許可を得て転載）

Burr, D. C., Morrone, M. C., & Ross, J. (1994). Selective suppression of the magnocellular visual pathway during saccadic eye movements. *Nature,* **371**, 511-513.

Findlay, J. M., & Gilchrist, I. D. (2003). *Active Vision.* Oxford University Press.（フィンドレイ, J. M., ギルクリスト, I. D. 本田仁視（監訳）(2006). アクティヴ・ビジョン――眼球運動の心理・神経科学　北大路書房）

Gilchrist, L. D., Brown, V., & Findlay, J. M. (1997). Saccades without eye movements. *Nature,* **390**, 130-131.

本田仁視 (1991). 視覚的位置の恒常性と眼球位置情報　心理学評論, **34**, 7-36.

Hubel, D. H., & Wiesel, T. (1959). Receptive fields of single neurons in the cat's striate cortex. *Journal of physiology,* **148**, 574-591.

Ings, S. (2007). *The Eye: A Natural History.* London: Bloomsbury Publishing PLC.（イングス, S. 吉田利子（訳）(2009). 見る――眼の誕生はわたしたちをどう変えたか　早川書房）

小林康夫 (2003). 表象の光学　未来社

Livingstone, M. S., & Hubel, D. H. (1984). Anatomy and physiology of a color system in the primate visual cortex. *The Journal of Neuroscience,* **4**, 309-356.

Livingstone, M. S., & Hubel, D. H. (1988). Segregation of form, color, movement, and depth: Anatomy, physiology, and perception. *Science,* **240**, 740-749.

Murakami, I., & Cavanagh, P. (1998). A jitter after-effect reveals motion-based stabilization of vision. *Nature,* **395**, 798-801.

Noton, D., & Stark, L. (1971). Scanpaths in eye movements during pattern perception. *Science,* **171**, 308-311.

O'Reagan, J. K., & Lévy-Shoen, A. (1983). Integrating information from succesive fixations: Does trans-saccadic fusion exist? *Vision Research,* **23**, 765-769.（図は Elsevier の許可を得て転載）

Parker, A. (2003). *In the Blink of an Eye: The Cause of the Most Dramatic Event in the History of Life.* London: Curtis Brown Group.（パーカー, A. 渡辺政隆・今西康子（訳）(2006). 眼の誕生――カンブリア紀大進化の謎を解く　草思社）

Pritchard, R. M. (1961). Stabilized images on the retina. *Scientific American,* **204**, 6, 72-78.

Ramachandran, V. S. (1992). Blind Spots. *Scientific American,* **266**, 5, 86-91.（ラマチャンドラン, V. S. 影木准子（訳）(1992). 盲点　日経サイエンス, 7月号, 74-80.）

Ramachandran, V. S., & Gregory, R. L. (1991). Perceptual filling in of artificially induced scotomas in human vision. *Nature,* **350**, 699-702.

Saslow, M. G. (1967). Effects of components of displacement-step stimuli upon latency for saccadic eye movement. *Journal of the Optical Society of America,* **57**, 1024-1029.

Selfridge, O. G. (1959). Pandemonium: A paradigm for learning. In D. V. Blake & A. M. Uttley (Eds.), *Proceedings of the Symposium on Mechanisation of Thought Processes,* 511-529.

篠森敬三（編）(2007). 講座 感覚・知覚の科学 1　視覚 I――視覚系の構造と初期視覚機能　朝倉書店

田中啓治（編）(2008). シリーズ脳科学 2　認識と行動の脳科学　東京大学出版会

Tootel, R.B.H., Silverman, M. S., Switkes, E., & De Valois, R. L. (1982). Deoxyglucose analysis of retinotopic organization in primate striate cortex. *Science,* **218**, 902-904.

Troxler, I.P.V. (1804). Über das Verschwinden gegebener Gegenstände innerhalb unseres Gesichtskreises. *Ophthalmologische Bibliothek,* **2**, 2, 1-53.

第2章　明るさと色

　　　光線に色がついているのではない。　　　　　——アイザック・ニュートン

　　　暗黒の空間の内部で目を開いていると，一種の不足が感じられる。
　　　　　　　　　　　　　　——ヨハン・ヴォルフガング・フォン・ゲーテ

　明るさと色は，共に網膜を中心とする低次視覚で抽出される別の特徴であるので，性質がかなり異なる。たとえば，物理的に等しい強度だが色が異なる2つの光を見ても，必ずしも同じ明るさに感じるわけではない。ただ，お互いに完全に独立な処理というわけでもないと考えられている。まず，両者の抽出過程を順に説明し，さらにそれらの関係を明らかにすることにする。

1　光覚閾と順応

　視覚情報の入口は瞳孔である。この瞳孔の直径は光強度によって4倍くらいまで変化する。面積変化による単純計算でいうと，10倍以上の光量調整までできることになる。ところが，われわれが生活する環境での光強度の変化は1000万倍といわれている。しかも，瞳孔はそれほど速い動特性を持っているわけでもなく，その大きさ変化は肉眼で他人から観察できるほどである。赤目（Red-eye）とは，フラッシュを使った写真撮影において，眼が赤く写る現象であるが，これはフラッシュの光が高速であるため，虹彩によって瞳孔を閉じる余裕がなく，血管が多い網膜に光が直接届くことによって，眼が赤く写るのである。
　そこで，光強度の変化への対応は，瞳孔の大きさ変化だけでなく，網膜以降の機能により行う必要がある。すでに第1章で述べたように，視細胞には桿体

細胞と錐体細胞が存在し，両者の役割分担によって，非常に明るい太陽の下（照度約1万ルクス）から，星明かりの暗い環境（照度約0.001ルクス）まで，物を見るために対応することができる（すなわち，光強度の変化が1000万倍）。桿体細胞のみが働くような0.01ルクス以下の光強度レベルを暗所視（scopic vision），数ルクス以上の光強度レベルを明所視（photopic vision）と呼ぶ。明所視が，日常生活における光強度レベルの視環境である。なお，暗所視と明所視の中間レベルで，薄明かりの視環境は薄明視（mesopic vision）と呼ばれる。このとき，桿体細胞と錐体細胞がともに部分的に機能しているような状態になるので，後述するプルキンエ移行が生じやすくなる。

なお，明るさに関わる尺度として照度と輝度があるが，その相違を明確にしておく必要がある。照度（illuminance）とは，平面状の物体の単位面積あたりに照射された光束量を反映した心理物理量であり，単位はルクス（lx）で表す。一方，輝度（luminance）とは光源における単位面積あたりの光線の強度であり，単位はカンデラ毎平方メートル（cd/m^2）である。

(1) 暗順応と明順応

眼に一定値以上の光が入ると視感覚（visual sensation）が生じるが，そのための限界を光覚閾（luminance threshold）と呼ぶ。光覚閾は，明るい所にいた直後は高く，暗いところに長くいた後では低い。明るい所から暗いところに移ると，約1時間にわたって光覚閾が次第に低下する。逆の場合は数分で光覚閾が急上昇する。そして，増減した光強度がしばらくそのまま保たれると，視細胞はそれに適応し，落ち着いた状態になる。これを暗順応（dark adaptation）および明順応（light adaptation）と呼ぶ（順応とは，刺激が持続的に与えられたときに生じる，感覚の漸次的適応現象である）。すなわち，光覚閾が低くなった暗順応では光に対する感度が上昇し，光覚閾が高まった明順応では光に対する感度が下降する。特に，人間は優れた暗視能力を有しているが，これは人間が夜行性の動物から進化したことに由来していると言われている。このような順応により，光の増減に対して，常に最適な対応ができる状態になっている。

暗所における時間経過による光覚閾の変化，すなわち光感度（optical sensitibity）の回復を示した図2-1のような曲線を，暗順応曲線（dark adaptation

図2-1　暗順応曲線（篠森, 2007）

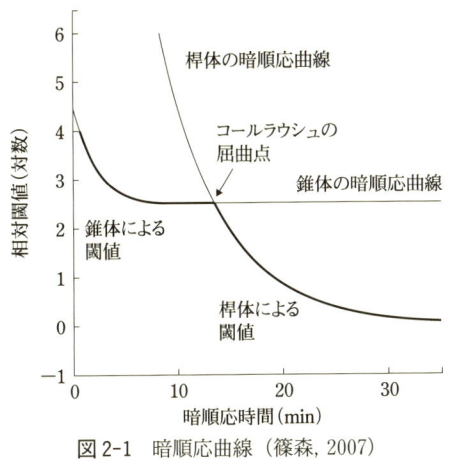

curve）と呼ぶ。暗順応曲線で表される暗順応特性は網膜の部位で異なる。網膜中心部では，明所から暗所に移って2〜3分以内に急速に光覚閾が低下し，5〜10分で一定値に達し，その後ほとんど変わらない。網膜周辺部では，光覚閾の低下は比較的ゆっくりと生じ，約1時間後に一定値に達する。特に，網膜周辺部の順応が遅いのは，桿体細胞の感光色素であるロドプシン（rhodopsin）の合成に時間がかかるためである。したがって，まず網膜中心部の暗順応が現れ，5〜10分後に網膜周辺部の暗順応が現れることになる。したがって，暗順応曲線は，図2-1のように，錐体細胞に基づく第1段階と，桿体細胞に基づく第2段階の間に境界ができ，これをコールラウシュの屈曲点（Kohlrausch's kink）と呼ぶ。暗順応によって，最終的には感度が100万倍ほど上昇することになる。

　一方，暗いところから明るいところへ移動したときの順応が明順応である。暗順応よりはるかに早く順応が進み，安定状態まで2〜3分，完全に順応が終了するまでに約10分といわれている。このように，暗順応に比べれば，明順応は早いが，それでも自動車の運転時にトンネルで暗順応状態になった場合には，トンネル内だけでなくトンネルから出たときにも細心の注意を払う必要がある。なお，最近のトンネル照明では出入口近くほど明るい照明になるように設定されており，暗順応と明順応に対応しやすいようになっている。

第2章 明るさと色

(2) 絶対閾

暗黒の中で，しかも暗順応が安定した状態でぎりぎり見えるという光覚閾が，絶対閾（absolute threshold）である。この絶対閾を調べるためには，一般的に恒常法（constant method，心理物理学的測定法の1つ）と呼ぶ手法を用いる。光がほとんど見えない低強度から確実に見える高強度までの範囲で操作し，その知覚確率を測定して，絶対閾を決めることになる。人間の眼は，光の検出能力にたいへん優れていて，1つの桿体細胞は光量子1個でも反応し，光量子が数個検出されれば光の知覚が生じると考えられている。条件さえ整えば，27キロ先のローソクの炎が見えると言われており，これ以上の視覚能力を持った生物種はそう多くないのである。しかし，光量子のゆらぎ，ロドプシンの吸光率のゆらぎ，神経細胞のゆらぎなどが存在すると考えられるので，絶対閾を測定することは簡単ではない。

(3) 波長と明るさ

明るさの感覚は，光刺激の波長が異なれば同じエネルギーでも異なって生じる。刺激光の波長と，それぞれの波長の光に対する感度の関係を示す曲線を比視感度曲線（relative luminosity curve）という。比視感度曲線は，図2-2のように，暗所視では青緑色に相当する507ナノメートルの光に対してもっとも視感度（luminosity factor）が高い暗所視比視感度曲線を示す。また，明所視では黄緑色に相当する555ナノメートルの光に対して，もっとも視感度が高い明所視比視感度曲線を示す。

暗順応によって視感度の極大が移る現象を，プルキンエ移行（Purkinje shift）という。明順応時に比べ，暗順応時には，相対的に長波長の視感度が低下し，短波長の視感度が上昇する。これは，チェコのプルキンエ（Purkinje）が，赤と明るい青の物体の明るさが昼夜で逆転することから，その原因は自分の眼の特性の違いに基づくことに気づいたことによるといわれている（観察対象となった物体には諸説があり，郵便ポスト，ゼラニウムの葉と花，カーペットの模様の変化という話もあるが，どれが正しいのか，どれも正しいのかは定かではない）。すなわち，プルキンエ移行は錐体細胞から桿体細胞への交替によって現れる現象なのである。

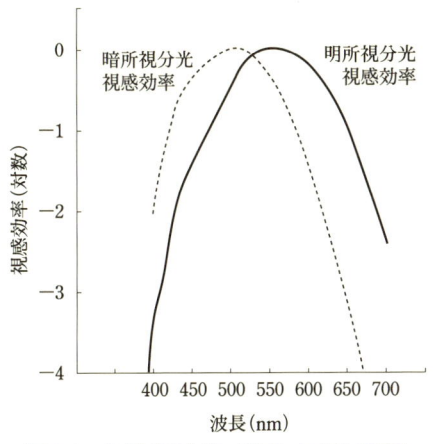

図 2-2　比視感度曲線（篠森, 2007を改変）

　光点を検出するために必要な光の強度，すなわち光覚閾は光点の面積によって変化する。光点の面積が十分に小さいときには，刺激光の強さ×面積が一定という関係が成り立ち，光覚閾は光点の面積に反比例する。この関係をリコーの法則（Ricco's law）と呼ぶ。すなわち，この範囲では，光の総量が一定になれば，光点が検出されることを意味している。ただし，光点の面積がさらに大きくなると，リコーの法則が成立しなくなる。リコーの法則が成り立つ最大の面積を，臨界面積という。臨界面積は，網膜の周辺ほど大きくなる。リコーの法則が成り立つ臨界面積から，光覚閾を決めている受容野の大きさが心理学的に分かるということになる。

2　空間周波数とコントラスト感度

　物体の認知や情景認知には，隣り合う領域の明暗比，すなわちコントラストが重要である場合が多い。一方，視野の中に，まったくエッジや輪郭のない状態は，全体野（ガンツフェルト，Ganzfeld はドイツ語で等質視野）と呼ばれる。

　Let's try !　ピンポン玉を半分に割り，それぞれを左右の眼にかぶせ，数分間じっと見続けると簡単に全体野を体験できる。目が開いているのか閉じ

ているのか分からなくなり，平衡感覚の喪失などが現れることもある。

網膜の多くの神経細胞の基本設計が，「何も変化がなければ，何も報告するな」というものであることは既に述べたが，エッジや輪郭，もしくはコントラストが視野に存在することが前提で視覚系が構成されていることを全体野という現象から実感することができる。一般に用いられるコントラストは，対象領域の輝度の最大値と最小値の差分を，最大値と最小値の和で割ったマイケルソン・コントラスト（Michelson contrast）のことである。このように定義されるコントラストにおいて，弁別できる最小のコントラストをコントラスト閾値（Contrast Threshold）と呼び，その逆数がコントラスト感度（Contrast Sensitivity）である。

(1) 正弦波グレーティング

コントラスト感度を測定するときには，正弦波グレーティング（sinusoidal grating）が用いられる。正弦波グレーティングは，正弦波状に輝度変化する縞模様のパターンであり，視角1度に正弦波が何周期存在するか（空間周波数）で定義される。図2-3aが低空間周波数，図2-3bが高空間周波数の正弦波グレーティングを表している。情景や物体画像は，それがいかに複雑であっても，様々な空間周波数の正弦波グレーティングの合算として表現することができる（逆に，情景や物体画像を空間周波数ごとに分解するには，空間座標が変数の濃淡分布を，空間周波数が変数の関数に変換するフーリエ変換（Fourier transform）を用いることになる）。

Let's try! コントラスト感度は，刺激の空間周波数に依存する。図2-4は右に行くほど高空間周波数の正弦波グレーティングを表し，上にいくほどコントラストが低く描かれている。図2-4を見ると，コントラスト感度が空間周波数の中程で最大となる帯域通過（Band Pass）の特性で，逆U字型になることが分かるはずである。観察距離を変え，もう少し遠くから見ると，コントラスト感度が最大になる場所が左にずれるはずである。このような特性から，特定の空間周波数帯域のコントラスト感度が高く，強調されている

図 2-3　正弦波グレーティング　　　　図 2-4　コントラスト感度

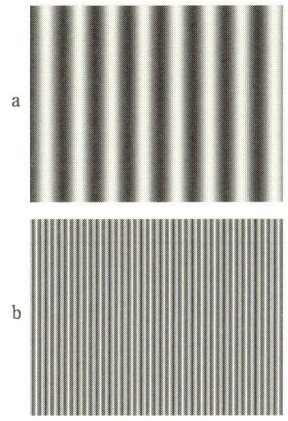

ことが分かる。

　空間周波数とコントラスト感度の関係を表す関数として，変調度伝達関数（Modulation Transfer Function: MTF）もある。MTF は，点光源の像のフーリエ変換の絶対値であり，カメラのレンズ特性を表すために使われたりするが，ある空間周波数を持つ画像のコントラストを写像して伝達する能力を表すものである。MTF は単なる解像度ではないので，MTF を知ることは視覚系の結像能力が分かることになる。

　一般に，画像を縮小すると，その縮小された画像の空間周波数は元画像と比べて高周波数側へシフトする。すなわち，描いてある線のように元々高空間周波数成分を持つものが縮小されれば，その線はさらに細くなる。高周波数になるとコントラスト感度が低くなり，ぼやけて見えることになる。このような場合，縮小後にコントラスト強調をすれば，画像の劣化を感じさせなくすることができる。

(2) マッハの帯と側抑制

　コントラストを抽出することにより，物理的なエッジや輪郭を推定することが可能になる。

第 2 章　明るさと色

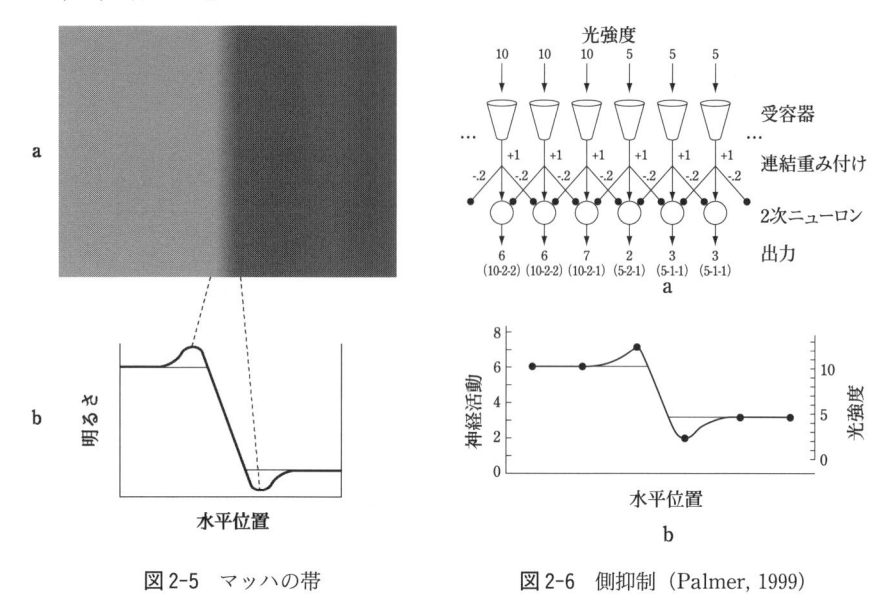

図 2-5　マッハの帯　　　　　　　　図 2-6　側抑制（Palmer, 1999）

<u>*Let's try!*</u>　図2-5a は，物理的には図2-5b 中の細線のような輝度勾配を持つが，実際にこれを見ると，勾配の下端と上端でオーバーシュート（すなわち，行き過ぎ）が起こり，輝度変化が主観的には太線のようにS字状に強調されて見える。この現象を，その発見者であるエルンスト・マッハ（Ernst Mach）にちなんで，マッハの帯（Mach Band）と呼ぶ。すなわち，勾配の右端ではその右側の黒色よりもわずかに暗く見え，勾配の左端ではその左側の白よりもわずかに明るく見える。

このマッハの帯は，われわれがいつも輪郭を強調して見ていることを示している。これは，眼球の収差や散乱光によって，外界のエッジがそのまま網膜上に再現されず，変形を受けていることを補正する役割を果たしている。マッハの帯は，眼球内の網膜にある神経節細胞における側抑制（lateral inhibition）によって説明できる。すなわち，図2-6a のように受容野中心の興奮性の領域と，その周囲にある抑制性の領域の境界に輝度勾配がある場合には，双方の領域の輝度情報が合算された大きな反応出力となり，結果的に図2-6b のようにマッ

ハの帯に相当する輪郭の強調現象が説明できる。側抑制は，「生きた化石」とも言われ，複眼の光受容器が最大（人間の錐体細胞や桿体細胞の約100倍）と言われるカブトガニを用いて，初めて明らかにされた。

なお，マッハの帯とMTFは，空間領域での説明と空間周波数領域の説明であり，同一の内容を別の観点から説明していることになる。たとえばマッハの帯は，空間領域で説明すると輪郭強調された輝度勾配を知覚する現象であるが，空間周波数領域で説明すると，エッジに含まれる高周波数成分が抑制されたMTFの帯域通過特性から輝度コントラスト知覚特性が説明できる。

3　エッジと表面

コントラストを抽出することで，物理的なエッジや輪郭を推定することが可能ではあるが，われわれがそれをエッジなり，輪郭なりとして判断する機構は別途存在すると考えられている。

(1) ゼロ交差とエッジ抽出

数理学的には，画像中のエッジや輪郭は輝度変化の変化位置であるので，微分成分に基づいて定義できる。すなわち，エッジが存在する位置は，図2-7aのような輝度変化において，図2-7bのような，輝度分布の1階微分のピーク位置，もしくは図2-7cのような2階微分のゼロ交差（zero crossing）位置として定義できる。ゼロ交差とは，2階微分した結果から，正負の境界領域を抽出した位置である。

しかしながら，このような操作によって，自然画像から抽出された位置が示

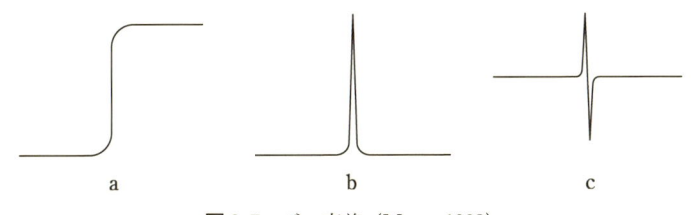

図2-7　ゼロ交差（Marr, 1982）

すのはエッジばかりではなく，単なるノイズを強調した成分も数多く抽出されることになる。そこで，マーとヒルドレス（Marr & Hildreth, 1980）は，輝度分布をガウス関数（Gaussian function）で平滑化，すなわちぼかすことでノイズを低減したあとで，ラプラシアン演算子（Laplacian operator）で2階微分し，その結果からゼロ交差位置を抽出する方法を提案した。すなわち，数学的な操作方法で言えば，輝度分布をラプラシアン・ガウシアン・フィルタ（Laplacian of Gaussian filter）で畳み込み積分（convolution）することになるのだが，このラプラシアン・ガウシアン・フィルタの特性が，神経細胞の受容野感度特性とよく一致する。その上で，オン中心型神経節細胞の出力と，隣接するオフ中心型神経節細胞の出力との論理積が計算できる機構があれば，ゼロ交差位置を検出できることになる。

ただし，このようにして抽出されたゼロ交差位置で全ての主観的なエッジが抽出できるわけではないので，さらに高度なエッジ抽出法が研究されている。このように抽出されたエッジの並び方から線分，端点，小塊として分類して抽出した結果を，マー（Marr, 1982）は素原始スケッチ（Primal Sketch）と呼び，視覚系の初期段階の重要な処理と考えた。

(2) 2・1/2次元スケッチ

エッジに囲まれた領域は一般に表面を形成する。表面の模様や陰影の分布によって，表面形状は推定される。エッジや表面の情報を統合した表象として，2・1/2次元スケッチ（2・1/2D sketch）が考えられている（Marr & Hildreth, 1980）。2・1/2次元スケッチは，観察者中心座標系（viewer-centered coordinate）で記述されており，表面の境界と向き，表面までの大まかな距離をベクトルで表す。

図2-8aは，3次元的に異なる表面とその法線ベクトル例を示している。ベクトルの向きは表面の傾斜方向，ベクトルの長さは表面の傾斜角の大きさを表している。また，図2-8bが2・1/2次元スケッチの例であり，この図中の実線は遮蔽輪郭（第6章参照），破線は表面の不連続を表している。2・1/2次元スケッチは，観察者中心座標系の表象であるので，同じオブジェクトでも視点が異なれば，異なる記述になる。

図2-8　2・1/2次元スケッチ（Marr, 1982）

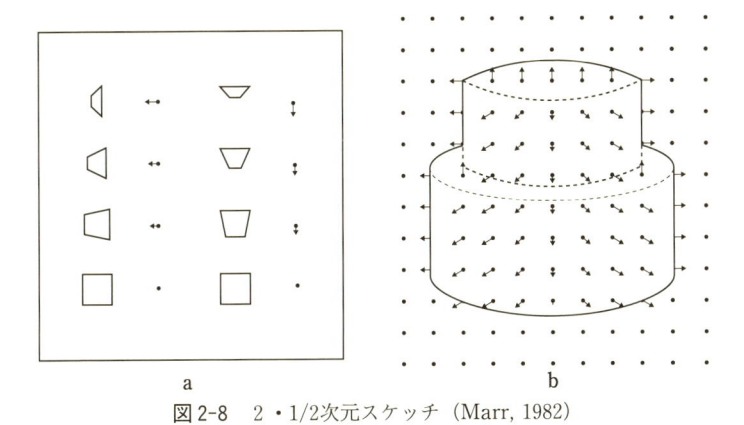

4　表面材質推定と明るさの恒常性

　石炭が黒く見えるのは，網膜に暗い像が映るからであろうか？　この質問に対して無条件に肯定する回答は正確ではない。もちろん，網膜に暗い像が映る場合に黒く見えるときもあるが，現実に暗い像でなくても黒く見える場合がある。石炭が黒く見える場合，石炭の表面反射率が低いことを推定しているのであって，必ずしも暗い網膜像であることが必要なわけではない。物体はその表面で光源からの光を吸収したり反射したりする。入射した白色光を全て反射すれば，その表面は白色，全て吸収したら黒色ということになる。表面反射率とは，入射光が物体の表面で反射した割合である。表面材質に基づく表面反射率は，網膜に映った光のパターンから推定しなければならない。月は石炭と同じような表面反射率なのに，明るく，白っぽく見える。もし暗室で光源を隠すと，その光源で照らされた石炭は月のように白く見える。すなわち，夜でも雪は白く，昼間でもカラスは黒く見えるのである。このように，表面材質の推定と明るさ知覚は不可分の関係にある。

(1)　明るさの知覚
　同じ紙を標的として使っても，それがどのような明るさの部屋に置かれてい

第 2 章 明るさと色

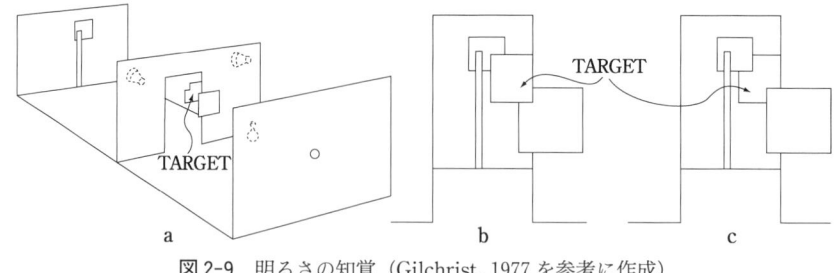

図 2-9 明るさの知覚（Gilchrist, 1977 を参考に作成）

るかという状況によって，知覚される明るさが異なる（Gilchrist, 1977）。図2-9a は，中央の間仕切りの手前が暗く，奥が明るい状況を示している。単眼だけで覗き穴から覗き込むように設定すると，標的（図2-9中の TARGET）の形状を変える（図2-9bでは正方形，図2-9cでは左上と右下が欠けた正方形で呈示する）ことで，標的の位置が間仕切りより手前（図2-9b）か，奥（図2-9c）かが変わって見える。その結果，標的，すなわち網膜像の光強度は変わっていないにも関わらず，標的が明るい奥にあるときは暗く，暗い手前にあるときは明るく見える。

このことから，網膜像からだけでは，知覚される明るさが決まるわけではないことは明らかになった。これは，広い領域の文脈が明るさ知覚に影響を与えるというレティネックス理論を支持する現象である（レティネックス理論については，後述する）。

Let's try ! 　図2-10a は，チェッカーボードが右からの光源に照らされているように知覚されるだろう。このとき，下部の 2 つの正方形はまったく同じ輝度分布を持っているのだが，それを聞いてもなかなか信じられないに違いない。そのような場合には，上部の 2 つの正方形を隠してもらいたい。そうすれば，下部の 2 つの正方形がまったく同じ輝度分布を持っていることが確認できるに違いない（Adelson, 1993）。

同様な例として，図2-10bのような？マークで示された領域はまったく異なる明るさに知覚されるかもしれないが，その部分を縦方向に切り出した右側の短冊を見てもらえれば，同じ輝度分布であることが分かると思う。この

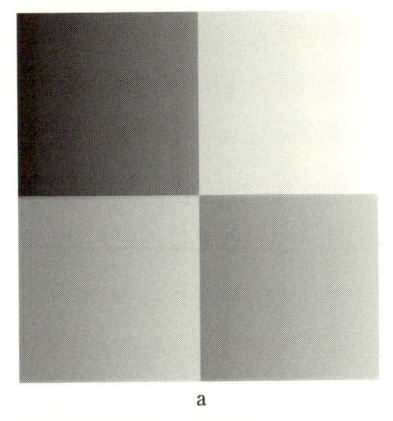

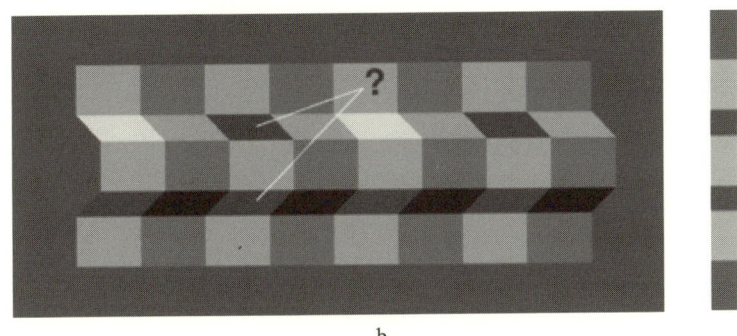

図 2-10 明るさの恒常性

ような現象は，明るさの恒常性（lightness constancy）の一種と考えられており，光源からの照明によらず，安定した世界環境を把握するために役立っている．

(2) 質感の知覚
　表面の見え方は，照明，表面の形状による鏡面反射や拡散反射，物体内部への透過光の散乱・屈折などの複雑な相互作用で決まり，できあがった一枚の画像からそれらの要因を分離することは難しい．また，表面の性質，すなわち表面材質（surface quality）は，局所的な表面反射率だけで推定されるわけではないので，いわゆる質感と呼ばれる情報の抽出は，相当高度な視覚情報処理に基づいていると考えられてきた．

第 2 章　明るさと色

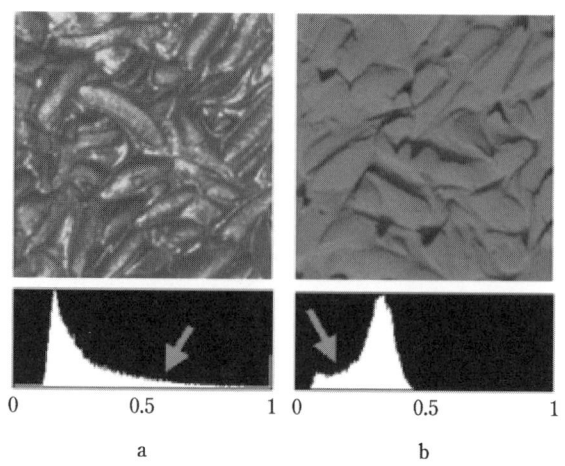

図 2-11　質感の知覚　(http://www.brl.ntt.co.jp/people/imotoyoshi/material-j.htm)

　ところが，表面材質や質感の判定に役立つような簡単な画像の性質が存在することが分かり，われわれは意外にもそのような情報を使っている可能性がある（本吉，2008）。たとえば，画像のもつ単純な統計的性質である輝度の分布から表面の光沢感や明るさが抽出されている可能性がある（Motoyoshi, Nishida, Sharan, & Adelson, 2007）。ある光学特性を持つ表面が自然環境で照明されると，その表面の輝度分布は一定の特徴を持つ。たとえば，図2-11a のように光沢のある表面の輝度は明るい方向になだらかに広がる分布をもち，図2-11b のようにつや消しの表面はその逆の分布をもつ傾向がある。

　人間が知覚する光沢感や明るさも，この分布とよく相関し，このような分布を人工的に歪めると，それに応じて見かけの光沢や明るさが変化する。石のような不透明な物体に見える画像も，単純なルールに従って調整するだけで，透明感のある物体や金属のように見える画像に変換できる。これは，透明感や金属感という質感でさえ，それほど高度ではない視覚情報処理に基づくことを示している。このような輝度分布は，低次の視覚神経メカニズムによっても簡単に取り出すことができるので（本吉，2008），われわれが知覚する質感を決定する要因の1つとして，輝度分布の性質が使われている可能性が高いと考えられている。

5　可視光とスペクトル

　光は，粒子と波動という両方の性質を併せ持った存在であるが，本書の中では，光が波動であるという理解で十分であるので，そのレベルで説明することにする。ある波長帯の電磁波が光であり，そのうち人間が見えるのは約380～780ナノメートルの波長である。すなわち，この範囲の波長を持つ光が可視光である。スリットを通して太陽光をプリズムにあてると，屈折により光が波長ごとに分かれる。ニュートン（Newton）が発見したこの現象を分光（spectroscopy）と呼び，分光された虹のような光の帯をスペクトル（Spectrum）と呼ぶ。光のスペクトル分解は，微積分法および万有引力とともに，ニュートンの3大発見の1つとされる。可視帯域において一様な強度を持っている白色光から導かれたスペクトルは，波長が555ナノメートル（黄緑）あたりで最も明るく見え，その波長から離れると暗く見える。波長が400ナノメートル（すみれ色）や700ナノメートル（赤）では，555ナノメートルのときの1％以下の光強度に下がってしまう。

　可視光線として太陽から受け取っているエネルギーは，青緑に相当する500ナノメートルの波長の光が最も多い。可視光以外の波長を持つ光でいえば，たとえば人間に紫外線光が見えないのは，水晶体が紫外線光を吸収してしまうために，紫外線光の波長に対応する視細胞の反応が必要ないからと考えられる。ただし，水晶体を除去するような手術をすると，青はますます青く，紫外線は白い光に見えるようになる。

(1) 色　覚

　色覚とは，主に可視光の波長分離能力であり，波長の違いが色相（hue）の違いである。可視光が視野内にあり，その強度が光覚閾に達すれば，明るさの感覚を引き起こすが，この光覚閾から色の感覚があらわれる強度までの間を無彩間隔（achromatic interval）と呼ぶ。すなわち，色を感じるには，ある程度の光強度が必要である。さらに厳密にいえば，波長だけによって知覚される色相が決まるわけではないことに注意しなければならない。同じ波長でも，強度

が違えば色相が異なって見えることがある。強度が弱いとき，すなわち暗いときには黄緑と青緑は緑味を増し，青紫と橙は赤味を増す。逆に強度が強いとき，すなわち明るいときには橙と黄緑は黄味を増し，青紫と青緑は青味を増す。このような現象は，ベツォルト・ブリュッケ現象（Bezold-Brücke phenomenon）として知られる（この現象は，後述する反対色説を支持する現象として考えられている）。

(2) 色度図

色の見え（Color appearance）は色相だけで決まるわけではない。波長の違いは色相の違いになることは上述したが，一般に色相に加えて，彩度（saturation）と明度（brightness）という3つの属性に分割して色を考えることができる。ここで，明度は，物体からの反射率と関係する，色の明るさの指標である。彩度は色みと無彩色の比，すなわち鮮やかさの指標である。

明度を無視して，色相と彩度の違いを平面的に配置したのが，色度図（chromaticity diagram）である。カラー図2-1は，CIE（Commission International de l'Eclairage: 国際照明委員会）色度図であり，色を2次元座標（xy座標）で表している。左下から上方に，そして右に下降する大きな弧状の外周はスペクトル軌跡（spectral locus）と呼ばれ，色相に相当する波長の違いを示している。この軌跡上にある，いずれかの波長によって単色が表され，外周以外の内部色は混色を表している。座標x, yともに0.33が白色点である。外周に近い色ほど，彩度が高くなる。スペクトル軌跡に合致する色度図の外周上ならば彩度100%，白色点に合致すれば彩度0％である。実験に用いる画像などの色を客観的に測定するときには色彩輝度計を用いて，この座標x, yと輝度を測ることになる。

色の分布が極めて不均等なこの色度図を利用すると，色を定量的に扱うことができる。たとえば，2つの色の色差を見分けることができる最小の差（色度弁別閾）は，色度図上の位置によって異なることが分かっている。マックアダムの楕円（MacAdam ellipse）は，図2-12のように，25個の（x, y）色度座標を中心に色度弁別閾を求め，その標準偏差で楕円近似したものである（MacAdam, 1942）。なお，図2-12は本来の色度弁別閾の10倍に楕円を拡大している。

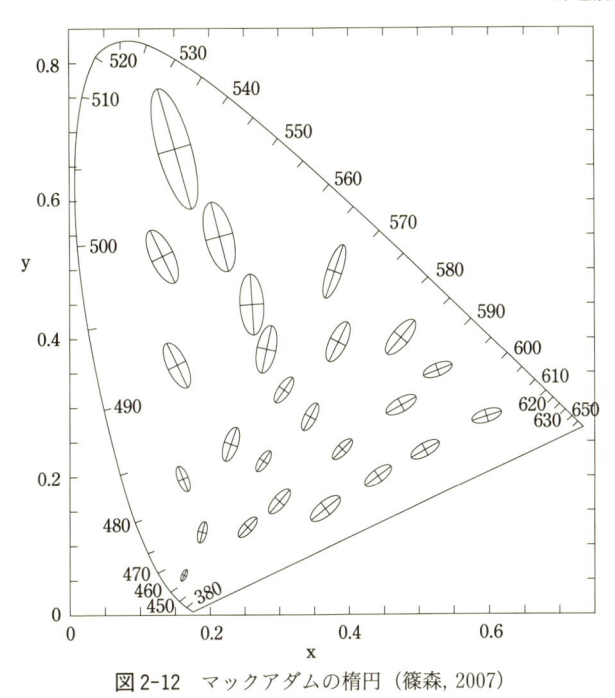

図2-12 マックアダムの楕円 (篠森, 2007)

ただし，色の見えの3属性である色相，彩度，明度は完全に独立しているわけではなく，相互に影響を与えている。たとえば，色相という色属性は波長という物理特性のみで決定されるように思うかもしれないが，上述したようにベツォルト・ブリュッケ現象などから，単純な対応関係として説明することは難しい。また，赤という色相を変えずに，彩度を落とせばピンクになるが，ピンクのままで明度を極端に落とすことはできず，赤みがかった灰色になってしまう。

6　3原色説と反対色説

異なる種類の2色の組み合わせを用意して，同じ色を作り出せる。すなわち，異なった物理色の組み合わせでも，人間の眼には同じ感覚を引き起こすことができるという混色（mixture of colors）の原理を発見したのも，ニュートンで

ある。

(1) 3原色説

ヤング（Young）は，物理色と感覚色とを区別し，感覚としての赤，緑，青の3原色説（a theory of trichromatic color vision）を1801年に提唱した。約半世紀後に埋もれていたヤングの説を取り上げ，3種類の神経線維（すなわち，錐体細胞）による興奮特性を仮定するという現在の色覚理論へつながる功績を残したヘルムホルツ（Helmholtz）とあわせて，ヤング・ヘルムホルツの3原色説と呼ばれる。スペクトル中の赤と緑を適当な割合で混色すると黄色に見え，スペクトル中の黄色と見かけ上ほとんど変わらない。これを条件等色（metamerism）と呼ぶ。しかし，混色によって生じた黄色だけはプリズムでふたたび赤と緑に分けることができ，物理的に両者が異なることが分かる。黄色を担当する視細胞があれば，スペクトル中の黄色と，混色によって得られた黄色は区別できるはずである。すなわち，黄色だけを担当する視細胞がないと考えれば，このような現象を説明することができる。ヘルムホルツは，このような3原色説で混色に関する現象だけでなく，以下のような少数派色覚に関しても説明できることを指摘した。

(2) 少数派色覚

少数派色覚には様々な種類がある（以下の用語は，日本眼科学会の定める眼科用語に従う）。1色覚は，色相の区別が全くできない状態で，明度の違いのみがわかる。2色覚は，L錐体の機能を欠く1型2色覚，M錐体の機能を欠く2型2色覚，S錐体の機能を欠く3型2色覚がある。それぞれに対応する錐体の機能低下は1型3色覚，2型3色覚，3型3色覚と呼ばれる。このように多様な異常3色覚の存在は，3原色説に沿っていることになる。なお，4色型色覚を持つ少数派色覚者もいて，その場合には微妙な色合いも見分けられることになる。このような少数派色覚から，色というものが外界の物体についた性質ではなく，各自の感覚によって生じるものであることを確認することができる。

このような少数派色覚の簡便な検査法として国際的にも最も普及しているのが，カラー図2-2のような無関係な色の斑点をちりばめることによって，少数

派色覚者にとってさらに読みにくく，かつ多数派色覚者にははっきりと読める石原式色覚検査表である。石原式色覚検査表は，陸軍軍医であった石原忍軍医監が，徴兵検査用に開発したものである。使い方は，書かれている数字を読み取らせるだけであり，カラー図2-2の場合42が正答である。ただし，この検査表は，日常生活にほとんど支障のない色覚特性まで異常として検出する場合があるので，結果の取扱いに注意しなければならない。

(3) 反対色説

3原色説に対立する反対色説（An opponent-process theory of color vision）がヘリング（Hering）によって唱えられた。ヘリングは，「青味がかった黄色」や「赤味がかった緑」を想像することが難しい理由を考えた。このような色同士の関係から，反対色説が引き出された。3原色との決定的違いは，黄色を原色として数えたことである。さらに，白と黒も原色とし，赤-緑，黄-青，白-黒の3対を反対色であるとした。3対の反対色にはそれぞれ対応する物質を仮定した。この反対色説は，後述する順応などの現象を説明するのに適している。

ヘリングは数量化した実験をしなかったが，その後の研究では補色を用いた実験によって反対色説が改めて主張されている（Hurvich, 1981）。ただし，少数派色覚が，3色説ではなく，反対色説でどのように説明されるか，特に，反対色説では1型2色覚と2型2色覚の区別ができない点が問題とされてきた。

(4) 段階説

3原色説と反対色説は一見相容れないように感じられると思うが，いずれも3変数で色覚を表そうとしている点では共通している。このような橋渡しの指摘を試みた1人が，量子力学の波動方程式で有名なシュレディンガー（Schrödinger）である。

最近では，3原色説も反対色説も支持する神経生理学的知見も蓄えられている。すなわち，3原色は錐体細胞段階，反対色は水平細胞や外側膝状体段階での過程を反映しており，両者とも間違いではなく，複数の段階を踏むという段階説が唱えられている。たとえば，外側膝状体の小細胞層における反対色型の細胞のほとんどが輝度変化と色変化の両方に応答できることから，輝度と反対

色応答の生理学的知見によく整合する3段階の色覚モデルが提案されている(De Valois & De Valois, 1993)。すなわち，錐体細胞の処理段階である第1ステージ，ある錐体細胞の興奮性入力と別の錐体細胞の抑制性入力を受ける錐体反対色に関する第2ステージ，さらに第2ステージの出力加算による知覚反対色に関する第3ステージを経て，赤，黄，緑，青，輝度暗方向，輝度明方向の6種類の出力を出すモデルである。定量的には正確さを欠くという批判もあるが，生理学的知見とも整合する優れたモデルである。

7　色の恒常性とレティネックス理論

　照明条件によらず，安定して知覚されなければ，色は外界を把握するための情報として役に立たない。照明光の条件が変わると，物体からの反射光の物理的性質は大きく変動するが，白色光の下で見たときと同じ色に見えていると感じる。たとえば，夕焼けのような赤味の強い照明でも，緑味の強い蛍光灯の照明でも，黄色味の強い白熱灯の照明でも，赤は赤，緑は緑，青は青，黄色は黄色に見える。このような，色の判断がほぼ安定して得られる色知覚を色の恒常性（color consistency）と呼ぶ。

　Let's try !　カラー図2-3aは，段階的な色の変化が見られるように正方形を配置している。カラー図2-3bも同じ色の正方形が同じ数だけ並べられているが，配置はランダムになっている。これを，カラーシャッフルと呼ぶ。
　カラー図2-3bには，カラー図2-3aに見られないような茶色や灰色があるように見える。左右の同じ色に番号1と2をふってみると，それぞれ違う印象を持つと思われる。これは，われわれが感じる色が広範囲の手がかりに影響されていることを示している。カラー図2-3aのような段階的な色相，彩度，明度の変化は，光源の変化であると解釈し，カラー図2-3bのような突然の変化は，表面の変化と解釈すると考えられる。

　ポラロイドカメラの発明者でもあるランド（Land）は，カラー図2-4のようなモンドリアン図形（画家 Piet Mondrian にちなんで名付けられた，様々な長方

形の配列で構成された画像）を様々な照明条件で観察することによって，表面色はそこから反射される光の波長成分だけで決定されるのではなく，その周囲の表面から反射される光の波長成分によって決定されると考えた（Land, 1977）。さらに，赤と緑のフィルターをかけて撮った白黒写真をプロジェクターで同一スクリーン上に投射する際に，赤フィルターをかけて撮った方にのみ赤フィルターをかけて映すと極彩色に見える。すなわち，赤の波長と白光のコントラストから色のスペクトル全体を作り出すことができたことになる。

　このような実験結果から，ランドとマッカン（Land & McCann, 1971）が発表した色彩理論が，レティネックス理論（retinex theory）である。レティネックスとは，網膜（retina）と皮質（cortex）を組み合わせた造語である。レティネックス理論は，人間の網膜上にある赤・緑・青を感じる各錐体細胞は各々の波長の明暗のみを感じ，それらの比を視覚野で総合して，脳が色彩を構成するという仮説である。したがって，視覚系は明度や絶対的な色相ではなく，色と色の相対関係で認識されていることになる。これは，極彩色は赤・青・緑で作り出せるというヤング・ヘルムホルツの3原色説とは対照的である。

8　色順応

　これまでの色研究は，ニュートンからヤング，ヘルムホルツに象徴される測色学の流れと，ゲーテ（Goethe）の観察から始まる，色覚経験を元にした現象学の流れがあると言われている（大山，1994）。ゲーテは，ニュートンの「光学」への批判として，『色彩論』を出版している。ニュートンへの批判は物理学的には的外れだったようであるが，主観的感覚としての色彩に関する鋭い観察は，心理学的にも重要な貢献と考えられている。19世紀初頭にすでに順応などに関する現象をうまく捉えて，たとえば本章のエピグラフで取り上げたように表現しており，その後の科学的研究で裏付けられていることは多い（大山，1994）。

　刺激光を一定時間見続けると，彩度が低下し，鮮やかな見えが薄くなったように感じる。このような色順応（chromatic adaptation）により，一般に照明光の色を打ち消す方向に，全体の色の見えがシフトする。この色順応の主要因

は，錐体細胞などの出力信号が持続せずに徐々に減少することによって，出力バランスが補正されるためと考えられている。D_{65}光（すなわち，CIE標準昼光）順応下から白熱電球光に切り替えると，最初は物体色が黄色っぽく知覚されるが，時間の経過とともに昼光と同様の見えが復元される。両者には大きな色度差があるにも関わらず，色の見えは等しいということになる。

この色順応を利用すると，白黒写真でも色づいて見えることが報告されている（Daw, 1965）。まず，カラー図2-5aのように色相反転画像の中心をしばらく固視し，視線を動かさないまま切り替えられたカラー図2-5bのような白黒写真を見ると，しばらくの間白黒写真が色づいて見える。これは，色相反転画像による順応で，色味のない白黒写真が反対色方向の色相にシフトした結果によって生じる現象である。

(1) マッカロー効果

ある方向の縞模様を赤で，別の方向の縞模様を緑で繰り返し呈示する（10秒ずつ交互に5分くらい固視するだけでもよい）と，それらと同方向の白黒の縞模様が補色に色づいて見える。この現象を随伴性残効（contingent aftereffect），あるいはマッカロー効果（McCollough effect）と呼ぶ（McCollough, 1965）。すなわち，カラー図2-6a, bのように，横線群を赤，縦線群を緑で繰り返し呈示し，その後カラー図2-6cのような刺激を呈示すると，左側の横線群が緑，右側の縦線群が赤に見える。このマッカロー効果は劇的であり，通常の色順応とは様々な点で異なる。たとえば，最初にあまりきちんと固視しなくてもよいし，場合によっては効果が数日以上残る点も異なる（異なる方向の白黒縞を呈示すると効果は消滅する）。また，頭を90度傾けると，色が反転して見える。

9 カテゴリカル色と色識別性

色弁別閾を調べると，ほとんど無限とも思えるほど無数の色を識別する色覚能力が備わっていることが分かる。ところが，われわれは日常それほど多くの色を区別して用いることはない。虹は連続して変化する色を持っているが，何種類の色に見えるかに関して回答することは可能である。すなわち，細かい色

の違いが分かったとしても，それらをいくつかのカテゴリーに分け，そのカテゴリーに色名をつけて呼んでいる。このように本来異なった色同士をまとめて同じカテゴリーにいれて総称することを，カテゴリカル色知覚（categorical color-perception）と呼ぶ。孤立した社会ほど，色を表す言葉は少ないと言われる一方で，言語によらず共通の11色の基本色彩語（basic color term）があるという主張もある。その11色は，白，黒，赤，緑，黄，青，茶，橙，紫，ピンク，灰色の11色である。基本色彩語は，誰でも安定して用い，特定の対象物に対して用いられることによって定義されている（篠森，2007）。

　日常的に物体を認知するときには，それぞれの物体の属性の1つである表面色を知覚する。このようなことから，個々の物体と色との連想関係が色の役割を決定する場合がある。物体の名前から，知覚特徴を連想させる課題で，最初に色を答える度合を色識別性（color diagnosticity）と呼ぶ（Tanaka, Weiskopf, & Williams, 2001）。ある物体の典型的な色を典型色（typical color）と呼ぶが，この典型色の安定性と色識別性の高さは必ずしも一致しない。たとえば，スポーツカーの典型色を尋ねると多くの人が赤と答えるが，スポーツカーに対してその知覚特徴を回答してもらうと，最初に赤と答える割合は高くない。すなわち，スポーツカーの色識別性は高くないことになる。一般に，バナナやトマトなどの色識別性の高い物体は，無彩色よりも彩色されているほうが認知が容易になることが分かっている。

　基本色彩語や色識別性は，より高次レベルの処理と考えられているオブジェクト認知に色処理が関わっていることを示唆している（オブジェクト認知に関しては第6章参照）。

10　明るさと色の独立性

　明るさと色の処理を別々に説明してきたが，前述したような色度図や色覚モデル（De Valois & De Valois, 1993）によれば，明るさと色の処理は無関係ではないことになる。ここでは，両者の関係が密接であることを示す現象や，さらに高次レベルの処理との関与を示唆する現象を説明することにする。

　ベンハムの独楽（Benham's Top）とは，1894年に作られた，イギリスのお

第 2 章　明るさと色

図 2-13　ベンハムの独楽

もちゃ製造業者であるチャールス・ベンハムの名に由来する独楽である。これは，1826年にフランス人修道士プレヴォによって発見されたフリッカー・カラーが元になり，フェヒナーが1838年，「主観色を発生する円板」として発表しているものである。

Let's try !　図2-13のように上面を白と黒で塗り分けたベンハムの独楽を毎秒5回転から10回転で回すと，弧状の薄い色があちこちに見える。右向きに回すと内側が赤っぽく，外側は青っぽく色づいて見える。独楽を逆向きに回せば，色の現れ方が逆になり，たとえば一番内側が青っぽくなる。このように，無彩色光であってもその時間空間的パターンによって色が見え，見えた色は主観色（subjective color），もしくはフェヒナー色（Fechner color）と呼ばれる。

ベンハムの独楽は単色光の下で回しても色感覚が生まれる。いまだにその仕組みは解明されていないが，明るさと色が無関係の存在ではないことに気づかせてくれる。

カラー図2-7a のように，濃淡2本の線で描かれた図形では，淡い色の線に囲まれた図形が，広く色づいて見える。この現象は水彩効果（watercolor effect）と呼ばれる（Werner, Pinna, & Spillmann, 2007）。濃淡の線で水彩画のような効果が得られるというのが水彩効果であり，必ずしも水彩画で用いられる描法ではない。また，カラー図2-7b のように，色がついていなくても，効

果は少し弱くなるものの，同様の現象が観察される。この水彩効果は，直線よりもうねった曲線のほうが強い効果を生み出すことが知られている。また，水彩効果によって色づいた図形は，不透明でわずかに持ち上がってみえる。この現象は，色や明るさが，境界や領域，そして奥行きの抽出にも関わっている可能性を示唆していると考えられている。

参考文献

Adelson, E. H. (1993). Perceptual organization and the judgement of brightness. *Science*, **262**, 2042-2044.

Benham, C. E. (1894). Notes. *Nature*, **51**, 113-114.

Daw, N. W. (1962). Why After-Images are not Seen in Normal Circumstances. *Nature*, **196**, 1143-1145.

De Valois, R. L., & De Valois, K. K. (1993). A multi-stage color model. *Vision Research*, **33**, 1053-1065.

Gilchrist, A. (1977). Perceived lightness depends on perceived spatial arrangement. *Science*, **195**, 185-187.

Hurvich, L. M. (1981). *Color Vision*. Massachusetts: Sinauer Associates Inc. (ハーヴィッチ, L. M. 鳥居修晃・和氣典二(監訳)(2002). カラー・ヴィジョン——色の知覚と反対色説 誠信書房)

Land, E. H. (1977). The retinex theory of color vision. *Scientific American,* **237**, 12, 108-128.

MacAdam, D. L. (1942). Visual sensitivities to color differences in daylight. *Journal of Optical Society of America,* **32**, 247-274.

Marr, D. (1982). ——第6章参照

Marr, D., & Hildreth, E. (1980). Theory of Edge Detection. *Proceedings of the Royal Society of London, Series B,* **207**, 187-217.

McCollough, C. (1965). Color adaptation of edge detectors in the human visual system. *Science,* **149**, 1115-1116.

本吉勇(2008). 質感知覚の心理学 心理学評論, **51**, 235-249.

Motoyoshi, I., Nishida, S., Sharan, L., & Adelson, E. H. (2007). Image statistics and the perception of surface qualities. *Nature,* **447**, 206-209.

大山正(1994). 色彩心理学入門——ニュートンとゲーテの流れを追って 中央公論社

Palmer, S. E. (1999). *Vision Science: Photons to Phenomenology*. MIT Press.(図はfigure 3.2.17をMITの許可を得て転載)

篠森敬三(編)(2007). ——第1章参照

Tanaka, J. W., Weiskopf, D., & Williams, P. (2001). Of color and objects: The role of

第 2 章　明るさと色

color in high-level vision. *Trends in Cognitive Sciences,* **5**, 211-215.

Werner, J. S., Pinna, B., & Spillmann, L. (2007). Illusory Color and the Brain. *Scientific American,* **3**, 90-95.（ワーナー，J. S., ピナ，B., シュピルマン，L.　藤田一郎（訳）(2007). 脳が生み出す色の錯覚　日経サイエンス，6月号, 78-83.）

第3章　奥行きと運動

> 2つの視覚像や印象が精神に達する前に1つに合一するなんらかの場所が，どうしてもなければならない。
> ——ルネ・デカルト

> 飛んでいる矢は止まっている。
> ——ゼノン

　われわれは外的世界として2次元平面ではなく，常に3次元空間を知覚している。2次元平面の情報に奥行き情報が付加されることによって，3次元空間となる。また，外的世界は静止しているわけではなく，常に動いている。この動き，すなわち運動情報を抽出することによって，動的空間を知覚できる。このように，奥行きと運動はまったく性質の異なる特徴であるが，いずれも網膜に写像される微小時間内の1点からでは抽出することができないにも関わらず，視覚系の初期段階で抽出されている特徴であり，日常生活において重要な役割を果たしているという共通点がある。

1　奥行きと視差

　第1章で述べた焦点距離の調節に用いられる情報を除けば，網膜上に写像される1点だけから，外的世界との距離を推定することはできない（バークリ，1990）。したがって，網膜上の写像から奥行きを得るためには，複数の情報を利用しなければならない。そこで，両眼で得られたそれぞれの情報を元に奥行きが得られることになる。
　人間の眼は頭部の前面に前方を向いて並んでいて，同じ物体に焦点を合わせている。対照的に，ウサギは頭部の両側面に眼がついていて，2つの眼が別々

の場所を見ることによって，視野を広げている．これによって，全ての周囲で生起している事柄を2次元の情景，すなわちパノラマとして観察することができる．これは，捕食者の餌食にならないことが先決の場合には有効である．逆に，2つの眼が頭部前面についていると，情景や物体を3次元的に知覚することができる（その原理は後から説明する）．ライオンなどの捕食動物が生き続けるためには，獲物までの距離を正確に捉えることが重要であり，3次元空間を把握することは欠かせない．

(1) 輻輳と両眼視差

通常，左右眼が同方向に同期した動きをするが，逆方向の動きも可能である．このような眼球の回転運動をバーゼンス（vergence），特に内向きの回転運動を輻輳（convergence）と呼ぶ．輻輳によって，図3-1のように様々な距離で焦点を結ぶことができ，数メートル以内にある物体の奥行きを知ることができる．しかしながら，数メートル以上離れた遠くの3次元世界において様々な奥行きがあるときに，このような輻輳だけで全ての物体の奥行きを確認するのはたいへん難しい．

両眼の見えのずれは，両眼視差（binocular parallax，もしくは binocular disparity）と呼ばれる．この視差を検出できれば，奥行きを知ることができる．なぜならば，近くの物体は両眼視差が大きく，遠くの物体は両眼視差が小さいためである．

Let's try!　両眼の見えのずれを実感してもらうために，できるだけ遠くのどこかを指差してみてほしい．その上で，片眼ずつ開閉すると，一方の眼で指差した方向がかなりずれていることが分かると思う．ずれていない方が，いわゆる利き目（dominant eye）である．

いわゆる立体写真は，2台のカメラの距離を少し離して撮影した写真を，立体鏡（stereoscope，もしくは haploscope）と呼ばれる装置で左右眼にそれぞれ呈示することで立体感を得るものであり，このような立体鏡はわれわれが視差を使って奥行きを抽出できることを利用している．両眼視差は奥行きに関して

図3-1　輻輳

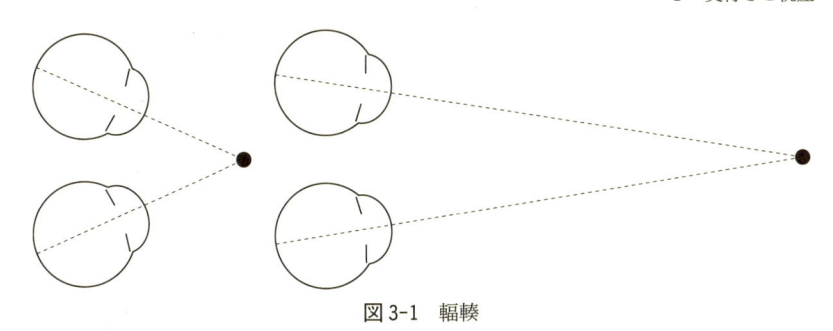

驚くべき正確さをもたらすことができる。両眼視差を使って見分けることができる奥行きの違いは，約10メートルの遠方にある1枚のコピー用紙の厚さであるといわれる（Morgan, 2003）。網膜上でそれに等しい視差は錐体細胞の1つの大きさの10分の1といわれているので，驚異的な精度を実現していることになる。もちろん，自分自身で輻輳を操作できる方は，このように撮影された2枚の写真を左右において輻輳させれば，立体鏡を使用しなくても，融像させて立体感を得ることができる。

(2) ランダムドットステレオグラム

視差を持った2枚の写真の対応関係は，個別のオブジェクトの視差を調べることによって分かるのだろうか？　たとえば，一方のオブジェクトが他方のオブジェクトを遮蔽していれば，遮蔽している方が前面にあるということは分かる（オブジェクトの定義は，第6章参照）。このような関係は絵画的手がかりというのだが，それについては後述する。さて，たとえオブジェクト認知ができなくても，両眼視差の検出が可能である。それは，ユレスがランダムドットステレオグラム（random dot stereogram）を作成したことによって，明らかにされたのである（Julesz, 1960）。

ここでは，まずランダムドットステレオグラムの作成法を説明する。まずは，ランダムな位置にドットを配置したパターンを2枚作成する。基本的に両者には，同じ位置にドットを配置するのだが，図3-2aとbのように，任意の形状の部分を左右どちらかに少しずらして配置する。このときできた空き領域（図3-2aとb中のX領域とY領域）には，やはりランダムな位置に配置したドット

第 3 章　奥行きと運動

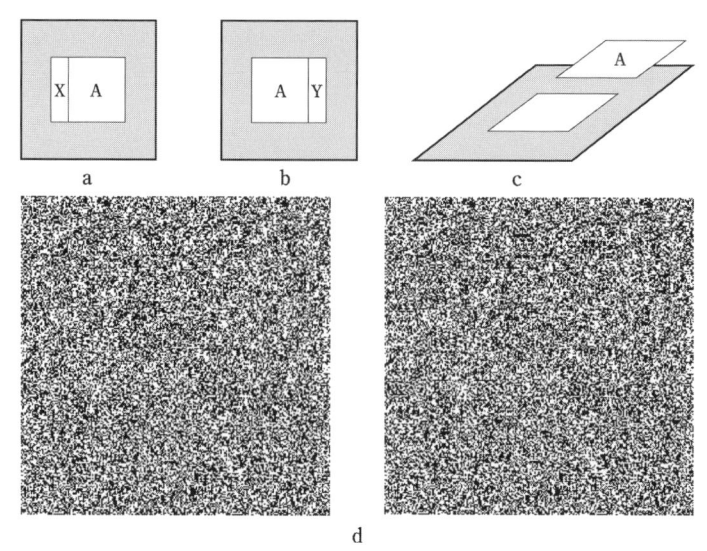

図 3-2　ランダムドットステレオグラム

を加える。こうして作成された 2 枚のランダムドットパターンをそれぞれ単独にみても，図3-2d のように特定の形状を知覚することはできない。

　しかし，この 2 枚を立体鏡で見ると，図3-2c のようにずらして配置した領域の奥行きだけが違って見える。このような立体鏡を使用しなくても，意識的な輻輳運動により，2 つのパターンを融像させることは可能である。いずれにしても，初めてランダムドットステレオグラムの奥行きが見えたときには，誰でもかなり感激するようだ。それほど，劇的に 3 次元パターンがはっきり見える。なお，図3-2d は銀杏の葉が浮きあがるランダムドットステレオグラムである。

　各ランダムドットパターンには形状情報は一切含まれていないにも関わらず，それらを融像したときに 3 次元パターンが見えることから，オブジェクト認知の前に両眼視差の検出が可能であることが明らかになった。今ではコンピュータを利用して心理実験刺激を作成することは当たり前になってしまったが，ランダムドットステレオグラムは，ランダムな位置にドットを配置するという計算が必要なために，コンピュータを利用した最初の心理実験刺激であったといわれている。

(3) 対応関係の決定

　ランダムドットステレオグラムが立体的に見えるということは，各ドットの奥行きが確定したことを意味する。しかしながら，それぞれのランダムドットの対応を決めるというのは，実は気の遠くなるような作業が必要なのである。たとえば，図3-3のように左右の網膜上に等間隔に4点が映っていたとすると，外界では奥行きの違いを含む異なる空間位置の16種類の候補が存在することになる。図3-3でいえば，両網膜像から引かれた4本ずつの直線の交点位置が16種類の候補を表している。たとえば，前額平行面に等間隔で並ぶ奥行きが一定の4点（図3-3中丸印の交点）の可能性もあるし，正中線の延長上（体の中心線から等距離，すなわち左右両眼から等距離の位置）でお互いに異なる奥行きを持つ4点の可能性もある。同様に，対応する2枚のランダムドットパターンがそれぞれ1000点からなるとすると，1000の2乗である100万種類の候補の中から，1000点の正しい対応関係を見つけなければならない。ということは，99万9000種類の候補は不適切な対応関係，すなわち誤対応として排除しなければならない。

　このように，ランダムドットステレオグラムにおいて，ランダムドット1つの正しい対応関係を見つけるには，同時に数多くの誤対応の候補をしりぞける

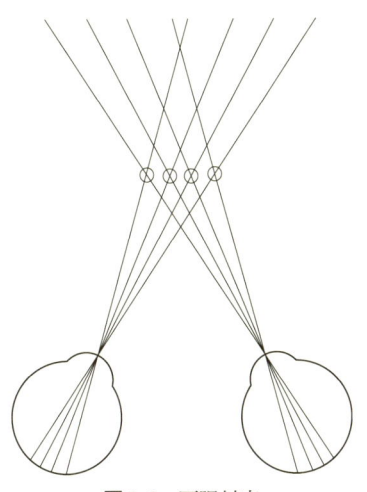

図3-3　両眼対応

必要がある。必ず左眼の1点は右眼の1点と対応し，近傍では同じような奥行きを持つという制約条件を仮定すれば，たいていの場合1つの解に収束する (Marr & Poggio, 1976)。そこで，このような制約条件に基づいて，ドットのわずかな位置ずれから多数のドットの奥行きを同時に決定するという優れたメカニズムをわれわれは持っていることになる。すなわち，周囲と滑らかな奥行きを形成しているという制約条件のもとに，われわれはほとんどの誤対応の候補をしりぞけていると考えられている。

このような対応関係は空間的に並列協調的に求められていることになる。空間的な各位置での並列処理によって，それぞれの点の対応関係が確定し，ランダムドットステレオグラムが容易に立体的に見えるのである。このような立体視ができるのは例外的に霊長類だけなのだが，元々はレーダー技術者であり，カモフラージュの研究に携わっていたユレスは，立体視が食虫動物であったキツネザルの祖先が，静止している昆虫のカムフラージュを見破るための能力に由来するのではないかと考えている (Julesz, 1995)。

2　両眼視差以外の奥行き手がかり

正確な両眼視差が得られなくても，さらには両眼視差が存在しなくても，様々な奥行き手掛りによって奥行き感が生じる。逆にいえば，絵画的奥行き手がかり (pictorial depth cue) と呼ばれる様々な手がかりによって，われわれは奥行きを総合的に判断している。具体的には，線遠近 (線状透視，liner perspective)，大気遠近 (aerial perspective)，重なり (overlapping)，陰影 (shading)，テクスチャ勾配 (texture gradient) などが奥行き感の形成に利用されていると考えられている。

線遠近とは，遠方の1点へ収斂する線が3次元空間における平行線に知覚される手がかりであり，ルネッサンス以後の西洋絵画に盛んに用いられた。大気遠近とは，大気中の光の散乱，吸収などにより遠点で明暗の差が少なくなることに基づく手がかりである。重なりとは，たとえば手前の山が遠くの山を隠してしまうような関係に基づく手がかりである。陰影とは，照明が上方から来ることを仮定することで，表面の凹凸，すなわち奥行きの手がかりとなる。テク

スチャ勾配とは，構成要素の形状変化や密度変化が遠近の手がかりとなる（テクスチャについては，第4章参照）。

　絵画では遠近感を表現するために絵画的奥行き手がかりが積極的に利用されているので，われわれは絵画から豊かな3次元世界を感じることができるのである。ランダムドットステレオグラムのような，単眼からの情報では奥行き手がかりがまったくないという状況は日常的には稀であるので，われわれは奥行き情報を得るために絵画的奥行き手がかりを日常的に利用していると考えられる。

(1) ネッカー・キューブ

　あらためて述べるまでもないことではあるが，左右眼それぞれに投影される網膜像は2次元的である。それゆえ，無数の3次元的解釈が可能である。

　Let's try !　図3-4aはネッカー・キューブ（Necker cube）と呼ばれる多義図形である。これを観察すると，右下が前面にある立方体と，左上が前面にある立方体とが交互に見えてしまう。ところが，表面を透明にしなければ（図3-4b, c），重なりが明確になり，奥行きが一意的に定まる。

　視覚系は，奥行きに関する無限の選択肢から非常に少数の候補に絞り込むことができる。そのため，ネッカー・キューブを3次元的図形として見るのは簡単になる。ところが，視点を変えたときには，3次元図形として見ることが難しくなる場合がある。図3-4dはコッファーマン・キューブ（Kopfermann

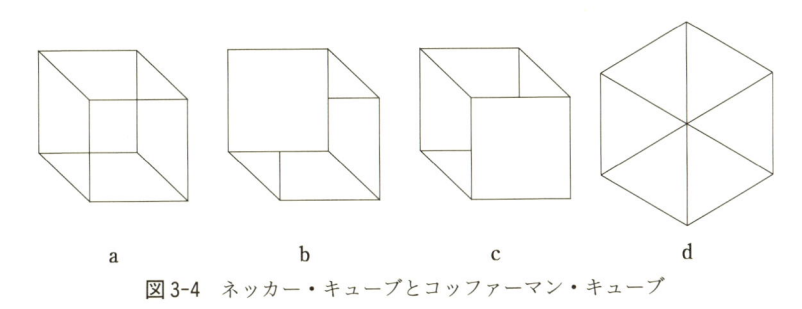

a　　　　　　　b　　　　　　　c　　　　　　　d

図3-4　ネッカー・キューブとコッファーマン・キューブ

cube）と呼ばれ，3本の直線が中心で交差し，6つの三角形を構成している。これらの3本の直線は3次元空間においても直線と解釈され，折れ曲がってみえないので，なかなか立体として知覚できないと考えられている（立方体に対するコッファーマン・キューブのような見えを偶発的見えと呼ぶ。詳しくは第6章参照）。これは，視覚系が安定した見え方を構築するためであると考えられている。

(2) 三次元空間の歪み知覚

Let's try ! 　2次元図形から3次元図形への自動的な変換は，思いもかけない効果を生む場合がある。図3-5中の3つのテーブルの天板の形状を比べてもらいたい。おそらく，図3-5a のテーブルの天板だけかなり異なる形状に感じられるに違いない。ところが，図3-5b のテーブルの天板は，a のテーブルの天板と同じ形状であり，c のテーブルとは著しく異なる形状である。これは，テーブル回転錯視（"Turning the Tables" illusion）と呼ばれる（Shepard, 1990）。おそらく，このような説明をしてもにわかには納得できないに違いないが，その場合には是非ともどれかの天板と同様の切り抜きを作り，別の天板に当てはめて確かめてもらいたい。そうすれば，図3-5a と b の天板と，c の天板の形状がいかに異なっているかが確かめられるに違いない。そうしてみない限り受け入れられないと感じるほど，強い錯視である。ただし，そもそもテーブル回転錯視におけるテーブルは，厳密な遠近法で描

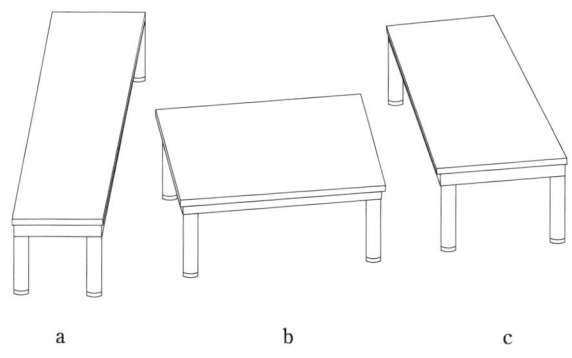

図 3-5　テーブル回転錯視（Shepard, 1990 を参考に作成）

図 3-6　エイムズの部屋（a: http://www.trickart.jp/　b: Gregory, 1998 を参考に作成）

かれている訳ではないことは注意をしなければならない。すなわち，現実の3次元世界を見たときに同様の錯視が必ずしも生じるわけではない。

床や窓枠などを手がかりにして，本来いびつな形状をしている部屋を方形の部屋として錯覚させることによって，人間同士の大きさの違いをありえないように知覚してしまう現象もある。図3-6aは，エイムズの部屋（Ames Room）として知られている。エイムズの部屋の中にいる2人の身長はそれほど変わらないように見える。なぜこのような錯覚が生じるかを図3-6bを元に説明すると，実際の部屋の形状は左側の奥行きが深く，床や窓枠は決して方形ではない。すなわち，左側の男性は，右側の男の子よりずっと奥にいるのである。ところが，われわれは部屋の様々なものがいびつであると解釈するより，人間が伸び縮みしたと解釈する方が容易であることから，このような錯覚が生まれることになる。また，図3-7のように，同じピサの斜塔を横に並べただけなのに，右の方が傾いて見える斜塔錯視（leaning tower illusion）の場合には，1つの視点，すなわち両斜塔が1つのカメラから同時に撮影されたと暗黙のうちに仮定した結果，斜塔の上部にいくにしたがって両斜塔が離れていくように解釈されたと考えられる（Kingdom, Yoonessi, & Gheorghiu, 2007）。

図 3-7　斜塔錯視（Kingdom et al., 2007）

(3) 影と光源

18世紀にアメリカで最初に天体望遠鏡を作ったと言われる時計職人デビッド・リッテンハウス（David Rittenhouse）は，図3-8のようなクレーター錯視を発見したと言われている（Hoffman, 1998）。

Let's try !　図3-8では，下に影があると凸，上に影があると凹に見える。これは，われわれができるだけ単一の光源を仮定し（単一照明方向の制約条件），さらにその光源を上部に仮定（上方光源の制約条件）しやすいことから，このような奥行き解釈が成立すると考えられている。その証拠に，この図を逆さまにして見ると，凹凸が逆転する。

上方光源の制約条件は，われわれが日常的に太陽光による照明を仮定して見ていることに基づいている。逆にいえば，複数の光源が存在したり，下方に光源がある場合には，このような図から正しい凹凸判断ができないことになる。

図3-9は，それぞれチェッカーボード上に2つの球がある。ここで，チェッカーボードは図3-9の奥行きを明確にするために使われている。

Let's try !　図3-9a では，1の位置の球と2の位置の球は奥行きが異なり，図3-9b では1の位置の球と2の位置の球は奥行きではなくチェッカー

図3-8 クレーター錯視

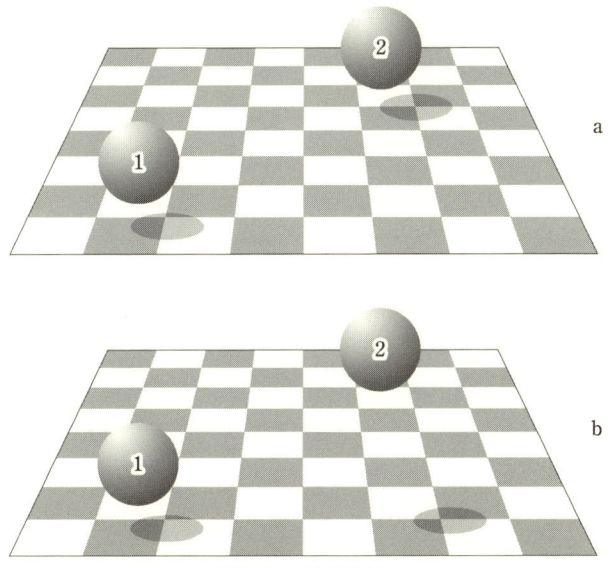

図3-9 影と奥行き
(http://gandalf.psych.umn.edu/users/kersten/kersten-lab/demos/shadows.html)

ボードからの高さが違うように知覚される。いずれも1の位置から2の位置に球を移動させる動画で観察すると3次元空間における動きの違いが歴然としている（Kersten, Knill, Mamassian, & Büelthoff, 1996）。

第3章 奥行きと運動

図3-10 仮面錯視（Gregory, 1998）

　図3-9aとbにおいて，チェッカーボード上の球の位置は両者とも変わらないことを確認してもらいたい。このように，球とチェッカーボードだけでは，3次元的な位置はあいまいなのである。すなわち，図3-9aは高さが固定で，奥行き方向の移動，図3-9bは奥行きが固定で，上下方向の移動と知覚される。
　なぜこのような知覚の違いが生ずるかというと，単に球の影の位置が異なるためである。図3-9aは奥行き方向の移動によって生じる影の違い，図3-9bは上下方向の移動によって生じる影の違いになっている。さらに言えば，このような影に基づいて3次元空間での運動として頑健に解釈されるのは，光源が固定であるとわれわれが常に仮定していることを示している。

また，外界に存在する物体の多くは凸形状をしているために，われわれは凹形状に比べ，凸形状を選好すると言われている（河邉・三浦，2002）。その典型的現象が，仮面錯視（hollow-face illusion）である。図3-10の4つの写真は，チャップリンのお面が1方向に回転している状況を撮影したものであり，図3-10左上がお面の正面である。このお面が回転するとき，図3-10右下は凹形状を写したものということになる。ところが，1方向に回転しているはずなのに，途中で回転方向が逆の別の凸形状のお面が見えてくる。これが仮面錯視である。仮面錯視は，たとえ上方から照らされたお面の裏側（凹面）でも，凸面として知覚される錯視である。すなわち，3次元形状は上方光源の制約条件に基づいてのみ決定されるのではなく，顔というオブジェクトの凹凸形状の親近性が影響していることを示している（Gregory, 1998）。

3　視野闘争

　日常生活では左右眼で非常に似通った像を見ているが，人工的に左右眼にまったく違う像を見せるとしよう。2枚の異なる像をそれぞれ単眼ずつから融像しようとしても，両眼で異なる部分はぴったり融像しない。2つの部分が違うのだから，融像しないのは当然であるが，よく観察すると，左右眼で異なる部分が交互に，そしてまだらに見えてくることが分かる。この現象を視野闘争（binocular rivalry）と呼ぶ。視野闘争させると両眼で異なる部分が複数箇所あってもそれらの部分が交互に見えることで分かる。

　さて，視覚系の情報処理は，片眼ずつ入った情報が脳内で融合されるわけだが，視野闘争は片眼ずつの情報が融合するところで生じる単なる相互抑制現象ではないと考えられている（Leopold & Logothetis, 1996）。左右眼に視野闘争を起こすような右斜線群と左斜線群の刺激を呈示し，観察している間の脳内の活動状態を調べてみると，視野闘争が脳内の視覚情報処理に関わる様々な領野の神経細胞の活性化により符号化された刺激表象の間で起こっていることが分かる。

　また，視野闘争における選択はどちらかの眼の単なる疲労でもない（Logothetis, Leopold, & Sheinberg, 1996）。たとえば，図3-11のように，右斜線

第3章 奥行きと運動

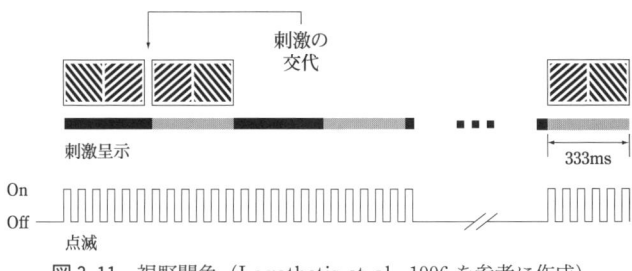

図3-11 視野闘争（Logothetis et al., 1996を参考に作成）

群と左斜線群の刺激を1秒間に18回ぐらい点滅させながら左右眼に呈示する。点滅させるタイミングで1秒間に3回，斜線群の傾き方向を反転させる。もしどちらかの眼の疲労が知覚的な選択を引き起こしているならば，疲労しないような短い時間間隔で斜線群の傾き方向を反転させると，反転させるたびに傾き方向の変化が観察されると考えられる。しかし，実際にはもっとゆっくりした通常の視野闘争が観察される。このことから，やはり視野闘争は眼の疲労ではなく，脳内に表現されたパターンが様々な矛盾を起こしたままであるために生じる競合現象であると考えられている。

このような競合選択過程をわれわれの意識の問題として議論する場合もある（Blake & Logothetis, 2002）。すなわち，両眼に異なる視覚情報が入力され，脳内のいずれかの段階まで両情報が混在しているのに，意識にのぼるのはそのうちの片方の情報であるので，意識の関与を考える上で視野闘争という現象は重要である（意識については，第9章参照）。

視野闘争と両眼立体視に関して，視野闘争は両眼に類似度の低い情報が入力されたときに生ずる現象であり，両眼立体視は両眼に類似度の高い情報が入力したときに生じる現象であるという説明も可能であるので，視野闘争と両眼立体視は背反する現象であると思われるかもしれない。ところが，視野闘争と両眼立体視の両方を同時に体験できるカラー図3-1のような実験刺激があり，これを「アン・トリーズマン（Ann Treisman）の図形パターン」と呼ぶ（Morgan, 2003）。このパターンは色の視野闘争が起こっても，安定した立体視が生じる。このことは，視野闘争と両眼立体視が別のメカニズムに基づいていることを示唆する。

4　運動視と窓問題

　運動視（motion perception）とは，外界の運動を視覚的に捉えることだが，そもそも運動とは何かを問うときに，深遠な問題に目を向ける必要も生じてくる。2500年前に古代ギリシャでゼノン（Zeno）が唱えたという4つのパラドックスのうち，エピグラフに取り上げた飛ぶ矢のパラドックスに従うとすると，ある瞬間を取り出せば，飛んでいる矢はある特定の位置で止まって見えるはずなので，個々の瞬間において矢が止まっているならば，矢の運動そのものがあり得ないという結論になってしまう（Mazur, 2007）。すなわち，個々の瞬間にものが動いていることがあり得ないならば，何らかの長さを持った時間でも，ものが動いていることはあり得ないことになる。飛ぶ矢が運動していることは誰でも知っているので，ゼノンのパラドックスは馬鹿げているように思える。しかし，運動を視覚的に捉えるとき，時間と空間の最小単位での特徴抽出を検討する必要が生じるので，ある瞬間にどのような局所運動が存在するかを特定することすら簡単ではない。

　たとえば，図3-12のように，ある枠の中で右に45度傾いた直線が右へ移動する場合と，上へ移動する場合では，運動パターンは全く同じであり，枠中の情報のみではパターン全体の運動方向が決定できない。このように，局所運動情報では2次元パターンの運動方向を一意に定めることができないことを，窓問題（aperture problem）と呼ぶ。これは，1911年にシュトゥンプ（Stumpf）によって指摘された問題である。多くの神経細胞は一定範囲の受容野を持つので（第1章参照），その受容野で局所的な運動方向を検出することは，制限された窓枠（aperture）から運動対象を観察することに相当することになり，結果的に運動方向があいまいとなる窓問題を解決する必要が生じる。

　日常生活のなかで2次元運動の運動方向の判断が曖昧になってしまう現象として，理容店の回転ポールがある。白，赤，青の3色ストライプ模様が斜め方位に描かれたポールが回転するとき，3色のストライプ模様があたかも上下方向に移動しているかのように知覚される。実際にはこのストライプ模様は回転しているだけであり，上下運動していない。これをバーバー・ポール錯視

第3章　奥行きと運動

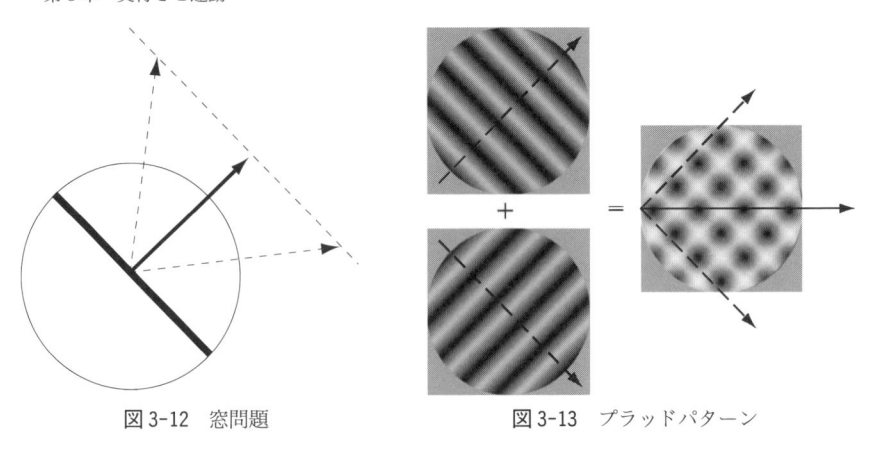

図 3-12　窓問題　　　　　図 3-13　プラッドパターン

(barber-pole illusion) と呼ぶ。このバーバー・ポール錯視も円柱形状の一部の見えとしての窓問題によって生じる現象である。

(1) 運動情報の統合

窓問題が生じる2次元の運動方向を正しく推定するためには，局所的に検出される1次元運動情報を統合し，パターン全体の運動方向を検出しなければならない。プラッドパターン（plaid pattern）とは，図3-13のように，運動方向の異なる2つの正弦波運動縞が重ね合わされた運動パターンである（Adelson & Movshon, 1982）。2つの運動成分が存在するが，一貫した運動（coherent motion）が知覚される場合と，2つの要素運動（component motion）が知覚される場合がある。たとえば，2つの正弦波運動縞の空間周波数（縞の細さに相当）やコントラストが同じで，異なる運動方向のとき，2つの運動方向のベクトル和の方向に一貫した運動が知覚される。一方，2つのパターンの空間周波数が非常に異なったり，両者のコントラストが非常に異なったり，奥行きが異なるときには，要素運動が知覚される。このように，2つの要素運動のパラメータを操作することにより，どのような運動が知覚されるかを調べることで，運動の統合メカニズムが検討されている。

いずれにしても，運動知覚において，階層的な処理が必要であることも，窓問題から理解することができる（西田, 1999a）。図3-14が示しているのは，重

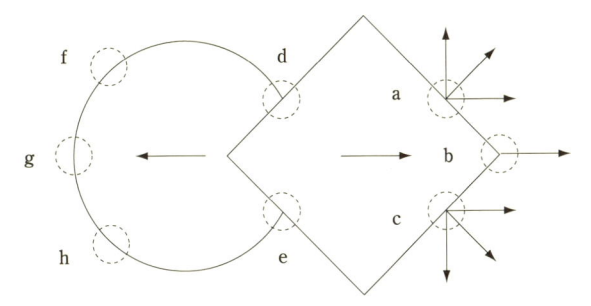

図 3-14　重なり図形の窓問題（西田，1999a）

なり合う菱形と円が左右反対方向に運動するような状況であり，このような状況で局所的な運動を検出するところから考えてみよう．まず，このような局所的な運動は窓問題により一意に決定することができないことはすでに述べた．したがって，当然様々な位置での局所的な運動を統合する過程が必要となるが，円の輪郭から得られた運動と菱形から得られた運動は別に扱わなければならないし，重なり合う部分で生じる偶発的な運動をそれぞれ菱形や円の運動から区別しなければならない．すなわち，オブジェクトとしてのまとまりを捉えるために運動の同一性を調べなければならないのだが，運動の同一性を知るためには，オブジェクトとしてのまとまりを理解していなければならないことになる．

5　運動残効と視覚消失

同じ方向の運動をしばらく見続けると，その後に物理的に静止しているものを見ても，それまで見ていた運動方向とは反対方向に動いて見える錯視がある．たとえば，アリストテレス（Aristotle）は，滝を見た直後に，土手が動いて見えたと述べていて，このような錯視は「滝の錯視（waterfall illusion）」と呼ばれる．このような錯視にみられるような運動残効（motion aftereffect）とは，運動を処理するメカニズムが順応した結果，実際には存在しない運動が知覚される現象である．

この現象を説明するために，様々な方向の運動検出細胞があり，その中で，左／右の方向に応答する2つの細胞LとRを考えることにする．静止刺激に対

しては，両方とも無反応なのではなく，2つの細胞が同じ強さで反応することで，刺激が静止していることと解釈することができる。次に，右方向の運動を見せると，R細胞が強く反応する。この状態をしばらく続けると，順応によりR細胞の反応が次第に弱まってくる。この後，ふたたび静止刺激を見せると，今まで反応していたR細胞は疲れて鈍くなっているから，L細胞の方が相対的に強く反応する。このような反応パターンは，左方向の運動を見ているときの状態と同じなので，静止しているのに左方向の運動が見えることになる。

(1) 運動と位置の相互作用

運動視は位置や形に錯覚を生じさせるほど強い影響力をもっている（Nishida & Johnston, 1999）。図3-15に示すように，回転する風車図形を見せた後，静止風車を見せると，運動残効によって風車図形が反対方向に回転しているように見える。運動残効が位置変化を伴わないならば，本当は垂直である風車の矢羽根の方位は垂直に見えるはずである。しかし，実際には，運動して見える方向に傾いているように知覚された。

面白いことに方位のずれは運動残効が見えなくなった後もしばらく残る。これは，運動の情報から位置変化を推定する際に，過去の運動の影響を記憶しておくような時間積分を行っているからではないかと考えられ，運動情報が位置の知覚に影響するような経路が視覚系に存在することを意味する。ものを見る

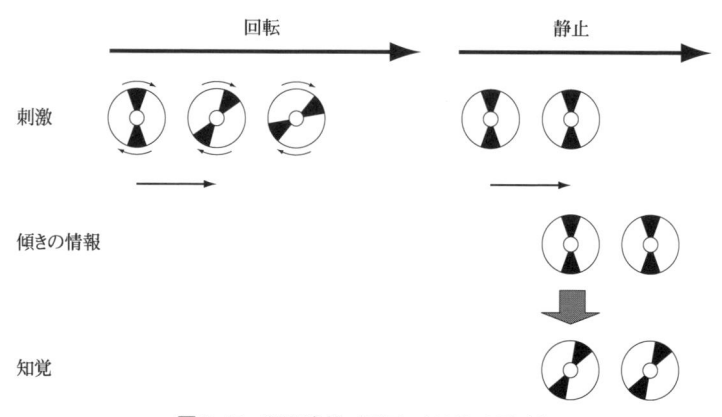

図3-15 運動残効（西田，1999b を改変）

ためには処理時間がかかるため，飛んでくるボールがある位置に見えたとき，処理の遅れのせいで実際のボールはその位置にないことになる。この問題を解決し，正しい位置に運動するものを見るためには，運動からボールの未来の位置を予測して，動いた先を見る必要がある。そして，未来を予測するためには，運動速度を時間的に積分して位置の変化量を推定し，現時点で見えている対象の姿と統合する必要があるのである。

(2) 運動誘発による見落とし

特別な条件下では，顕著な視覚刺激があっても意識に残らない場合があることが知られている。たとえば両眼にまったく違う刺激が与えられ，視野闘争が生じたときや，像が網膜上で動かない静止網膜像となったときなどである。しかし，通常の視力をもった人が自然な条件の下にあっても視覚消失が起こることが知られている。

コントラストの高い静止した刺激（図3-16上の3つの白点）に，全体が動いているパターンを重ねると，静止した3点が数秒間隔で消えたり現れたりする。3点とも消失することもあるし，2点もしくは1点が消失することもある。この現象は，運動誘発による見落とし（Motion Induced Blindness）と呼ばれる（Bonneh, Cooperman, & Sagi, 2001）。この現象は，網膜での抑制，知覚遮蔽や

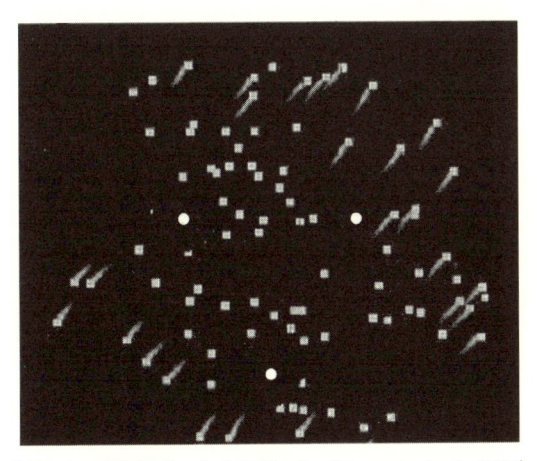

図3-16 運動誘発による見落とし（Bonneh et al., 2001）

順応を反映したものではなく，視覚系における複数の視対象，すなわち静止した点と運動パターンの表象が競争的な関係になってしまうためと考えられている。

6　フラッシュ・ラグ効果

フラッシュ・ラグ効果（Flash-lag effect）とは，図3-17のように，連続的に運動する刺激とちょうど隣り合う瞬間（すなわち時間）と位置（すなわち空間）にフラッシュ刺激を呈示すると，隣り合うようには見えず，運動と反対方向の位置にフラッシュ刺激がずれてみえる錯視現象である。

この現象は，運動刺激が脳内での処理による遅延を空間的に補正するために位置がずれて知覚されるのに対して，フラッシュ刺激は呈示された正しい位置に知覚されることから，運動刺激が前にずれて見えると説明されている（Nijhawan, 1994, 1997）。刺激が網膜に映ってから知覚にのぼるまでに0.1秒程度の遅延があるので，本来われわれは時間遅れのある世界しか知覚できないはずであるが，このままでは都合が悪いので，脳は遅延時間と運動刺激の速度を元に運動刺激がどこにあるかを外挿して，知覚にのぼらせていると考えられている。このような運動外挿（motion extrapolation）という説明は，フラッシュ・ラグ効果が一種の空間的な錯視であるという捉え方に相当する。

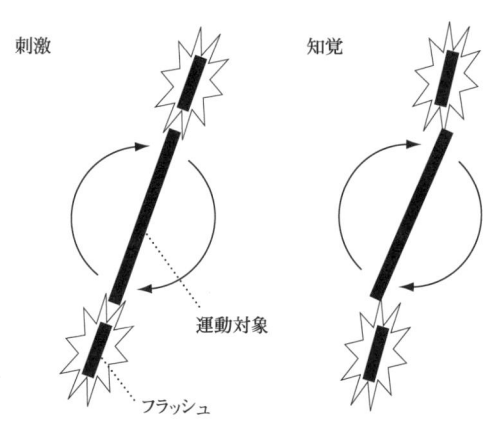

図 3-17　フラッシュ・ラグ効果（村上, 2008）

その後，運動刺激とフラッシュ刺激がそれぞれ知覚にのぼるまでの時間遅れの差による説明や，フラッシュ刺激の位置判断をする際の時間窓の長さによる説明など，時間的な錯視であるという捉え方も優勢になっている。このように，フラッシュ・ラグ効果には空間的錯視と時間的錯視の両義的側面があり，視覚情報処理の様々な段階や異なる属性でも頑健に見られる一般的な知覚現象でもあることが報告されており，まだ様々な議論が続いている（村上，2008）。

7　仮現運動

　物理的運動が存在しないにも関わらず知覚される運動のことを仮現運動（Apparent Motion）と呼ぶ（Ramachandran & Anstis, 1986）。仮現運動の例は，日常生活の中にいくらでも見つけることができる。よく引き合いに出される例では，図3-18a のように，踏切で交互に点滅する2つの赤い信号が左右の往復運動に見えたりするのが，仮現運動である。

　2つの光点を連続的に光らせるとき，2光点の距離と時間間隔が適切な場合には，1つの光点が動いて見えることは，エクスナー（Exner）によって1875年には報告されている。1912年にヴェルトハイマー（Wertheimer）が，エクスナーの実験を元に，2光点の色を変えるなどの巧妙な変化を加えても，仮現運動が生じることを見いだし，以来古典的仮現運動と呼ばれる。

　映画が静止画を高速に切り替えているだけなのに，動画として見えるのは，この仮現運動を見ていることになる。映画は，24枚の静止画像を各3回ずつ点滅させるというやり方で，毎秒72枚の静止画像を次々に投影していく。明暗の変化があっても，変化が早い（すなわち，高い時間周波数である）場合には，視覚系は明暗の変化を知覚することができず，融合して一定の明るさの光と知覚する。このような状態になる境目の周波数を臨界融合周波数（critical flicker frequency）と呼ぶ。映画での点滅は，臨界融合周波数を上回る周波数に設定されている。静止画像同士の間はなんの映像もなく，ただ暗いだけである。すなわち，情景中の複雑な運動を，点滅する静止画の高速切り替えという方法で，仮現運動として知覚させているのが，映画である。

　ランダムドットステレオグラムの2枚のパターンを，図3-18b のように作成

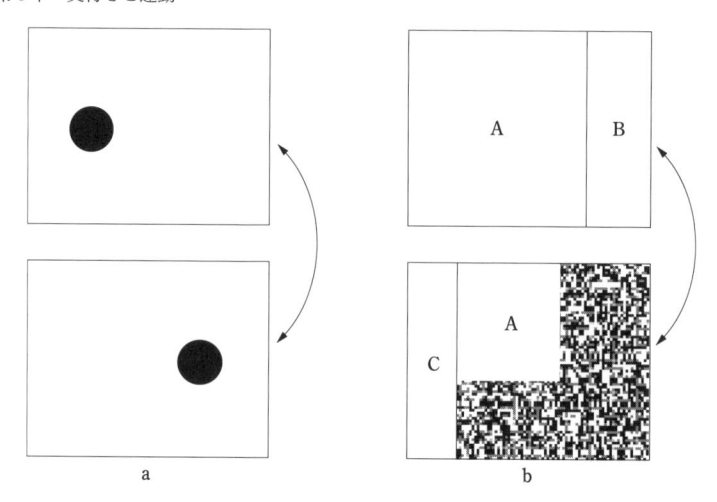

図 3-18　仮現運動とランダムドットキネマトグラム（佐藤，1991）

する。すなわち，図3-18bのAの部分を移動させて配置したパターンである。この2枚のパターンを同じ場所に順番に入れ替えて呈示すると，ランダムドットステレオグラムでは奥行きが感じられた部分に動きを感じることができる。これを，ランダムドットキネマトグラム（random dot kinematogram）と呼ぶが，これも一種の仮現運動である。立体視と同様に運動視でも静止状態ではそれぞれ無意味な図形2つの組み合わせがまとまって一体の知覚が成立することになる。ただし，ランダムドットによる仮現運動は古典的仮現運動と様々な点で異なることが知られている（佐藤，1991）。たとえば，仮現運動が知覚される移動距離の上限が，古典的仮現運動では視角数度から数十度であるが，ランダムドットによる仮現運動は視角数十分である。すなわち，運動視と同様に，仮現運動もいくつかのメカニズムが関与していると考えられている。

8　バイオロジカルモーション

人の手足の関節などに小光点をつけて暗室内で動いてもらうと，光点の運動を通して人の存在がリアルに知覚される。これをバイオロジカルモーション（biological motion）と呼ぶ（Johansson, 1975）。図3-19に，バイオロジカルモー

8 バイオロジカルモーション

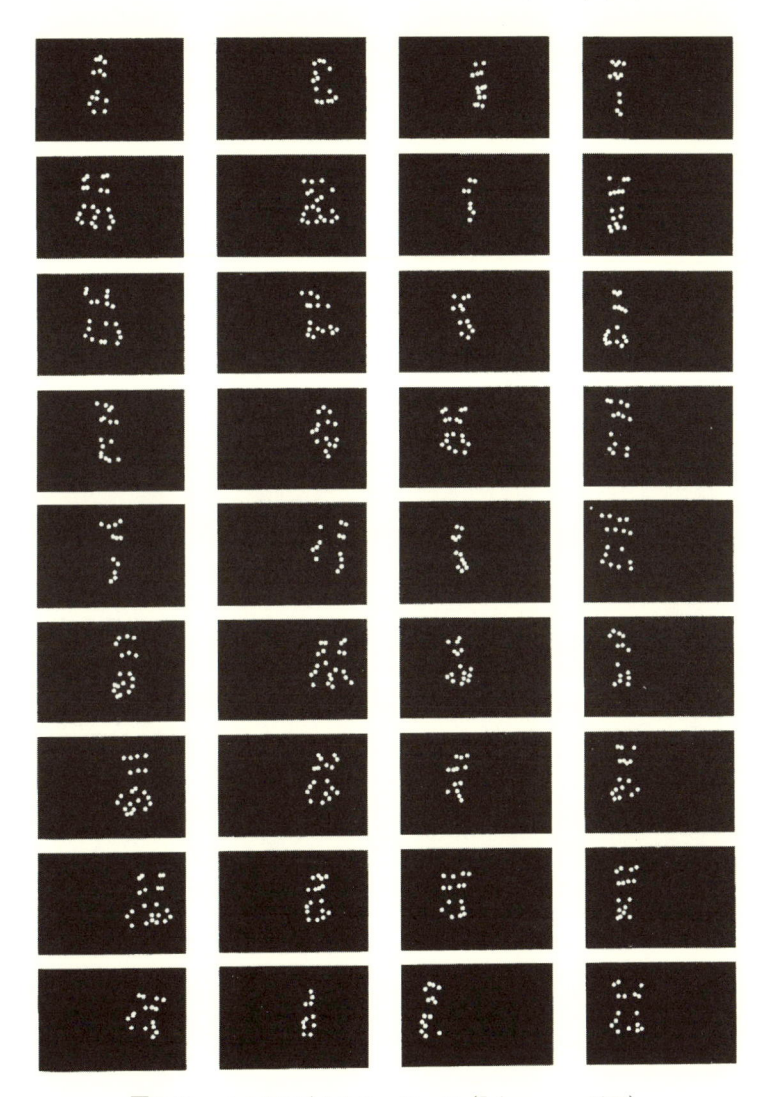

図3-19 バイオロジカルモーション（Johansson, 1975）
左上から下に向かって順に呈示すると，2人が
踊っている様子であることがすぐに分かる。

ションの例を示すが，1枚1枚の画像の光点集合からは，バイオロジカルモーションで知覚できる人間全体の姿勢や形状の詳細はよく分からない。ところが，このように限られた光点数からでも，2次元平面上の運動パターンとして連続的に呈示すると，歩いたり，走ったり，腕立て伏せをしたり，踊ったりする動きを難なく理解できる。すなわち，静止した光点集合から3次元的な構造を復元することはできないにも関わらず，光点の運動情報によって3次元的な形状や動作までもが復元できることになる。このような動きを正確に見分けるのに，数分の1秒の呈示でも十分である。性別さえも言い当てることはそれほど難しくない。

人間は3次元的な形状が固定しない，すなわち剛体ではないので，必ずしも一体となって動かない。姿勢や運動によって，相対的位置関係は変化することになる。剛体の動きを得るのでさえ，一体となって動く，すなわち相対的位置関係が変化しない4点以上の位置情報が必要である。しかしながら，人体が姿勢を変化させるときには，相対的位置関係が変化しない4点の存在さえ保証されていない。それなのに，極めて容易に非剛体の3次元的な形状と動きが分かるところに，バイオロジカルモーションの面白さがある。これまでの研究により，バイオロジカルモーションは，光点位置を関節とすると，その関節で分かれる各部分の動きが，3次元剛体の平面的な動きに射影した結果であるという仮説をおけば解ける問題になることが分かっている。

9　運動と奥行きの相互作用

運動と奥行きは，それぞれ別々のメカニズムに基づいて抽出されていることが明らかになってきているが，一方で両者が常に独立しているわけではなく，相互に関係している。

(1)　運動視差

運動視差（Motion Parallax）とは，図3-20のように異なった距離にある静止した対象に対して，観察者の運動によって単眼で生じる視差である。すなわち，単眼で2点を見ているとき，その眼の位置を水平方向に移動させると，その2

9 運動と奥行きの相互作用

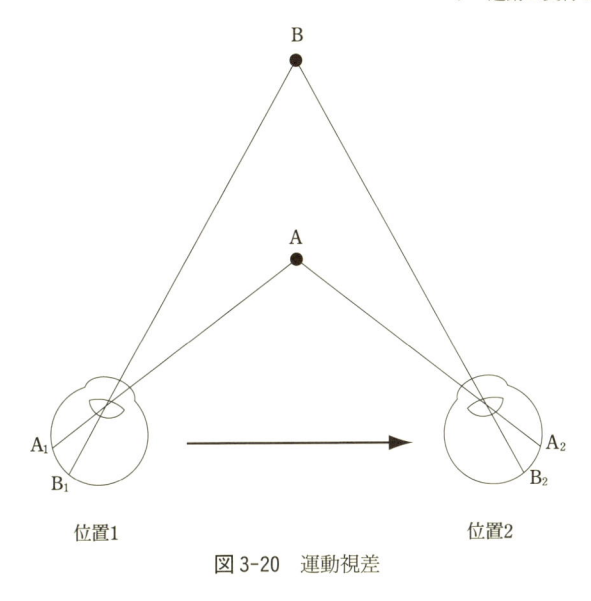

図 3-20 運動視差

点が写像される網膜位置が移動する。この網膜位置の移動が運動視差である。図3-20では，2点が写影される網膜位置が左右逆転する状況を示している。すなわち，観察者が頭を横に振れば，運動視差が生じ，それによって対象の奥行きが分かることになる。このような関係は，眼もしくは頭の移動距離を両眼間距離に置き換えれば両眼視差と奥行きの関係に等しくなる。図3-20で，単眼の空間位置が移動している図とみれば運動視差を表していることになり，左右両眼を示している図とみれば両眼視差を表していることになる。

(2) プルフリッヒ効果

Let's try !　運動と奥行きの間には興味深い現象が生起する。図3-21のように，振り子を作り，左右に振ってみる。そして，片目をサングラスなどで減光すると，単に振り子が左右に振れるのではなく，楕円軌道を描いているように見える。この現象をプルフリッヒ効果（Pulfrich Effect）と呼ぶ。

プルフリッヒ効果は，暗順応時に時間的解像度を犠牲にして明るさの感度を上げるような仕組みになっていることに起因すると考えられてきた。すなわち，

81

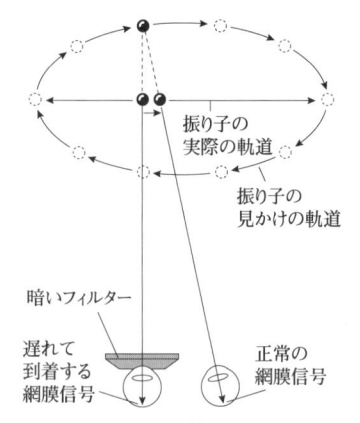

図3-21　プルフリッヒ効果（Gregory, 1998）

薄暗いと時間的な解像度が悪くなっているので知覚が遅れ，片目が減光されると，両眼の知覚結果に時間差ができることになる。知覚結果の時間差，すなわち現在と過去を見る事になり，振り子の位置が両眼で異なる。左右に振れている振り子は揺れの中央で速度を上げるので，この遅れが最も大きくなる。結果的に，視差のある振り子を立体視することと同様の事態となり，左右に動く振り子が楕円を描くように回転して見えると考えることができる。ただし，運動と奥行きを同時に符号化するような受容野を持つ神経細胞が存在することから，時間的な遅延がそのまま奥行きの違いと判断されている可能性も指摘されている（Anzai, Ohzawa, & Freeman, 2001）。

参考文献

Adelson, E. H., & Movshon, J. A. (1982). Phenomenal coherence of moving visual patterns. *Nature,* **300,** 523-525.

Anzai, A., Ohzawa, I., & Freeman, R. D. (2001). Joint-encoding of motion and depth by visual cortical neurons: Neural basis of the Pulfrich Effect. *Nature Neuroscience,* **4,** 513-518.

バークリ, G.　下條信輔・植村恒一郎・一ノ瀬正樹（訳）(1990). 視覚新論――付：視覚論弁明　勁草書房

Blake, R., & Logothetis, N. K. (2002). Visual Competition. *Nature Review Neuroscience,*

3, 13-21.

Bonneh, Y. S., Cooperman, A., & Sagi, D. (2001). Motion-induced blindness in normal observers. *Nature,* **411**, 798-801.（図は Nature Publishing Group(NPG)の許可を得て転載）

Gregory, R. L. (1998). *Eye and Brain.* 5th ed. Oxford University Press.（グレゴリー, R. L. 近藤倫明・中溝幸夫・三浦佳世（訳）(2001). 脳と視覚——グレゴリーの視覚心理学　ブレーン出版）

Hoffman, D. D. (1998). ——はじめに参照

Johansson, G. (1975). Visual motion perception. *Scientific American,* **232**, 6, 76-88.（ヨハンソン, G. 河内十郎（訳）(1975). 人は動くものをどう見る　別冊サイエンス——特集　視覚の心理学 イメージの世界　108-117.）

Julesz, B. (1960). Binocular Depth Perception of Computer-Generated Patterns. *Bell System Technical Journal,* **39**, 1125-1162.

Julesz, B. (1995). *Dialogues on Perception.* MIT Press.

河邉隆寛・三浦佳世（2002）. 陰影に基づく3次元形状知覚——「凸」か「凹」か　心理学評論, **45**, 180-191.

Kersten, D., Knill, D., Mamassian, P., & Büelthoff, I. (1996). Illusory motion from shadows. *Nature,* **379**, 31.

Kingdom, F.A.A., Yoonessi, A., & Gheorghiu, E. (2007). The Leaning Tower illusion: a new illusion of perspective. *Perception,* **36**, 475-477.

Leopold, D. A., & Logothetis, N. K. (1996). Activity-Changes in Early Visual Cortex Reflect Monkeys' Percepts During Binocular Rivalry. *Nature,* **379**, 549-553.

Logothetis, N. K., Leopold, D. A., & Sheinberg, D. L. (1996). What is Rivalling During Rivalry? *Nature,* **380**, 621-624.

Marr, D., & Poggio, T. (1976). Cooperative computation of stereo disparity. *Science,* **194**, 283-287.

Mazur, J. (2007). *The motion paradox: the 2,500-year-old puzzle behind all the mysteries of time and space.* New York: Dutton Adult.（メイザー, J. 松浦俊輔（訳）(2009). ゼノンのパラドックス——時間と空間をめぐる2500年の謎　白揚社）

Morgan, M. (2003). *The space between our ears: How the brain represents visual space.* London: Weidenfeld & Nicolson.（モーガン, M. 鈴木光太郎（訳）(2006). アナログ・ブレイン——脳は世界をどう表象するか？　新曜社）

村上郁也（2008）. フラッシュ・ラグ効果の諸相　心理学評論, **51**, 250-262.

Nijhawan, R. (1994). Motion extrapolation in catching. *Nature,* **370**, 256-257.

Nijhawan, R. (1997). Visual decomposition of colour through motion extrapolation. *Nature,* **386**, 66-69.

西田眞也（1999a）. 視覚における運動の知覚：計算論的アプローチと神経メカニズム　光学, **28**, 242-249.

西田眞也（1999b）.「運動」と「位置／形」の処理の間に相互作用を発見——人間が動いているものを見る仕組みの解明に前進　NTT 技術ジャーナル, **11**, 6, 57-59.

Nishida, S., & Johnston, A. (1999). Influence of motion signals on the perceived position of spatial pattern. *Nature,* **397**, 610-612.

Ramachandran, V. S., & Anstis, S. M. (1986). The Perception of apparent motion. *Scientific American,* **254**, 6, 80-87.（ラマチャンドラン, V. S., アンスティス, S. M. 大山正・渡辺武郎（訳）(1986). 人は見かけの運動をどう知覚するか　別冊サイエンス——特集　視覚の心理学3　色・運動・イメージ）

佐藤隆夫（1991）. 仮現運動と運動知覚のメカニズム　心理学評論, **34**, 259-278.

Shepard, R. N. (1990). *Mind Sights: original visual illusions, ambiguities, and other anomalies, with a commentary on the play of mind in perception and art*. New York: W. H. Freeman and Company.（シェパード, R. N.　鈴木光太郎・芳賀康朗（訳）(1993). 視覚のトリック　新曜社）

第4章　一目で分かること

百聞は一見に如かず。　　　　　　　　　　　　——漢書・趙充国伝

動物のカムフラージュは敵の動物の知覚限界を利用したものである。
　　　　　　　　　　　　　　　　　　　　　　——ベラ・ユレス

　「一目で分かる」ことというのは，視覚系に内在する時空間的処理限界を指している。一目で分からない状況まで理解することは，進化の過程で生存上重要ではなかったのかもしれない。眼を持つ捕食者の存在が淘汰圧になり，進化を促してきたと考えられるので，処理限界と生存の間には重要な関係があることは容易に想像できる。すなわち，生き続けるには，食べられないようにしつつ食べなければならない。一目で分からない状況の典型であるカムフラージュ (camouflage) が，動物の間にたくさん見られるのは，このような原則で説明できる。緑色をした昆虫が多いのは，葉にとまっていても目立たないためである。生態系の支配的立場にいる動物でも，被食動物を欺くカムフラージュ，いわば攻撃的なカムフラージュに頼っているものが多い。たとえば，草原で捕食者の頂点にいると考えられるライオンは，短距離でも長距離でもきわだって速いわけではなく，被食動物の足にはかなわないことが多い。したがって，隠蔽色をまとえるような環境に身を置き，被食動物に忍び寄るという方法に頼らなければならない。すなわち，捕食動物でも被食動物でも，生存のためには常にカムフラージュが重要である。ただし，求愛行動では，このようなカムフラージュの原則に反することが起こるのだが。

　「一目」というのは短時間を指しているので，一目で分かる時空間的処理限界を調べるということは，空間情報を操作して，限定された時間内の処理限界

を探る研究を意味する（横澤，1992）。これまでに，いくつかの代表的な実験パラダイムが提案され，様々な現象が明らかにされてきたので，順にそれらを紹介する。

1　固視と有効視野

われわれが情景を理解しようとするとき，眼球運動，特に跳躍運動（サッケード）と固視を交互に繰り返すことによって，情景中の視対象を走査していることは，第1章で述べた。このとき，1回の固視で抽出できる情報が，一目で分かることに相当するが，この抽出範囲は有効視野（effective visual field）と呼ばれる（池田，1988）。この有効視野は，明るさを検出できる範囲としてのいわゆる視野（visual field）とは異なる。たとえば，新聞を読むときに視野の中には新聞全体が捉えられているとしても，固視した状態で瞬時に読み取れる情報は限られていることは容易に想像できるだろう。このとき，「瞬時」というのは，サッケード間に存在する典型的な固視時間である300ミリ秒程度を指すことになる。

有効視野を調べるためには，固視させた上で短時間呈示によって標的の同定範囲を調べる方法や，強制的に視野を狭め，その影響が課題遂行に及ばない範囲を見いだす方法として制限視野法，もしくは移動窓枠法（moving-window technique）が使われる。これらの実験法では，視野が有効視野より大きい間は課題遂行成績（たとえば，文章の読み）に影響しなくても，徐々に小さくすれば課題遂行成績が落ちるようになる範囲が見つかるはずであり，それを有効視野と定義する。有効視野は遂行課題によって異なることが知られており，たとえば文章を読むような場合の有効視野は視角10度程度であることが分かっており，この範囲を近中心窩領域（parafoveal region）と呼ぶ。逆に，有効視野の領域を隠してしまうと，課題遂行成績が極端に落ちる（Rayner & Bertera, 1979）。たとえば，中心窩のたった1文字を隠しただけで，他の文字は見えていても非常に読みにくくなり，通常の読みに比べ，読みの速度は半分になる。さらに，3文字隠せば6分の1の速度に落ちてしまう。また，サッケードは有効視野をある程度重ねながら移動する特性を持つことも知られている。

2　テクスチャ分凝

　一目で分かることに関して以下で取り上げる現象も，基本的には有効視野を調べる研究と見なすこともできる。すなわち，300ミリ秒以下の短時間呈示でも遂行成績が変わらない視覚情報処理の空間的限界を示すことになる。

2　テクスチャ分凝

　テクスチャ（肌理）とは，同じような模様（要素図形）が繰り返し分布しているような画像を指す。図4-1は，4枚の異なる自然画像を上下左右に隣接配置したものであるが，それぞれの自然画像は1つのテクスチャ領域を構成し，各テクスチャ領域を隔てる十字状の境界が存在する。テクスチャ分凝(texture segregation)とは，同じテクスチャの領域を同定し，異なるテクスチャとの境界を知ることである。このとき，要素図形を1つ1つ逐次的に見比べて境界が分かるような場合は，テクスチャ分凝に含めない。すなわち，このような定義に基づくテクスチャ分凝の可否は，一目で分かることを調べるための代表的な実験パラダイムである。

(1)　テクスチャの類似度

　3つのテクスチャを横に並べた図4-2では，左右2つのテクスチャ境界が存在する。2つのうち，右側のテクスチャ境界の方がテクスチャ分凝が容易である。すなわち，直立Tと45°傾いたTとの領域間の方が，TとLとの領域間よ

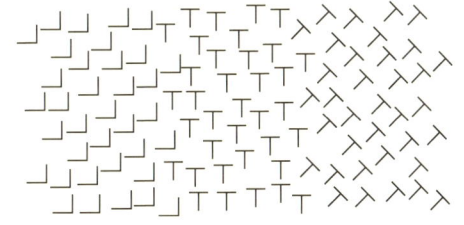

図4-1　テクスチャ　　　　図4-2　テクスチャ分凝（Beck, 1972を参考に作成）

りもテクスチャ境界が容易に検出できる (Beck, 1972)。

 ところが，これらのテクスチャの要素図形単独の類似度を測定してみると，右側の図形要素対の方が左側の図形要素対よりも類似度が高いと評定される。この場合には，図形要素対の類似度が高い方がテクスチャ分凝が容易であるという，不思議な結果になってしまう。もちろん，常にこのような矛盾が生じるわけではないが，要素図形の類似度でテクスチャ分凝の可否が単純に決まるわけではない。

(2) n次統計量

 テクスチャ分凝の容易さに違いがあり，ランダムドットステレオグラムの考案者でもあるユレスは，テクスチャ分凝の知覚限界に関して，新しい説明基準を提案した。その説明基準が，n次統計量（nth-order statistics, nは自然数）である。n次統計量とは，任意の大きさで任意の形のn角形を上から落としたときに，n角形の全ての頂点がテクスチャの要素図形に触れる確率である。たとえばnが3とすると，任意の大きさで任意の形の3角形を上から落としたときに，3角形の全ての頂点がテクスチャの要素図形に触れる確率が3次統計量ということになる。

 ただし，nが1と2のときは，少し定義を読み替えなければならない。2次統計量は，任意の線分の両頂点がテクスチャの要素図形に触れる確率であり，1次統計量は，任意の点がテクスチャの要素図形に触れる確率である。定義から明らかなように，1次統計量は，要素図形の密度，濃度を反映する尺度である。ユレスは，1次統計量や2次統計量の異なるテクスチャ同士は分凝できるが，3次以上の統計量のみが異なるテクスチャ同士は分凝できないという仮説を提案した (Julesz, 1975)。

 3次統計量以上の高次統計量をイメージすることは相当難しく，2次統計量でも分かりにくいと思われるが，比較的簡単に2次統計量を操作してテクスチャを作成する方法をユレスは提案しており，それを4点法と呼んでいる。4点法とは，テクスチャの複数の要素図形の2次統計量を等しく設定する手法である。テクスチャの要素図形を4点の配置によって作成するとき，2次統計量を等しくするには，任意の2点の組合わせである6種類の組合わせにおいて，全

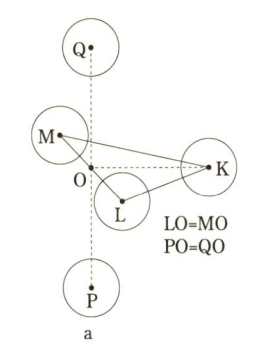

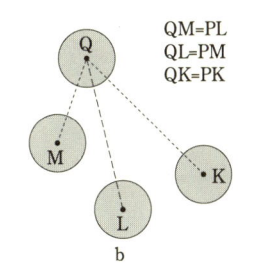

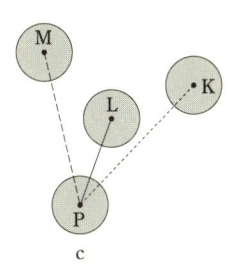

図4-3　4点法（Julesz, 1975）

図4-4　2次統計量の等しいテクスチャ
（Julesz, 1975）

ての2点間の距離を等しくすればよい。たとえば図4-3aのように，KLMの3点の配置から，LMの中点Oを通り，残りのKからみて垂直になる直線上にPとQを選ぶ。それぞれをKLMと組み合わせると，2つのテクスチャ要素KLMQ（図4-3b）とKLMP（図4-3c）が作成できる。このとき，たとえばKLQと合同な三角形がテクスチャ要素KLMPに存在しないので，3次統計量が異なることになる。この4点法を用いれば，任意の3点の配置から，もう1点をどこに配置すれば，2次統計量が等しいテクスチャ要素対を作成できるかが決定できる。

4点法で作成された2次統計量の等しい要素で構成されたテクスチャの分凝は，図4-4のように一般に困難である（図4-4の中心よりやや下部に，正方形状の別テクスチャ要素が配置されている）。逆に，多くのテクスチャにおいて，2次

統計量が異なれば，テクスチャ分凝が可能であることも分かっている。

(3) 2段階フィルタリングモデル

しかしながら，n次統計量に基づくテクスチャ分凝に関する仮説には反例も少なくない。そこでユレスは，テクスチャ分凝を含めた全てのパターン知覚の基礎となる局所的な表現素があるというテクストン理論（texton theory）を提唱した（Julesz, 1981）。テクストンとしては小塊，方位，端点，交差などが挙げられた。これらは，第2章で述べたマーの素原始スケッチや第5章で紹介する特徴統合理論における初期特徴などにも類似している。ただし，低次視覚過程でテクストン検出器というような役割を果たす神経細胞からテクスチャ分凝が実現されているというメカニズムも見つからず，そもそも要素図形の分析のみによって，テクスチャ分凝の可否が決まるわけではないことは明らかである。

一方，低次視覚において，空間周波数と方位に選択的な局所的フィルタリングが行われていることから，このフィルタ群の出力に対して特定の非線型なフィルタリング処理を想定することによって人間のテクスチャ分凝を説明する，二段階フィルタリングモデルも提唱されている（Bergen & Adelson, 1988）。たとえば，L字と十字のテクスチャ要素は，その大きさ比が変わると，端点などの密度が変わり，図4-5のようにテクスチャ分凝の難易も著しく影響を受ける。

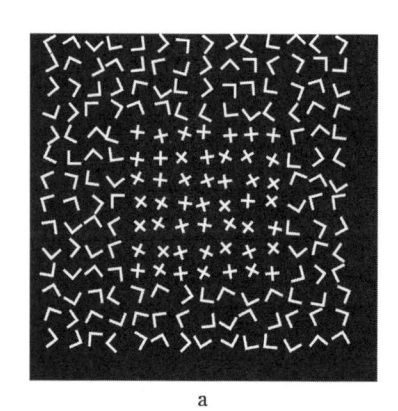

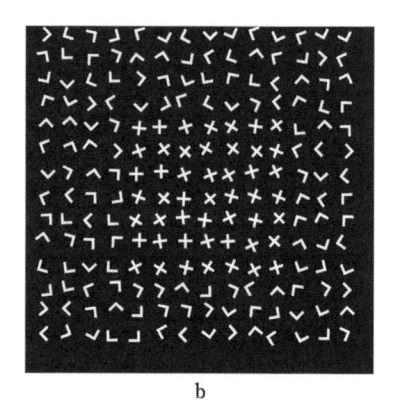

図4-5 テクスチャ要素の大きさ効果（Bergen & Adelson, 1988）

この場合，図4-5a は L字と十字の構成線分の長さが等しく，図4-5b は L字の構成線分の長さが25％短い。そこで，比較的広い受容野をもつ二次のフィルタを想定すると，心理実験の結果をうまく説明できる。そのような処理が，低次の視覚野で実現されていることも知られている（Mareschal & Baker, 1998）。

カラー図4-1a は形状，b は色の違いでテクスチャ分凝が可能であるが，c はテクスチャ分凝が難しい。これは，カラー図4-1a と b は単一の共通する特徴を元にテクスチャ領域が形成されているのに対して，c だけが2種類の特徴（色と形）の組み合わせで1つのテクスチャ領域が形成されているためである。両者の難易差は，次節のポップアウトや視覚探索とも共通する低次視覚の典型的な特性である。

3　ポップアウトとスービタイジング

視覚探索（visual search）とは，妨害刺激の中から標的を探し出す実験パラダイムであり，最近の視知覚研究に盛んに用いられている。すなわち，実験参加者に探索するように指示する画面の中で，探索対象が標的であり，標的以外に画面に呈示されているのが妨害刺激である。探索画面中の標的と妨害刺激を合わせて項目と呼ぶ。視覚探索という実験パラダイムは，注意（第5章で詳述）の関与を見分け，低次視覚と高次視覚の境界を知る重要な実験パラダイムだと考えられている。以下に取り上げるポップアウト（Popout）とスービタイジング（Subitizing）は，視覚探索課題を利用した研究によって明らかにされた，一目で分かることの例である。

通常の視覚探索課題では，標的を見つけだすまでの時間が測定され，同じ標的の探索でも，妨害刺激によって探索しやすいときと探索しにくいときがある。妨害刺激の数が多くなっても標的を探し出すために必要な時間が変化しないとき，このような現象をポップアウトと呼ぶ。探索時間が妨害刺激数によらないということは，妨害刺激と標的が並列処理された，すなわち一目で標的が検出されたとみなすことができる。ポップアウトが生じるような標的は，妨害刺激にはない色（カラー図4-2a），明るさ，線分方向（カラー図4-2b），大きさ，奥行き，運動などの特徴を有し，これらの特徴は低次視覚で抽出されていると考え

られている。これは，前節のテクスチャ分凝の特性とも共通している。すなわち，ポップアウトの可否やテクスチャ分凝の可否は，低次視覚の処理限界を反映する現象であると考えられている。

(1) 高速系列視覚呈示法

高速系列視覚呈示（Rapid Serial Visual Presentation: 以下RSVP）法と呼ばれる，様々な視覚刺激，たとえば文字を同じ位置に連続して，1秒に約10個の速さで呈示する実験手法がある。このRSVP法を用いて，図4-6のように1文字だけ白い文字が出るので，それを第1標的として答えるように注意を向けさせた後，第2標的（たとえば，1つだけ方位の異なるガボール・パターン）を周辺に短時間（150ミリ秒）呈示する。ガボール・パターン（Gabor patterns）とは，正弦波パターンに正規分布状に加重したパターンであり，特定の方位で特定の空間周波数成分だけを有している。このような第2標的は，本来はポップアウトする刺激であっても，検出率が低下することが分かっている（Joseph, Chun, & Nakayama, 1997）。

これは，二重課題によって，一方の標的位置に注意が集中していると，注意を向ける必要がないはずのポップアウトでさえ検出が難しくなることを示して

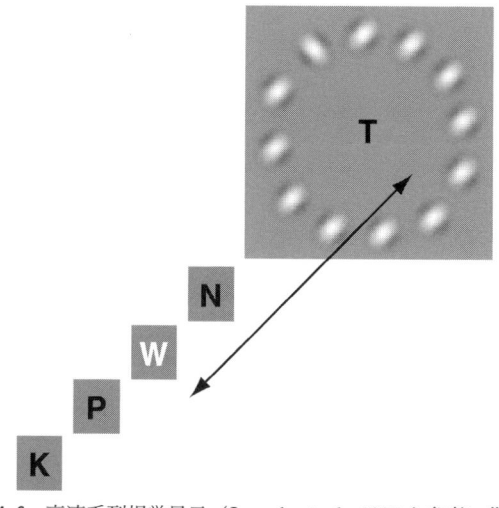

図4-6　高速系列視覚呈示（Joseph et al., 1997を参考に作成）

いる。ただし，数千試行の練習を積むと，二重課題と単独のポップアウト検出課題の検出率には違いがなくなることが報告されており（Braun, 1998），非日常的な状況に対する習熟不足に過ぎない可能性はある。

同様に，中心視における主課題とは別に，周辺視できる領域に自然画像を短時間呈示し，その画像が動物や乗り物を含んでいるかどうかを答えてもらうと，一見難しそうなこの副課題が高確率で正答できることが確認されている（詳細は第7章で説明する）。このように，周辺視でもある種のポップアウト検出や画像分類は可能である。

(2) ポップアウトのプライミング

ポップアウト，たとえば色で定義された標的の探索課題において，直前の試行の標的が同色だった場合には，異色だった場合に比べて反応時間がさらに短縮する。この現象は，ポップアウトのプライミング（Priming of Popout）として知られている（熊田, 2003）。また，このような定義特徴の繰り返しばかりではなく，標的位置の繰り返しでも同様の効果が得られる。一目で分かるポップアウトの検出でさえ，繰り返しによるバイアス，すなわち予期によって，さらに効率的な処理が行われることが示されていることは重要な意味を持つと考えられている。

ただし，ポップアウトでも予期に反した呈示では，必ずしも探索成績の促進にはつながらないことが知られている（岩崎・大原, 2003）。たとえば，短時間呈示される複数の文字の中で，指定された標的文字を判別する課題であったとき，標的文字はポップアウトしない。このとき，突然標的文字だけが赤色になった試行（いわゆる，Surprize試行）ならば，標的文字はポップアウトするはずである。ところが，このような場合でも，標的文字の同定成績はそれ以前のポップアウトしない試行と変わらない結果となる。ただし，それ以降の標的文字だけが赤色の試行では同定成績は向上する。すなわち，予期しないポップアウトは見逃す可能性が高くなるのである。日常的な例では，いくら交通標識がポップアウトするように周囲環境に比べ目立った色で作成されていても，それを予期していなければ，見逃す可能性が高くなるということになる。

(3) スービタイジング

視覚探索の一種に，標的の個数を答えてもらう課題がある。このような課題ならば，妨害刺激を含む全ての項目をチェックする必要があるので，通常の視覚探索課題のように1つの標的を検出した瞬間に探索を終了するということはなくなる。すなわち，探索刺激全体を処理するために必要な時間などを正確に測定することができる。

スービタイジングは，標的の個数を答えてもらう視覚探索課題において，少数の項目が呈示されたときに可能な，高速で正確な項目数の判断を指す。ラテン語の形容詞 subitus（突然という意味）に基づいており，実験刺激もしくは情景の中の項目数に関する瞬間的な把握を指す。およそ4項目から5項目までの判断は，高速で，正確で，確信度も高いが，これを超えると反応時間が遅延し，1項目増えるごとに250ミリ秒から350ミリ秒ずつ反応時間が長くなる。すなわち，4項目もしくは5項目までならば一目で数が分かるのだが，それ以上になると意図的に数え上げることが必要になる（大山, 2000）。

ただし，スービタイジング可能な数の平均は，アクションビデオゲームをしていない実験参加者では3.3項目だったのに対して，アクションビデオゲームを繰り返し楽しんだ実験参加者（過去6カ月間に1日1時間以上のゲームを週4日以上楽しんだ参加者）は4.9項目と，約50％増えることが報告されている（Green & Bavelier, 2003）。このように，課題や刺激に習熟することによって多少増加させることが可能であるが，それでもスービタイジング可能な数はそれほど多くなるわけではない。

4　感覚貯蔵と視覚的持続

瞬間的に知覚できるみかけの限界は，知覚の範囲（Span of Apprehension）と呼ばれる。たとえば，図4-7のような文字配列を瞬間呈示し，できるだけ多くの文字を答えてもらうような課題（全体報告と呼ぶ）とするとき，おおまかにいって4文字か5文字を回答することができる。

(1) 部分報告法

図4-7のような文字配列の呈示において，文字配列が消えた後に特定の文字だけを答えればよいような手がかりを与える実験が行われている。高音，中音，低音のいずれかの音が鳴り，実験参加者はその音にしたがって，文字配列の上段，中段，下段の文字だけを答えるように求められる。この3種類の音を手がかりと呼ぶ。文字配列は短時間呈示なので，手がかりが呈示されてから，眼球運動で特定の段の文字を走査するのは不可能である。このとき，手がかりがランダムに呈示されるならば，平均的には文字配列のどこでも，示された部分と同じ確率で正しく報告できるはずである。すなわち，手がかりで上段が指示されたとき，報告された文字数が2文字ならば，中段でも下段でも2文字回答できると考えられる。これが部分報告法（Partial Report Procedure）である。スパーリング（Sperling, 1960）は，全体報告なら4.3文字の回答だったにも関わ

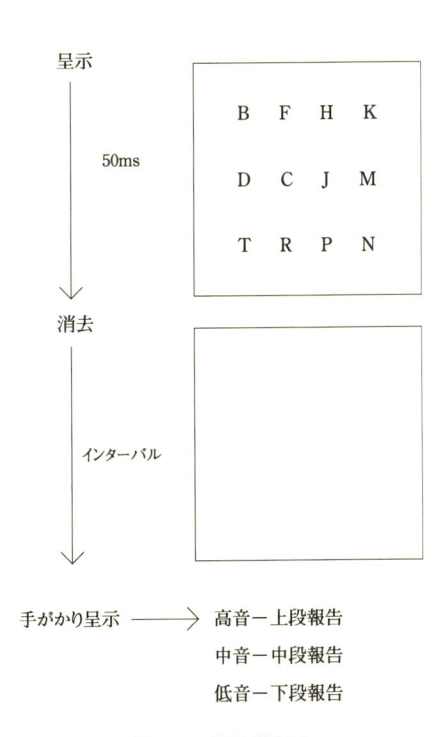

図 4-7 部分報告法

らず，部分報告なら手がかりが150ミリ秒の遅れで2.4文字（7.2文字），300ミリ秒遅れで2文字（6文字），1秒遅れで全体報告と同程度になることを発見した（括弧内は，部分報告文字数を3倍して推定された全体報告文字数）。

(2) 感覚貯蔵

部分報告法に基づく実験などによって，視覚情報の分析されないままの一時的貯蔵庫，もしくはごく短時間持続する視覚記憶システムが存在することが確認されたことになる。なぜならば，手がかりさえ与えれば文字配列刺激が消えた後でも多くの文字を答えることが可能であることが明らかにされたからである。これは，感覚貯蔵（iconic storage）と呼ばれ，保持された情報がアイコン（icon）と呼ばれる。また，感覚貯蔵は感覚記憶（iconic memory，アイコニック記憶）とも呼ばれ，記憶の一種として取り上げられることが多い（感覚記憶は視覚に限らないので，特に視覚に関する感覚記憶を指す場合には，アイコニック記憶と訳す）。ただし，手がかりを与えられた情報に注意が向けられるために得られる貯蔵庫であり，注意という文脈の中で議論されることも多い。いわゆる残像は，数秒から数十秒の時間特性を持つので，感覚貯蔵とは異なる。

(3) 視覚的持続

2枚の画像を適当な時間間隔をあけて連続的に呈示する方法によって，視覚情報が保持されていることが明らかにされている。これは，視覚的持続（visible persistence）と呼ばれるが，上述の感覚貯蔵と同様のものを指すと考えられている。

視覚的持続を調べる方法としては，欠落ドット検出課題（missing-dot task）という洗練された方法がある（Di Lollo, 1977）。たとえば，25個の光点（ドット）を5×5のます目状に配置し，このうちランダムに選ばれた1箇所のドットだけを消したパターンを用意する（図4-8c）。残る24個のドットをランダムに12個と12個に分け，まず片方のグループ（たとえば，図4-8a）を最初に短時間呈示し（第1刺激），ある時間間隔（たとえば100 ms）の空白画面の後に残りのグループ（たとえば，図4-8b）を短時間呈示する（第2刺激）。実験参加者には，欠落ドットの位置を回答することが課せられる。すなわち，時間差を持っ

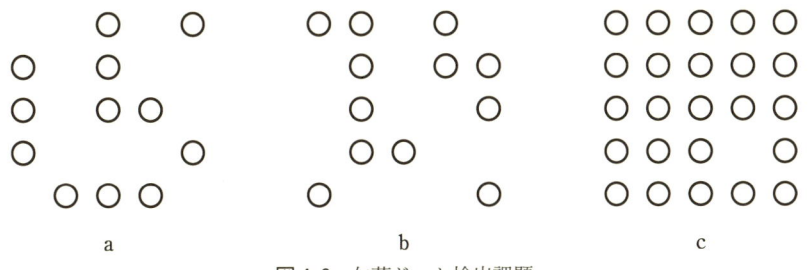

図4-8 欠落ドット検出課題

て呈示された2つのドットパターンを時間的に統合し，どちらのパターンにも含まれないドットの位置を報告しなければならない。

この課題によって，長い時間間隔では別々の画像と知覚されるが，短い時間間隔では2枚の画像が統合され，1カ所だけ穴が空いていることを見つけられることが分かった。両パターン間の時間差が非常に短い場合には，第2刺激が出現した時に第1刺激は消失していても，その感覚記憶が保持されているため，両者は重なった単一のパターンとして知覚することができ，課題は容易である。このときに視覚的持続があったことになる。しかし時間差が大きく（100 ms 以上）なると，第1刺激の感覚記憶は消失してしまい，統合したパターンの知覚と欠落ドット位置の報告は難しくなる。

5　知覚的体制化と主観的輪郭

知覚的体制化（perceptual organisation）とは，見えのまとまりのことである。この知覚体制化は，隣接したオブジェクト同士の群化や，隣接していない領域間の統合処理である大域処理などに基づいている。

(1) 群化の要因

群化（grouping）は偶然的に生じるのではないことが知られており，群化を規定している要因が整理されている（このような群化の要因を含むゲシュタルト心理学（Gestalt psychology）で得られた研究成果は Metzger (1953) を参照）。具体的には，図4-9a～f に示すように，近接（a），類同（b），閉合（c），良

第4章　一目で分かること

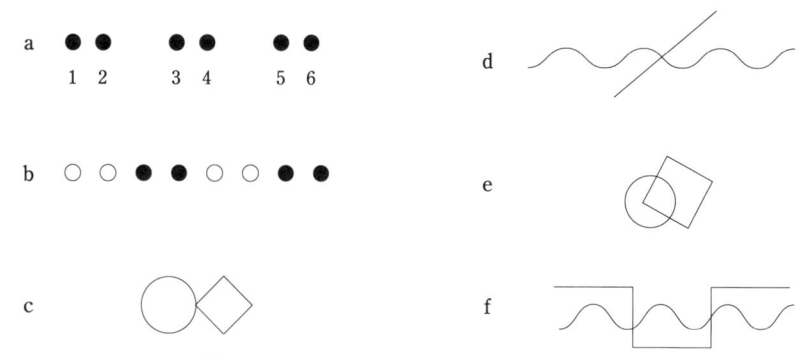

```
a  ●●    ●●    ●●
   1 2   3 4   5 6

b  ○○●●○○●●

c   ○◇
```

```
d  (曲線と直線の交差)

e  (円と四角形の重なり)

f  (波線と矩形波)
```

図 4-9　群化の要因（Metzger, 1953を改変）

い連続（d），良い形（e），共通運命などの要因である。近接とは，お互いに近い距離にあること，類同は類似した視覚属性，閉合の要因とは閉じた領域，良い連続の要因とはなめらかな連続，良い形の要因とは単純で規則的な形のことである。また，共通運命とは，同じ方向に動いたもの同士，静止したもの同士のまとまりである。このような要因が整った場合には，群化しやすい。図4-9fは，閉合の要因と良い形の要因が競合していることになるが，どのような要因が優勢になるかは，注意（第5章参照）や過去の経験（第7章参照）などが影響する。

(2)　グラスパターン

図4-10に示したのは，いずれもグラスパターン（Glass pattern）と呼ばれるものである（Glass, 1969）。これは，まずランダムドットパターンを1つ用意し，それを回転したり，縮小したりしたもう1つのランダムドットパターンをそれ

図 4-10　グラスパターン

ぞれ中心部分を一致させて重ね合わせたものである。このとき，全体として同心円状（図4-10a），放射状（図4-10b）のパターンが知覚できるようになる。このように知覚された全体パターンをグラスパターンと呼ぶ。このような全体パターンが正しく知覚されるには，隣接するドット同士の組合わせ（近接の要因に基づく群化）を見つけ，そのドット同士の距離や相対的位置関係の変動を大域的に解析しなければならない。なぜならば，同心円状や放射状のグラスパターンは，隣接する2つのドット間の距離が位置によって異なるので，その距離変化を算出しなければ，全体パターンは分からないはずである。ところが，われわれは一目で全体として形成されているパターン，すなわちグラスパターンが分かってしまう。

(3) 主観的輪郭

要素が集まって，全体パターンが形成されるとき，実際には輝度や色の変化が存在しない位置にも，輪郭が知覚される場合があり，これを主観的輪郭（subjective contour）と呼ぶ。図4-11は，主観的輪郭が知覚される図形として最も有名な図形であり，1955年にカニッツァ（Kanizsa）によって考案されたので，カニッツァの三角形と呼ばれる（Kanizsa, 1979）。もちろん，三角形に限らず，曲線的な任意の図形でも主観的輪郭が知覚できる。

白地の背景に黒地の誘導図形で作られた主観的輪郭で囲まれた図形は，手前に，そして背景より明るく見える。すなわち，見かけのコントラストが大きくなっていることになる。見かけのと言うのは，この明るくなった三角形はあくまで主観的なものであり，輝度計などで捉えることができないためである。

やはり考案者の名前をとったエーレンシュタイン（Ehrenstein）図形は，図4-12aのように，中心部が明るく見える。また，図4-12bのように，輪郭が明確でなくても，明るさの違いは維持できることが分かっている。

主観的輪郭は，誘導図形に凸尖端が存在していると，周囲の線や面を隠しているような主観的な図形が現れ，その図形の輪郭が主観的輪郭となるという（Hoffman, 1998）。図4-13aの主観的輪郭が作る図形と図4-13cの遮蔽された図形は，一目で1つの同じ形状の図形として体制化される。図4-13cの遮蔽された図形のように，明るさの変化など物理的な特徴による輪郭が存在しないにも

第 4 章　一目で分かること

図 4-11　カニッツァの三角形

図 4-12　エーレンシュタイン図形

図 4-13　主観的輪郭と遮蔽（Palmer, 1999）

関わらず輪郭が補われるとき，これをアモーダル補完（amodal completion）と呼ぶ。主観的輪郭も物理的な特徴による輪郭が存在しない補完なので，アモーダル補完ということになる。

　たとえば，図4-13c の遮蔽図形が半透明ならば，遮蔽された図形の輪郭がうっすら知覚できる場合があるだろう。このようなとき，遮蔽された図形は物理的な特徴による輪郭によって補完されることになり，このような補完をモーダル補完（modal completion）と呼ぶ。ただし，物理的な特徴による輪郭が存在しないにしても，主観的輪郭で囲まれた図形はその外側より白く見える。すなわち，主観的輪郭は明るさの変化も伴って輪郭が知覚されるので，遮蔽された場合と同じアモーダル補完が行われているとは限らない。

　一方，図4-13b は図4-13c と同じ部品がありながら，1つの図形として体制化することは難しい。これは，主観的輪郭が誘導図形の局所情報の単なる集合として知覚されているのではなく，分割された部分図形が遮蔽されたことによって体制化されて1つの図形として知覚される場合と同様のプロセスに基づい

ていると解釈できることを示唆している。

このように，知覚的体制化や主観的輪郭は高次の視覚情報処理を経なければならないはずであるが，われわれの視覚系はそのような処理を一瞬にして成し遂げる，優れたメカニズムを有しているのである。

参考文献

Beck, J. (1972). Similarity grouping and peripheral discriminability under uncertainty. *American Journal of Psychology,* **85**, 1-19.

Bergen, J. R., & Adelson, E. H. (1988). Early vision and texture perception. *Nature,* **333**, 363-364.

Braun, J. (1998). Vision and attention: the role of training. *Nature,* **393**, 424-425.

Di Lollo, V. (1977). Temporal characteristics of iconic memory. *Nature,* **267**, 241-243.

池田光男 (1988). 眼はなにを見ているのか――視覚系の情報処理 平凡社

岩崎祥一・大原貴弘 (2003). 注意の捕捉 心理学評論, **46**, 462-481.

Glass, L. (1969). Moiré effect from random dots. *Nature,* **223**, 578-580.

Green, C. S., & Bavelier, D. (2003). Action video game modifies visual selective attention. *Nature,* **423**, 534-538.

Joseph, J. S., Chun, M. M., & Nakayama, K. (1997). Attentional requirements in a "preattentive" feature search task. *Nature,* **387**, 805-808.

Julesz, B. (1975). Experiments in the visual perception of texture. *Scientific American,* **232**, 4, 34-43. (ジュレツ, B. 金子隆芳 (訳) (1975). テクスチャの視覚実験 別冊サイエンス――特集 視覚の心理学 イメージの世界 118-128.)

Julesz, B. (1981). Texton, the element of texture perception, and their interaction. *Nature,* **290**, 91-97.

Kanizsa, G. (1979). *Organization in Vision: Essays on Gestalt Perception.* New York: Praeger Publishers. (カニッツァ, G. 野口薫 (訳) (1985). 視覚の文法――ゲシュタルト知覚論 サイエンス社)

熊田孝恒 (2003). 視覚探索 心理学評論, **46**, 426-443.

Mareschal, I., & Baker Jr., C. L. (1998). A cortical locus for the processing of contrast-defined contours. *Nature Neuroscience,* **1**, 150-154.

Metzger, W. (1953). *Gesetze des Sehens.* Frankfurt-am-Main: Waldemar Kramer. (メッツガー, W. 盛永四郎 (訳) (1969). 視覚の法則 岩波書店)

大山正 (2000). 視覚心理学への招待――見えの世界へのアプローチ サイエンス社

Palmer, S. E. (1999). ――→第2章参照 (図は figure 6.4.10 を MIT の許可を得て転載)

Rayner, K., & Bertera, J. H. (1979). Reading without a fovea. *Science,* **206**, 468-469.

第 4 章　一目で分かること

Sperling, G. (1960). The information available in brief visual presentation. *Psychological Monographs,* **74**, 11.
Treisman, A. (1986). ──→第 5 章参照
横澤一彦 (1992). 一目でわかること　科学, **62**, 6, 356-362.

第5章　視覚的注意

> 視覚は高度に並列的であるが，その並列処理の上に，逐次的"注意"処理を伴う。
> ──フランシス・クリック

> ある物を前にしたとき，その最も重要なところは，それが単純で身近なものであるがゆえに目につかない。
> ──ルートヴィヒ・ウィトゲンシュタイン

　緑豊かな公園にいる時に，隣に座っている人から，ある木の葉の裏側に見慣れない種類の蝶がとまっているので，注意を向けるように促されたとしよう。あなたは多くの木々の中から1本の木を選び，さらに特定の葉に注意を向けるだろう。蝶が飛び立つのを注意深く見落とさないよう，その葉に注意を向け続けようとする。蝶がどのような姿をしているのかなどについて期待する。この期待によって，異なる動物ではなく，蝶が現われたときにより注意を向けやすくなる。しかし，その葉に注意を集中しているときに，その木の別の部分から突然リンゴが落ちてきたら，自動的にリンゴに注意が引きつけられ，葉から注意がそらされるだろう。ふたたびその葉を注意するために，あなたは元々あった位置に注意を向け直さなくてはならない。しばらくして，その葉の周りを羽ばたく美しい蝶を見つける。蝶はしばらくそのまま羽ばたき，その後飛び去っていくのを注意し続ける。
　この例での「注意」の出現頻度は極端に多いが，「注意深く」，「注意を引く」，「注意をそらす」など，注意に関する様々な表現が日常会話でも多く使われているように思う。このようなことから，われわれは注意という機能について自然に共通した認識をもっていることが分かる。認知心理学における注意の定義も，このような一般的な認識とそれほど隔たりはないと考えられる。具体的に言えば，注意とは「情報選択」機能を指しており，聴覚や触覚など様々な

感覚に対しても存在する。ここでは，視覚情報を対象にした選択機能である視覚的注意（visual attention）に限定して説明することにする。

　情報選択という概念は，その代償としていくつかの情報を無視するという必然的な側面を持ち合わせている。注意は，特定の標的（上述の例では蝶）を検出したり，認識したりするためのシステムの内部設定でもある。予期していなかったリンゴの落下によって捉えられる注意は，どのような再設定なのだろうか。葉に注意を向け，その空間的位置に集中していたのに，別の位置に生じた新しい環境変化を自動的に検出し，それに注意をそらされる妨害処理が起こっていると考えることもできる。また，もしその葉に注意を向け続け，何分も蝶を観察しなければならなかったら，だんだん注意が散漫になるかもしれない。持続的に注意を集中するのが難しくなり，課題に集中し続けるためには努力を要するだろう。さらに，蝶が飛び去るのを追うとき，蝶のいた位置に注意が向けられているのではなく，蝶というオブジェクトそのものに向けられていたことが確認できる。このような例の中に，注意に関わる多様な問題が包含されているので，以下に順を追って説明する。

1　注意の存在証明

　視覚的注意は，固視（または注視）と混同されやすい。固視とは，何らかの視覚対象に視点を向けることであり，主に眼球運動を測定することによって，その特性を調べることができる。それでは，眼球運動を測定すれば，われわれの注意の機能を調べることができるだろうか？　日常経験では，われわれは固視していない視覚対象にも注意を向けることが可能であると感じる。固視点以外に注意が向けられることを最初に主張したのは，ヘルムホルツであった。実験参加者が暗箱をのぞき，固視点を固視している状態で，固視点以外の位置に一瞬見える絵について，注意を向けている部分のみ感覚印象を得ることができると主張した。したがって，視覚的注意は固視と同義ではなく，認知心理学では明確に区別されているが，そのためには眼球運動とは独立した注意の存在を定量的に証明しなければならない。

(1) 損失利得法

損失利得法（損益法，cost benefit method）は，図5-1bのように，固視点をはさんだ左右のボックスのうち，一方のボックスの中に標的（たとえば，アスタリスク）を呈示し，実験参加者がそれを検出するまでの反応時間を測定する実験法である（Posner, 1980）。このとき，標的に先だって，左右どちらかの標的位置を知らせる先行手がかりを呈示する。先行手がかりとは，図5-1aのように，たとえば標的が呈示されるボックスそのものを明るく光らせることである。しかし，図5-1cのように，実際には先行手がかりで指示された位置に必ず標的が呈示されるとは限らない。手がかりの確からしさによって，条件分けしてみよう。たとえば，手がかりと同じ位置に80％の確率で標的が呈示される有効条件，手がかりと異なる位置に20％の確率で標的が呈示される無効条件，手がかりを与えない中立条件と呼ぶことにする。このとき，標的は，中立条件より無効条件のとき遅く，有効条件のとき速く検出される。

中立条件と有効条件の差分が，注意によって得られた促進効果と考えられ，これを利得と呼ぶ。逆に，中立条件と無効条件の差分が，注意が他に向けられていたための遅延効果と考えられ，損失と呼ぶ。固視点とは別の位置に先行手がかりと標的が呈示されるのだから，このような効率の変化は，視線を向けるといった意味での固視の効果ではないことは明らかである。すなわち，手がかりの位置を固視していなくても，注意を向けることによって，手がかりの効果は存在する。この損失利得法によって，視覚的注意の存在が決定的になったのである。さらに，視覚的注意がある空間的な範囲で処理効率をあげることから，その機能はスポットライトにたとえられた。

手がかり呈示	手がかりと標的が同側	手がかりと標的が反側
a	b	c

図5-1　損失利得法（Posner & Raichle, 1994）

(2) 注意のメタファー

このスポットライトは実行される課題に応じてその大きさを変えることができるという主張もある（熊田・横澤, 1994）。たとえば，中央部分（文字）だけか，刺激全体（文字列）かのどちらに注意を向けているかによって，反応が影響を受ける。注意を中央に向けるとき，その反応は他よりも早くなるが，刺激全体に注意を向けたとき，中央部分と他の部分では結果が変わらなかった。これは，スポットライトの大きさが課題に応じて調整され，固定された大きさではないということを示している。このことから，視覚的注意のメタファー（喩え）として，スポットライトよりズームレンズが相応しいという主張もある（熊田・横澤, 1994）。

2　注意の時空間的処理限界

眼球を経て網膜に投影される視覚情報は必要以上に膨大であり，多くの情報を常時捨て去る必要がある。したがって，注意という情報選択機能は，視覚認知において必須の機能を担っていることになる。しかしながら，そのような選択が行われていることを，われわれ自身はあまり意識していない。たとえば，われわれが窓の外の情景を眺めていると，ほどなくそこに存在するほとんどの木々や空，花などの詳細が分かっていると思ってしまう。もしそれが正しいとすると，その情景が変化したとすればすぐに気付くだろう。しかしながら，われわれは眼前の環境における大きな変化でも，それを検出するのがあまり得意ではないのである。

(1) 変化の見落とし

捨て去られている情報がわれわれの想像以上に大きいことは，変化の見落とし（change blindness）という現象によって知ることができる。すなわち，変化の見落としは，なんらかの変化を見つけだすことが予想以上に困難であることを体験させてくれる現象である（横澤・大谷, 2003）。

Let's try!　たとえば，図5-2のようなトランプの絵札6枚のうち，どれ

図5-2 6枚の絵札

でもよいので好きな1枚を選んで覚えてもらいたい。次のページの図5-3では，絵札1枚を減らしているが，あなたが選んだ絵札が消えていることを確認してもらえると思う。このマジックのトリックがすぐに分かるだろうか？

図5-2と図5-3を1枚ずつ確認してもらえば分かると思うが，図5-2の6枚と図5-3の5枚の絵札は全て異なるので，どの1枚を選んでもらっても，図5-2で選択された絵札は消えてしまっているのである。1枚を選んだ瞬間に，多くの場合にはそれ以外の5枚を無視してしまうので，次に呈示された絵札が前と同じものだったかどうか気づかないのである。

実験パラダイム

　変化の見落としを実際に体験してみると，実はわれわれがほとんど何も見ていないのではないかという感覚にたじろいでしまう。すなわち，変化の見落としは，認知に至る情報がわれわれの思っている以上に少なく，大量の視覚情報が注意を向けられず，捨て去られていることを明らかにする。変化の見落としは，様々な実験パラダイムを利用して，確認されている（横澤・大谷，2003）。たとえば，フリッカー法，サッケード法，瞬き法，スプラッシュ法，漸次法，カット法，遮蔽法である。フリッカー法からスプラッシュ法までが静止画，カット法が動画，遮蔽法が動画もしくは実世界を用いて検討されている。漸次法は，静止画と動画の中間的な呈示法である。

　変化の見落としを確認する典型的な実験手法の1つであるフリッカー法では，図5-4のように1枚の写真aと，その一部に変化を加えたもう1つの写真bを，同じ場所に交互に繰り返し呈示する（Rensink, O'Regan, & Clark, 1997）。2つの写真に呈示時間間隔，すなわち空白時間を与えなければ，局所的な運動とし

図5-3　5枚の絵札

て変化部分がすぐに分かってしまう。ところが数分の1秒だけ2つの画像間に空白を加えただけで，両者の違いが劇的に分からなくなってしまう（図5-4では，後部の柵の高さが変化している）。写真aと，その一部に変化を加えた写真bを切り替える際に，実験参加者にサッケードさせるのがサッケード法，瞬きをさせるのが瞬き法であるが，これらの方法は，実験参加者のサッケードや瞬きを統制しなければならないので，フリッカー法より実験的に困難さが伴う。また，切り替える際に空白を入れず，図5-5のように写真bに泥はねのような妨害刺激を加えるのがスプラッシュ法である（O'Regan, Rensink, & Clark, 1999）。写真aと，その一部に変化を加えた写真bの両者を補完する写真を作り，ゆっくりと変化させ，視覚系の運動検出器で変化を検出させないようにするのが漸次法である。動画aと，その一部に変化を加えた動画bを切り替える際に，2つの動画の視点，すなわち撮影カメラ位置を変えるのが，カット法である（Simons & Levin, 1997）。また，変化の途中に，遮蔽物で実験参加者の視界を遮る方法が遮蔽法である。

　どのような変化であれ，変化というものは本来過渡的（transient）である。変化によって生ずる過渡信号が視覚系の運動検出器で検出されれば，変化を見落とすことはない。したがって，変化の見落としを生起させるためには，いずれのパラダイムでも運動検出器で抽出できない変化検出課題である必要がある。すなわち，変化が運動印象として検出できないようにしなければならないのである。

変化の見落としの見落とし

　変化の見落としという現象は劇的な現象であると感じる。それはなぜであろうか？　変化の見落としという現象を知らない場合に，それがいかにわれわれ

図 5-4　フリッカー法（Rensink et al., 1997）

図 5-5　スプラッシュ法（O'Regan et al., 1999）

自身の予想を大きく上回る現象であるかが確認されている。300人ほどの実験参加者を使い，変化部分をあらかじめ説明した上で，カット法や遮断法による実験で変化の見落としが生ずると思うかどうかをアンケートで調べた。その結果，人物が変わる変化については，もし自分が実験に参加すれば気づくだろうと答えた人が97.6%になった。しかし，実際の変化検出実験では46%しか分からなかった。このような大きな差異を，変化の見落としの見落とし（change blindness blindness）と呼ぶ（横澤・大谷，2003）。考えてみれば，画面の中心人物が別人に変わっても気づかないから，映画のスタントマンなどの仕事が成り立つのであり，映画制作に関わるような人たちは変化の見落としに相当する現

象を昔から知っていたのである。

　変化の見落としは，どのような状況でも起こりうるものであり，われわれの日常的な視覚情報処理を反映しているに過ぎない。また，われわれの注意機能の限界を端的に知ることができる。通常，視覚的な情景における突然の変化に対して，注意を向ける。一方，注意を向けない限り，変化に気付かないままなのである。われわれは目に映った情景における全てのオブジェクトを同時に処理できると誤解しがちであるが，実際にはそうではなく，情景の大まかな情報が，情景の詳細を見ているような錯覚を与えるのに過ぎないのである（情景理解の特性に関しては，第7章で詳述する）。

(2) 注意の瞬き

　私たちが瞬きをすると一時的に外的世界が見えなくなるのと同じように，注意が一時的に利用できなくなってしまうような現象がある。それは，注意の瞬き（attentional blink）と呼ばれる現象である（Raymond, Shapiro, & Arnell, 1992）。注意の瞬きは，標的に注意を向けることが困難な状況で得られる現象であり，それをまぶたの瞬きにたとえている。

　前章で取り上げたRSVP法を使い，呈示された文字系列に対して，2つの課題に取り組んでもらう。2つの課題のうち，優先して取り組んでもらう課題を主課題，残りの課題を副課題と呼ぶ。たとえば，空色の文字系列の中に挿入されている1つの白色文字の文字名を報告する主課題の後に，その文字系列中でのXの呈示の有無を報告させる副課題を行ってもらう（図5-6a）。

　刺激系列の中で刺激が呈示される時間的位置をラグ（Lag）と呼ぶ。1秒間に10個の速さで呈示する場合，ラグは100ミリ秒の時間単位を表すことになる。第1標的の直後の刺激をラグ1刺激といい，その次はラグ2刺激という具合である。図5-6bの実験条件は典型的な実験結果を示しているが，ラグ2以降に呈示される第2標的の正答率が低くなり，その後ラグ6まで注意の瞬き現象が続いている。すなわち，Xのような第2標的（Probe）の検出成績は，第1標的（Target）の呈示から0.5から0.6秒くらいまでの間はかなり低くなり，入力されてくる刺激を処理できない処理不全の状態となる。このような処理不全の時間幅は，注意停留時間（attentional dwell time）と呼ばれる時間幅とほぼ一

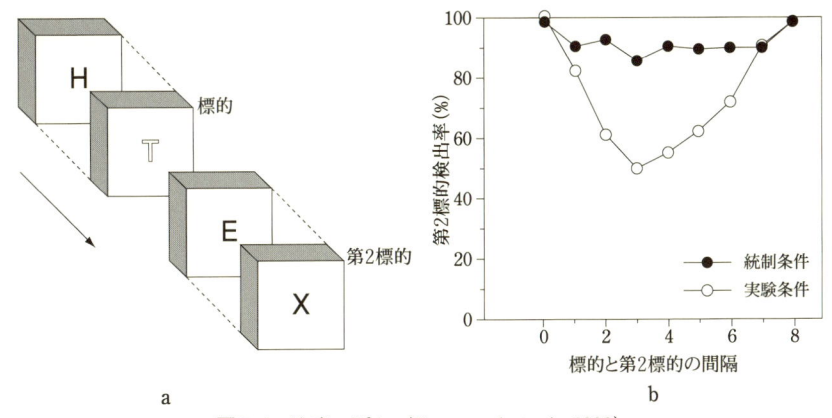

図 5-6　注意の瞬き（Raymond et al., 1992）

致している（Ward, Duncan, & Shapiro, 1994）。

　まったく同じ呈示刺激でも，第1標的を検出せず無視する統制条件では，図5-6bのように，第2標的の検出率は呈示位置に関係なくほぼ一定で，処理不全がまったく生じていない。すなわち，処理不全が視覚の感覚レベルで生じているのではなく，第1標的を処理したこと，あるいは注意を第1標的に向けたことに起因していることを示している。この処理不全状態のことを注意の瞬きと呼ぶ（河原, 2003）。

説明モデル

　注意の瞬きについては様々なモデルで説明されているが（河原, 2003），いずれも第1標的に注意を向けることで，第2標的を処理することに負担がかかってしまうために生じると考えられている。たとえば，刺激系列の処理には2つの段階があると仮定するモデルでは，第1段階では容量の限界はない並列処理で，刺激系列の中で呈示された全ての刺激特徴が抽出できるが，その表象はもろく，後続刺激によって壊れてしまったり，書き換えられるとされる。第1標的の定義特徴（たとえば，色）が特定されると，その特徴は一時的な記憶領域に保管され，もろい表象を強固なものにするために第2段階の処理が必要とされる。しかし，第2段階の処理容量が限られており，処理待ち時間が原因で注意の瞬きが起こると説明されている。ただし，注意の瞬きによって見落とされ

た第2標的が意味レベルまで処理されている場合がある（Luck, Vogel, & Shapiro, 1996）。また，第1刺激直後の見落とし回避（ラグ1刺激の見落とし回避）が生じるのは，一時的な記憶容量に第1標的も第2標的も同時に格納され，同時に処理される場合ではないかと考えられている。

特性の変化

　ビデオゲームに親しむ人たちが，スービタイズにおいて優れていることは第4章で説明したが，注意の瞬きにおいても同様に，それ以外の人たちとの違いが報告されている（Green & Bavelier, 2003）。たとえば，週4回以上ビデオゲームをする人たちは，注意の瞬きが減弱する。また，そもそもこのような差異が，ある種のビデオゲームによって習得されたのかどうかを確認するため，実験参加者を2群に分け，それぞれ別のゲーム（Medal of Honor と Tetris）に10日間続けて取り組ませた。その結果，アクションゲームである Medal of Honor に取り組んだ実験参加者だけ，注意の瞬きが減弱した。これは，アクションゲームにより，注意の特性が変わり得ることを示している。

(3)　選択の見落とし

　選択の見落とし（choice blindness）とは，自らの行為として示される選択結果が意図していた選択結果と変わっているのにも関わらず，それを見落とす現象である（Johansson, Hall, Sikström, & Olsson, 2005）。図5-7のように2枚の顔写真を示し（A），好みの1枚を実験参加者に選ばせた（B）後に，実験参加者に気づかれないように選択された写真ではない，もう一方の写真を渡す（C, D）。すると，意図しない選択のはずなのにそれに気づかず，どうしてそちらを選択したのかその理由を尋ねると，明らかに後付けの選択理由を説明しがちであることも分かっている。この現象から，視覚情報に基づく選択がいかにあいまいであるかを知ることができるだろう。

　変化の見落としや注意の瞬きなどの現象だけをみると，注意という機能によってわれわれの視覚情報処理が限定され，低い能力しか実現できないように思うかもしれない。確かにわれわれが注意を向けて認知できる時空間的な情報は

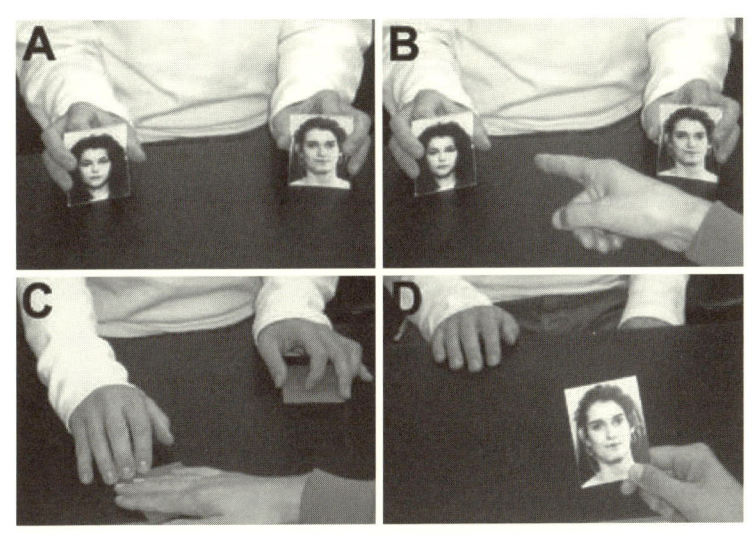

図5-7 選択の見落とし（Johansson et al., 2005）

僅かであるが，実はそのような時空間的限界を有する機能が，われわれの視覚情報処理において大きな役割を果たしていることを，以下で説明していきたい。

3　視覚探索

　注意を向け，ある空間的な範囲で処理効率があがるということは，どのような処理が可能になるのか，すなわち注意の役割が何であるかを考えてみたい。注意の役割を調べるための代表的な実験手法が，第4章でも触れた視覚探索である。視覚探索では，多くの妨害刺激の中から1つの標的を探索させ，探索効率を測定する。一般に半分の試行で標的が呈示され，残り半分の試行では呈示されない。実験参加者は，標的を検出したか，検出できなかったかをできるだけ早く正確に回答する。探索効率は，検出反応時間を妨害刺激と標的を併せた全ての刺激数の関数として分析し，関数の勾配と切片に基づいて検討される。

(1) 特徴探索と結合探索

　たとえばカラー図4-2aのように赤の右上がり斜線の中から緑の右上がり斜

線を探索させる場合や，カラー図4-2bのように緑の左上がり斜線の中から緑の右上がり斜線を探索させる場合である。前者は色，後者は方位という特徴によって標的が定義されているので，いずれも特徴探索（feature search）と呼ぶ。また，カラー図5-1bのように緑の左上がり斜線と赤の右上がり斜線の中から緑の右上がり斜線を探索させる場合，方位と色という2つの特徴の組み合わせによって標的が定義されているので，結合探索（conjunction search）と呼ぶ。すなわち，方位と色のどちらか一方の特徴では，標的を一意に定めることはできない。

　2つの特徴が混在していても，標的を定義するために1つの特徴で十分な場合には，結合探索とは呼ばず，特徴探索である。カラー図5-1aの場合には，赤と緑の斜線が混在し，左上がりと右上がりの斜線が混在するものの，標的である緑の右上がり斜線は色だけで一意に決定される。カラー図5-1の両刺激を比べると，同じ緑の右上がり斜線が標的の探索でも，妨害刺激によって探索効率は著しく異なる。例外もあるものの，一般に単一特徴で定義された標的（特徴探索）は妨害刺激数に影響されず，複数の特徴で定義された標的（結合探索）は妨害刺激数に比例して反応時間がかかる（Nakayama & Silverman, 1986）。

(2) 特徴統合理論

　2種類の探索効率を示す視覚探索現象に対して，特徴統合理論（feature integration theory）は，図5-8のように，視覚情報が継続する二段階の処理を経ることに基づくと考えた（Treisman & Gelade, 1980; Treisman, 1987）。第1段階の処理では，空間的に広がりを持つ特徴マップの集合がつくられる。第2段階の処理では，視覚的注意がある特定の領域に向けられ，それぞれのマップの情報を結合し，オブジェクトの照合が可能となる。視覚的注意は逐次的に次から次の項目へと向けられる。

　図5-8のような特徴統合理論によれば，特徴探索では，特徴マップの空間的な並列処理が可能であるので，標的は妨害刺激数によらず検出可能である。一方，結合探索は，視覚的注意を向けることによって標的を判断しなければならないので，妨害刺激数に大きな影響を受ける。結合探索の場合には，視覚的注意が順に移動するので，探索時間は妨害刺激の数に比例する。注意は，複数の

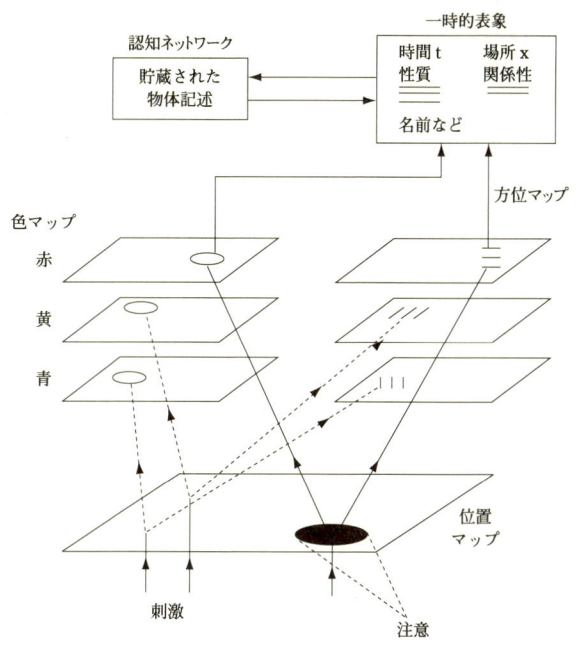

図5-8 特徴統合理論（Treisman & Gormican, 1988）

特徴を結び付ける特徴統合の役割があると考えられている。すなわち，注意を向けてはじめて，複数の特徴が結び付けられることになる。

　この特徴統合理論は，認知心理学的注意研究に大きな影響を与えるとともに，神経生理学的研究に与えたインパクトも大きい。1つの物体の様々な特徴は脳内の別々の部位で処理されている（第9章で詳述）が，最終的にその物体の表象を脳内でどのようにまとめているかということが議論され，結び付け問題（binding problem）と呼ばれている（石金，2003）。特徴統合理論を元にすれば，注意によって，それぞれの特徴がまとめられていることになる。したがって，神経生理学者も視覚的注意の問題に関心を持つようになっているのである。

　特徴統合理論で仮定されるようなメカニズムは，一見複雑で非効率のように感じるかもしれないが，実はたいへん効率的な仕組みである。右上がりの緑の斜線をカラー図5-2aのように，様々な色と方位を識別する細胞が担当していたとする。この例の場合には，3色4方位を担当できるようなシステムを表しているので，12種類の細胞が用意されている。この12種類の細胞の中で，右上

がりの緑の斜線を担当している細胞は1つなので,その細胞が活性化するかどうかで識別するシステムということになる。すなわち,色と方位の精度(それぞれ3つの色と,4つの方位を見分ける精度)により,それぞれで識別する特徴数を積算して得られる細胞数,この場合は12種類の細胞が必要になる。一方,カラー図5-2bの場合には3色と4方位を担当する細胞の和,すなわち7種類の細胞が用意されている。この7種類の細胞の中に,右上がりの斜線を担当している細胞と,緑の斜線を担当している細胞が1つずつあるので,この両細胞が活性化するかどうかで識別するシステムということになる。この場合には,色と方位の精度(やはり,それぞれ3つの色と,4つの方位を見分ける精度)により,それぞれで識別する特徴数を加算して得られる細胞数,すなわち7種類の細胞が必要になる。

100色と100方位を識別できるように精度を上げるときには,カラー図5-2aのようなシステムでは細胞数は積算で10000種類,カラー図5-2bのようなシステムでは細胞数は加算で200種類が必要ということになる。後者のようなシステムの方が精度を上げたときに益々効率的になることは明らかであり,視覚系はこのような仕組みになっていると見なすことができる。このとき,特徴を統合する機能,すなわち注意が重要な役割を果たすことになる。

あらかじめ標的の位置を与えておくと,注意の役割をもっと直接的に調べることができる。特徴探索では,あらかじめ標的の位置を事前手がかりとして与えても,探索時間にはあまり違いがないが,結合探索では大きな違いがある。このような手がかりによって,あらかじめ標的位置に注意を向けておけば,結合探索は速くなり,結合探索でも特徴探索でも同じように探索効率がよくなる。結合探索では探索刺激上の位置に注意を向けているという説が支持されている。

(3) 結合錯誤

特徴統合理論によれば,それぞれに注意を向けていなければ,色や形状などの特徴が結合できないことになる。たとえば,複数の課題を課し,注意を分散させてやると,刺激には存在しない特徴の組み合せが報告されることになる。カラー図5-3のような,2つの数字にはさまれた色のついた図形を短時間呈示し,まず,数字を報告し,その後図形と色を報告させる。呈示時間を,数字を

報告するには十分だが，それぞれの図形に注意するためには短すぎる時間に設定しておくと，実際には存在しない色と図形の組み合せ，たとえば，緑の楕円などの報告がある。この現象を結合錯誤（illusory conjunction）と呼ぶ（Treisman, 1986）。結合錯誤は，異なる特徴が独立して抽出され，後から位置情報を基に視覚的注意を向けることによって特徴統合されることを如実に表している。

(4) 探索効率による分類

様々な視覚探索特性を調べてみると，特徴探索が並列探索で，結合探索が逐次探索という特徴統合理論の単純な図式が，視覚探索に関する全ての研究結果に当てはまる訳ではないことが分かってきた。すなわち，すでに様々な探索効率が報告されており，並列探索と逐次探索という2分法的な分類では不十分なのである。たとえば，妨害刺激の不均質さと標的との類似性を操作すると，視覚探索の効率が様々に変動し，そのような変動は特徴統合理論で十分に説明できないことが分かっている（横澤・熊田，1996）。すなわち，標的探索の効率は，標的と妨害刺激の関係だけに影響されるのではなく，妨害刺激間の類似度の影響も受けるのである。並列探索と逐次探索ではなく，1項目あたりの探索効率がおおむね10〜20ミリ秒となるのを境にして，効率的探索と非効率的探索と呼ばれるようになっている（熊田，2003; 武田・小川，2003）。

(5) 探索非対称性

視覚探索が標的と妨害刺激の差分特徴だけに基づいているわけでもないことは，探索非対称性（search asymmetry）によって分かる（Treisman, 1986）。探索非対称性とは，標的と妨害刺激を入れ替えたときに探索効率が著しく変化する現象を指す。図5-9aとbは，双方とも円に縦線を加えた図形と円だけの図形によって作成された視覚探索刺激例であるが，お互いに標的と妨害刺激の関係が逆になっている。すなわち，いずれの刺激も，標的と妨害刺激の差分は縦線の有無である。このような刺激例を使って視覚探索を行うと，図5-9cのように，円が妨害刺激のときはほぼ並列探索（図5-9c実線），円が標的のときは典型的な逐次探索（図5-9c点線）という探索効率になる。

このような探索非対称性は様々な探索刺激で確認されており，円や平行線な

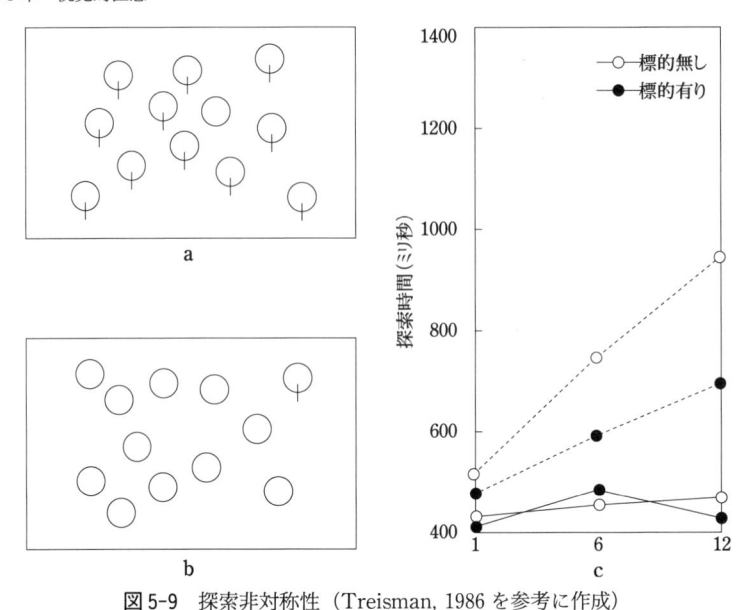

図5-9 探索非対称性（Treisman, 1986 を参考に作成）

ど幾何学的に単純な図形が妨害刺激で，それから逸脱した図形（図5-9の場合，円に縦線を加えた図形）が標的のときに探索効率が高くなる。これは，逸脱した特徴を持つ刺激の検出が容易になるようなメカニズムになっていることを反映しているためではないかと考えられている。

(6) 出現頻度効果

視覚探索課題は標的の有無を答えてもらう実験課題なので，実験参加者が標的有りもしくは標的無しのどちらかを優先して反応しないように，通常は標的の出現確率を全試行の50％にする。しかしながら，われわれの日常生活を考えてみると，標的の出現確率が50％である視覚探索というのはおそらく少なく，多くの場合，標的の出現確率は極めて低いように思われる。たとえば，逐次探索が必要な標的の出現頻度を1％まで低下させると，標的を見落とす割合が上昇し，わずか3項目の探索でも30％以上の見落とし率となる（Wolfe, Horowitz, & Kenner, 2005）。図5-10のグラフは，1％，10％，50％の出現頻度のときの呈示項目数ごとの標的見落とし率を示している。10％や50％の出現頻度のときは，

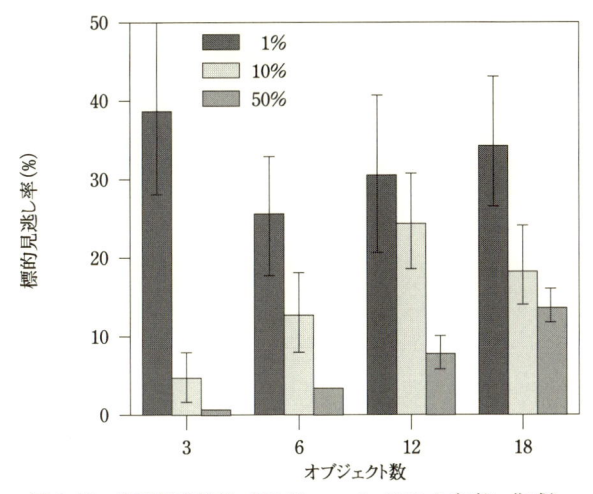

図 5-10 出現頻度効果（Wolfe et al., 2005 を参考に作成）

項目数が増えるに従って標的の見落とし率は増える傾向にあるが，1％の出現確率のときは，その傾向は消え，項目数が少ない場合にも見落とし率が高くなることが分かる。

このように，出現頻度に反比例するように見落とし率が高くなる現象を出現頻度効果（prevalence effect）と呼ぶ。なぜこのような現象が生起するのかというと，標的の出現確率が高いときには，標的が無いという判断が，標的が有るという判断より遅くなるが，出現確率が1％のときには逆に速くなっており，標的を見つけ出すのに必要な時間より早く探索をやめてしまうので，見落とし率が高くなると考えられる。

4 注意と探索履歴

逐次的な視覚探索において，標的を検出するまで注意が移動すると考えられているが，その移動の軌跡や履歴が視覚探索の効率に影響することが分かっている。

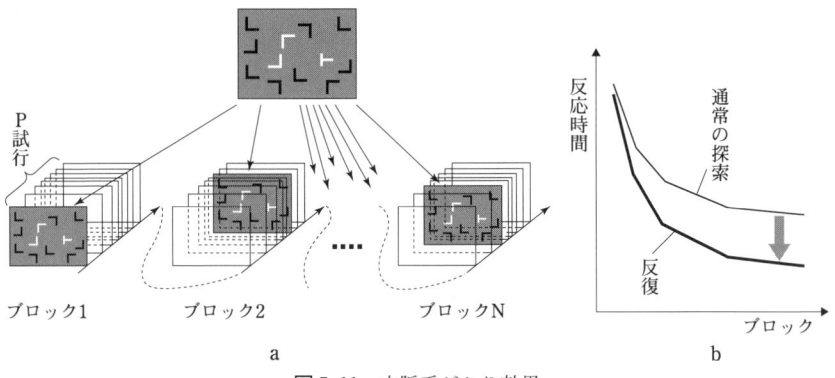

図5-11　文脈手がかり効果

(1) 文脈手がかり効果

文脈手がかり（contextual cueing）効果とは，以前探索した配置と同じ配置を繰り返して呈示したときに，標的の検出時間が早まる（探索効率が上がる）現象である（Chun & Jiang, 1998; 小川・八木, 2002）。実験参加者が同配置の繰り返しに気づいていなくても生起する，潜在記憶に基づく現象であると考えられている。

文脈手がかり効果は，反復呈示といっても，直後試行で反復する必要はなく，ブロックと呼ばれる試行のまとまりごとに繰り返すような場合でも生起する。

図5-11aのように，様々な方向を向く妨害刺激Lの中から，右または左に向いた標的Tの向きを答える視覚探索実験を行うとき，以前と同じ配置が反復呈示される場合と，新たな配置で呈示した場合を比べると，反復呈示する方が，標的Tの向きの判断時間は短かった。新たな配置で呈示した場合であっても，探索の習熟により，図5-11bのように探索時間は徐々に短くなるのだが，それに比べても反復呈示での探索時間は短縮される。多くの場合，同じ配置が反復呈示されたことに実験参加者は気づいていないので，このことは潜在的な配置に関する表象がその後の試行を促進するように影響することを示している。

(2) 視覚的印付け

文脈手がかり効果が試行間の探索刺激配置に関わる現象だとすると，視覚的印付け（visual marking）は試行内の探索刺激配置に関わる現象である。これ

4 注意と探索履歴

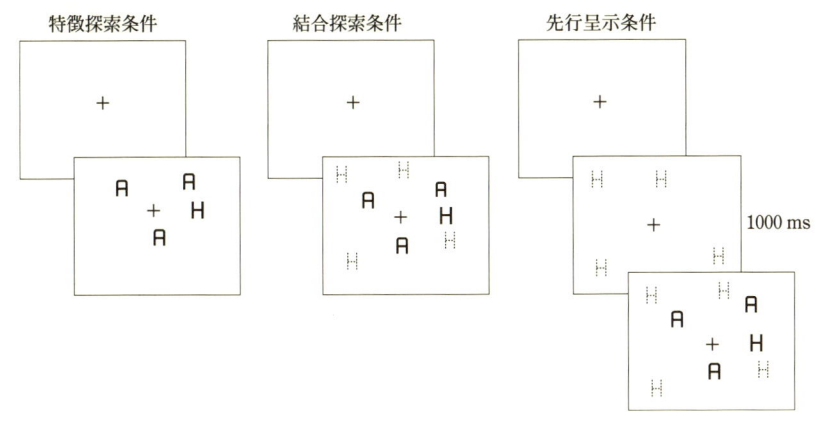

| 特徴探索条件 | 結合探索条件 | 先行呈示条件 |

図 5-12 視覚的印付け（熊田, 2003）
実際には探索刺激画面中の点線が緑色，実線が青色で呈示された。

は，結合探索刺激画面を2分割し，継時的に呈示することで，全体呈示による結合探索に比べ，探索効率が上がる現象である（熊田, 2003）。たとえば，青いHが標的で，青いAと緑のHが妨害刺激のとき，図5-12のように緑のHだけを先行して1秒間呈示した後に，その他の項目を追加して呈示する。そうすると，探索効率は特徴探索とほぼ同じになることが確認されている。この現象は，先行呈示された妨害刺激に視覚的印付けが行われ，その位置の探索対象を抑制・除外することによって生じると考えられている。視覚的印付けは比較的遅い時間特性を持ち，400ミリ秒以上前の先行呈示が必要である。

(3) 復帰の抑制

損失利得法では有効な手がかりの呈示直後に標的が呈示されるならば，標的の処理は促進されるが，もし手がかりの呈示後に300ミリ秒か，それ以上の遅れがあったなら，その位置の標的の検出は遅くなる。この現象は復帰の抑制（inhibition of return）と呼ばれる（武田・小川, 2003）。復帰の抑制は，一度ある位置に注意が向けられると，その位置にふたたび戻る無駄をなくし，効率的な処理を進めるために重要な役割を果たすと考えられている。

(4) 抑制的タグ付け

　逐次探索では，個々の項目が標的ではなく妨害刺激ならば，別の項目に注意を移動すると考えられる。このとき，一度注意を向けたという履歴を残しているかどうかは，効率的に探索するために重要な意味を持つ。逐次探索において，注意移動の履歴が記憶されていることで，すでに注意を向けた妨害刺激の呈示位置への反応が抑制されていることが実験的に確認され，この現象は抑制的タグ付け（inhibitory tagging）と呼ばれている（Klein, 1988）。すなわち，逐次探索は図5-13aのような記憶駆動型モデルによって説明されることになる。ただし，この現象の追試が難しく，注意を向けた妨害刺激の履歴が利用されていないことを前提とする，図5-13bのような記憶非拘束型モデルも提案されている（Horowitz & Wolfe, 1998）。両者は排他的な概念ではあるが，実はわれわれは両者をうまく組み合わせて，効率的な探索を実現しているのではないかと考えられる（武田・小川, 2003）。

　文脈手がかり効果，視覚的印付け，復帰の抑制，抑制的タグ付けといういずれの現象も，注意移動はランダムではなく，先行刺激の履歴などに影響され，探索効率を高めるように変化することを示している。

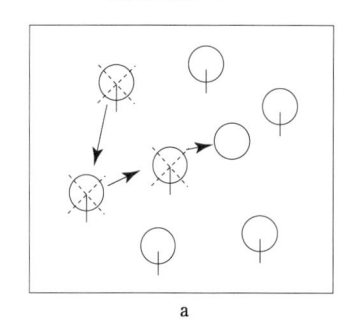

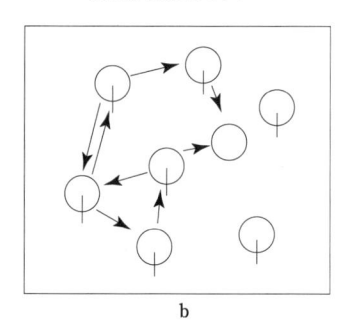

図5-13 記憶駆動型モデルと記憶非拘束型モデル（武田・小川, 2003）

5　注意とオブジェクト

(1) 複数オブジェクト追跡課題

　注意を同時に何カ所かに向けられるのかどうか，いわゆる分割的注意（divided attention）の特性も調べられている。複数オブジェクト追跡（multiple object tracking, 以下MOT）課題とは，図5-14のように，ランダムに動く複数のオブジェクト（多くの場合，円や正方形）の一部を標的として10秒程度追跡させ，同時に追跡できる標的数を調べる実験課題である（菅沼・横澤, 2003）。

　10個のオブジェクトのうち，5個を標的とするMOT課題でも，かなり高い精度で追跡できることが報告されている。この結果は，われわれは5カ所まで同時に注意を向けることができることを示しているのだが，一方ではこのような数量的限界には一般性がないことも分かっている。たとえば，10個のオブジェクトから2個ずつ選び，それらを直線で連結したものを5組作成する。この5組のそれぞれ片側のオブジェクトを標的とするMOT課題を行うと，直線で結ばないときと標的自体は変わらないのに，追跡可能な個数が低下する。このような連結操作が，10個のオブジェクトのうち5個を標的とするMOT課題ではなく，連結された5個のオブジェクトの一部である5カ所を追跡する課題に変化させていると考えられている。すなわち，単純な数量的限界を議論

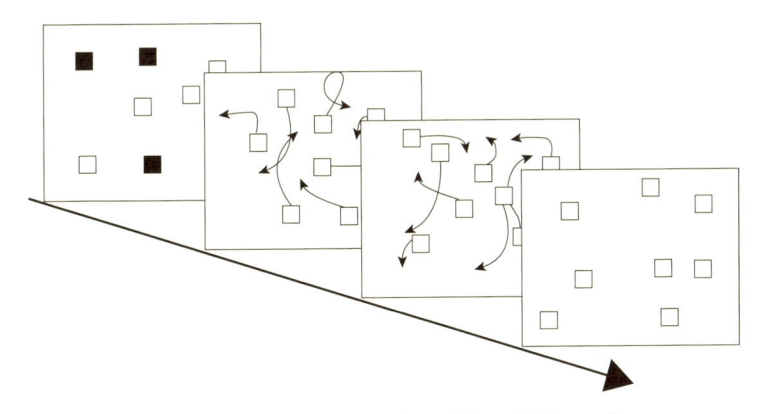

図5-14　複数オブジェクト追跡（菅沼・横澤, 2003）

するのではなく，われわれの視覚情報処理の単位であるオブジェクトと注意の関係を考えなければならないのである。

(2) オブジェクトベースの注意

オブジェクト認知に関しては，次章である第6章で詳述するが，注意が空間的な位置ではなく，オブジェクトに対しても向けられるということは確認されており，オブジェクトベースの注意（object-based attention）と呼ばれる（菅沼・横澤，2003）。たとえば，2つのオブジェクトを重ねて呈示し，1つのオブジェクト内の2つの特徴を答える課題は，2つのオブジェクトそれぞれの特徴を1つずつ答える課題に比べて，速く正確であることが知られている（Duncan, 1984）。2つのオブジェクトを重ねて呈示した状況では，スポットライトというメタファーで考えれば，オブジェクト内の課題でも，オブジェクト間の課題でも同じスポットライトに照らされているという意味で違いはないはずであるが，結果はオブジェクトベースの注意の存在を支持していることになる。

オブジェクトベースの注意の存在を支持する代表的な研究として，図5-15のような2つの長方形を並べて呈示し，どちらかの長方形の短辺あたりに先行手がかりを与えた後に，標的検出課題をさせる実験法が提案されている（Egly, Driver, & Rafal, 1994）。このとき，標的は図5-15に示すような正方形状である。この標的は，先行手がかりと同位置に呈示される場合がほとんどであるが，実験結果として比較したいのは先行手がかりと同じ長方形上のもう一方の短辺付近に標的を呈示した場合と，もう一方の長方形に標的を呈示した場合である。この両者は，先行手がかりからの空間的な距離を同一にしておくと，異なるのは同じ長方形上か，別の長方形上かということになる。実験の結果，先行手が

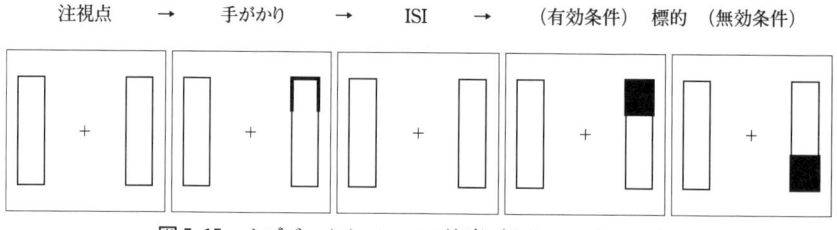

図 5-15　オブジェクトベースの注意（Egly et al., 1994）

かりと同一の長方形上に標的が呈示された場合の方が標的検出時間が短くなることが明らかにされた。先行手がかりと同一の長方形，すなわち同オブジェクト上の標的検出処理が，オブジェクトベースの注意によって促進されたと考えられている。

6 無視と閾下知覚

　注意というのが情報選択機能を表しているとすれば，これまではその表の部分，すなわち情報を効率的に取り出す促進現象に光をあてて説明してきた。スポットライトというたとえは，表の部分の機能をよく表している。しかし，注意を向けた情報が存在するということは，注意しない（すなわち，無視した）情報も存在するということである。スポットライトに照らされなかった部分，すなわちスポットライトの外側で捨て去られたり，押さえ付けられた大量の情報があるはずである。前述した変化の見落としという現象から，われわれが思っている以上に，認知に至る情報が少なく，大量の視覚情報が捨て去られていることを知ることができる。

(1) 非注意による見落とし

　予期せずに注意を向けられていない刺激が処理されるかを調べている研究（Mack & Rock, 1998）では，図5-16のように，実験参加者に直交する線分のどちらが長いかを判断することを求めた。1500ミリ秒の固視点に続いて，大きな直交線分が200ミリ秒間呈示され，その後500ミリ秒のマスク刺激が続いた。これが3回繰り返されたが，4回目は大きな直交線分と同時に，何らかの付加刺激，たとえば光点を画面の中央付近に呈示した。この4回目の試行を非注意試行と呼ぶ。直交線分以外の何かを見たかどうかを問うと，25％の実験参加者は付加刺激があったという事実や画面が何らかの別のものに変わっていたという事実を見落としていた。このような付加刺激の呈示の可能性について，実験参加者はあらかじめ知らされていない。

　このときに生ずる見落とし現象は，非注意による見落とし (inattentional blindness) と呼ばれ，注意が向けられていない情報が，あまり処理されていな

第 5 章　視覚的注意

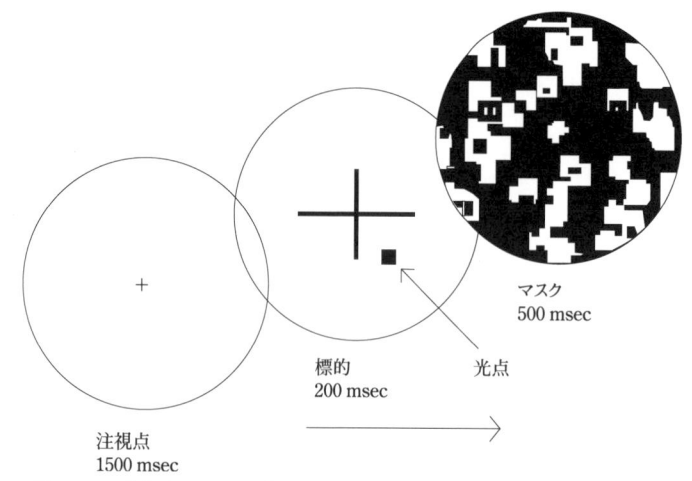

マスク
500 msec

標的
200 msec

光点

注視点
1500 msec

図 5-16　非注意による見落とし（Mack & Rock, 1998 を参考に作成）

図 5-17　重なり動画による非注意による見落とし

いことの証左となっている（横澤・大谷，2003）。マックとロック（Mack & Rock, 1998）は，様々な条件で非注意による見落とし現象を調べているが，非注意試行は各実験参加者に対して 1 試行しか実施できないので，大勢の実験参加者が必要となり，事実 7 年がかりで約5000人の参加者を対象に実験を行っている。

　非注意による見落としを調べるために，異なる動画を重ねて呈示し，片方の動画だけに注意を向けさせる方法もある（Neisser, 1979）。図5-17のように，重ね合わされた動画の一方であるバスケットボールゲームの動きを追う課題を実

験参加者に行ってもらうと，途中で傘をもった女性が右から左へ横切るもう一方の動画を重ねあわせて呈示しても，実験参加者はほとんど気づかない。このように，課題として設定された標的が存在し，注意を必ず向けているような範囲であっても，注意はバスケットボールゲームをしている人たちに向けられ，傘をもった女性という存在には注意が向けられていないので，実験参加者は気づかない。これも，非注意による見落としである（横澤・大谷, 2003）。

(2) 負のプライミング

しかし，注意を向けられていない対象が本当に捨て去られているのかというと，そうではないと考えられている。なぜならば，選択によって無視された情報の影響がその後も残存することが知られているからである。たとえば，カラー図5-4のように重なりあう赤と緑の図形を呈示し，赤の図形を無視させ，緑の図形が何であるかを答えさせる実験を行う。すなわち，緑の図形に選択的に注意を向けさせる課題である。ときには，前試行で無視した赤の図形が，次の試行の標的となる緑の図形として呈示される。このような試行を無視反復試行と呼ぶ。このとき，前試行で呈示される図形が標的と全く無関係な統制条件に比べて，遅い反応時間が得られる。これを負のプライミング（negative priming）と呼ぶ（永井・横澤, 2001）。

一般にプライミングというのは，先行刺激によって処理効率が高まる現象であるが，負のプライミングの場合はまったく逆の結果となる。負のプライミングは前試行で無視した図形が，次の試行で注意を向けることを妨げていることになり，無視した情報が完全に捨て去られているわけではないことを示している。

さらに，無視される赤の図形が，次の試行の標的となる緑の図形と全く同一ではなくても，意味的に関連がある図形であれば，負のプライミング効果が得られる（Tipper, 1985）。たとえば，カラー図5-4のように無視される図形が猫の絵で，次の試行の標的が犬の絵であるような無視意味関連条件であっても，負のプライミング効果が得られる。これは，注意を向けていない情報に対して，意味レベルの高次処理がされていたことを示唆している。

(3) 閾下知覚

負のプライミングでは，無視すべき刺激に注意さえ向ければ，意識的に知覚できる，すなわち気づくことが可能である。一方，閾下知覚（サブリミナル知覚，subliminal perception）とは，注意を向けても気づかないような刺激提示が，認知や行動に影響を与える現象である（下條，1996）。たとえば，閾下知覚が選好に影響することが分かっている（Kunst-Wilson & Zajonc, 1980）。まず，刺激図形を1ミリ秒ずつ呈示しても，あまりにも短時間呈示なので，閾下知覚にしかならないことが確認できる。すなわち，既呈示図形と新たに呈示する図形を並べて呈示し，どちらが既呈示図形なのかを再認してもらうために強制選択させても，2つの選択肢からの選択率は変わらない結果が得られる。ところが，どちらが好きかを回答してもらうと，既呈示図形を選ぶ確率が有意に高くなる。すなわち，意識的な再認はできなくても，閾下知覚が選好に影響を与えていると考えることができる。

参考文献

Chun M. M., & Jiang, Y. (1998). Contextual cueing: Implicit learning and memory of visual context guides spatial attention. *Cognitive Psychology,* **36**, 28-71.

Duncan, J. (1984). Selective attention and the organization of visual information. *Journal of Experimental Psychology: General,* **113**, 501-517.

Duncan J., Ward, R., & Shapiro, K. (1994). Direct measurement of attentional dwell time in human vision. *Nature,* **369**, 313-315.

Egly, E., Driver, D., & Rafal, R. D. (1994). Shifting visual attention between objects and locations: Evidence from normal and parietal lesion. *Journal of Experimental Psychology: General,* **123**, 161-177. （図は APA の許可を得て転載）

Findlay, J. M., & Gilchrist, I. D. (2003). *Active Vision.* Oxford University Press. （フィンドレイ，J. M., ギルクリスト，I. D.　本田仁視（監訳）(2006). アクティヴ・ビジョン——眼球運動の心理・神経科学　北大路書房）

Green, C. S., & Bavelier, D. (2003). Action video game modifies visual selective attention. *Nature,* **423**, 534-538.

Horowitz, T. S., & Wolfe, J. M. (1998). Visual search has no memory. *Nature,* **394**, 575-577.

石金浩史（2003）. 視覚系における神経活動と選択的注意　心理学評論, **46**, 357-370.

Johansson, P., Hall, L., Sikström, S., & Olsson, A. (2005). Failure to detect mismatches between intention and outcome in a simple decision task. *Science,* **310**, 116-119. （図

は The American Association for the Advancement of Science(AAAS)の許可を得て転載)

河原純一郎 (2003). 注意の瞬き 心理学評論, **46**, 501-526.

Klein, R. M. (1988). Inhibitory tagging system facilitates visual search. *Nature,* **334**, 430-431.

熊田孝恒・横澤一彦 (1994). 特徴統合と視覚的注意 心理学評論, **37**, 19-43.

Kunst-Wilson, W. R., & Zajonc, R. B. (1980). Affective discrimination of stimuli that cannot be recognized. *Science,* **207**, 557-558.

Luck, S. J., Vogel, E. K., & Shapiro, K. L. (1996). Word meanings can be accessed but not reported during the attentional blink. *Nature,* **383**, 616-618.

Mack, A., & Rock, I. (1998). *Inattentional Blindness.* MIT Press.

永井淳一・横澤一彦 (2001). 負のプライミング——現象の合目的性と生起メカニズム 心理学評論, **44**, 289-306.

Nakayama, K., & Silverman, G. H. (1986). Serial and parallel processing of visual feature conjunctions. *Nature,* **320**, 264-265.

Neisser, U. (1979). The control of information pickup in selective looking. In A. D. Pick (Ed.), *Perception and its development: Atribute to Eleanor J. Gibson* (pp. 201-219). Hillsdale, NJ: Laurence Erlbaum.

小川洋和・八木昭宏 (2002). 文脈手がかりによる視覚的注意の誘導 心理学評論, **45**, 2.

O'Regan, J. K., Rensink, R. A., & Clark, J. J. (1999). Change-blindness as a result of mud-splashes. *Nature,* **398**, 34. (図は Nature Publishing Group(NPG)の許可を得て転載)

Posner, M. I. (1980). Orienting of Attention. *Quarterly Journal of Experimental Psychology,* **32**, 3-25.

Posner, M. I. & Raichle, M. E. (1994). —→第9章参照

Raymond, J. E., Shapiro, K. L., & Arnell, K. M. (1992). Temporary suppression of visual processing in an RSVP task: an attentional blink? *Journal of Experimental Psychology: Human Perception and Performance,* **18**, 849-860. (図は APA の許可を得て転載)

Rensink, R. A., O'Regan, J. K., & Clark J. J. (1997). To see or not to see: The need for attention to perceive changes in scenes. *Psychological Science,* **8**, 368-373.

下條信輔 (1996). サブリミナル・マインド 中央公論社

Simons, D. J., & Levin, D. T. (1997). Change blindness. *Trends in Cognitive Science,* **1**, 261-267.

菅沼睦・横澤一彦 (2003). 視覚的注意とオブジェクト性 心理学評論, **46**, 527-542.

武井裕司・小川洋和 (2003). 視覚探索における復帰の抑制 心理学評論, **46**, 444-461.

Tipper, S. P. (1985). The negative priming effect: Inhibitory priming by ignored objects. *Quarterly Journal of Experimental Psychology,* **37A**, 571-590.

Treisman, A. (1986). Features and objects in visual processing. *Scientific American,* **254**, 11, 114-125. (トリーズマン, A. (1987). 特徴と対象の視覚情報処理 サイエンス, **17**, 1, 86-98.)

Treisman, A. M., & Gelade, G. (1980). A feature-integration theory of attention.

Cognitive Psychology, **12**, 97-136.
Treisman, A. & Gormican, S. (1988). Feature analysis in early visison: Evidence from search asymmetries. *Psychological Review,* **95**, 15-48.（図は APA の許可を得て転載）
Wolfe, J. M., Horowitz, T. S., & Kenner, N. (2005). Rare items often missed in visual searches. *Nature,* **435**, 439-440.
横澤一彦・熊田孝恒（1996）．視覚探索——現象とプロセス　認知科学, **3**, 119-138.
横澤一彦・大谷智子（2003）．見落とし現象における表象と注意——非注意による見落としと変化の見落とし　心理学評論, **46**, 482-500.

第6章　オブジェクト認知

　　　心によって知覚されるときのみ心の内に在る。　　——ジョージ・バークリ

　　　口では嘘をついても表情には真実があらわれる。
　　　　　　　　　　　　　　　——フリードリヒ・ヴィルヘルム・ニーチェ

　オブジェクト（object）とは，視覚情報処理の単位を意味し，日常物体や顔などに大分類でき，さらに様々な個別カテゴリーに分類できる。すなわち，われわれは様々なオブジェクトを認識しながら，生活している。オブジェクト認知（object perception）は，外界から取り込んだ視覚情報から，特定のオブジェクトとして取り扱えるまでの処理全体を指し，われわれの視覚情報処理のゴールの1つである。日常物体や顔に代表されるように，オブジェクト認知は大きな努力を必要とせず可能であるように感じるので，実は非常に複雑な過程を経ていることに気づくことは難しい。たとえば，同一のオブジェクトでも，観察環境によって様々に異なる形状として網膜に映っている。そのような変形にも関わらず，安定した認知結果が求められ，同時に記憶表象との照合が正しく瞬時に完了できない限り，認知に成功したとはいえない。このようなオブジェクト認知の特性を考えることにする。

1　視点と見え

　物体の網膜像は，観察角度や観察距離によって，無限に変化し得る。極端に言えば，同一物体に対する観察であっても，図6-1のように網膜像が完全に同一であることは，ほとんどないかもしれない。人間が，網膜像の変化にどのよ

第 6 章　オブジェクト認知

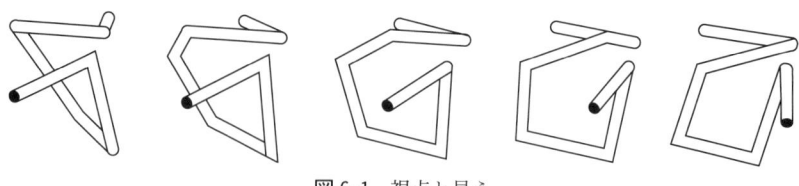

図 6-1　視点と見え

うに対応しているのかという謎を研究することによって，視覚情報処理においてオブジェクトがどのように表象されているかを明らかにしていくことができる（光松・横澤，2004）。

(1) 視点依存効果

たとえば，2つのオブジェクトの異同判断をさせるような実験課題において，同じオブジェクトでも図6-1から2つ選び呈示するときのように，視点変化したものに対して判断する場合は，視点変化のない場合に比べ，認知成績が低下する。この現象は視点依存効果（view dependent effect）と呼ばれ，頑健な現象であることが知られている。視点依存効果は，視点の遠近の操作に基づく大きさの変化による依存効果も含むが，これまでの視点依存効果に関する研究の多くが観察角度を操作しているので，以下の説明でも，特に断らない限り，視点の操作とは観察角度の操作を指している。

視点依存効果は頑健な現象であるが，たとえば円筒の典型的なエッジは，平行線の片側に楕円，もう片側に円弧という視点独立な特徴からなる。このような見えをアスペクト（aspect）と呼び，円筒のアスペクトはほとんどどのような視点からでも変化しない。もちろん，視点により，楕円の扁平度や，平行線の長さは変化するが，円筒はほとんどどのような視点からでも円筒として同定できる特徴，すなわち視点不変特徴（view-invariant feature）を失わない（視点不変特徴の詳細は後述する）。ただし，例外的に円もしくは四辺形のみのエッジとなる視点が存在する。このような例外的な見えを偶然的見え（accidental view）と呼ぶ。円筒に対してばかりではなく，他のオブジェクトでも，このような偶然的見えでは正しい認知が難しいことが多いことが知られている。

(2) 典型的見え

　ただし，偶然的見えでも，そのオブジェクトらしさが高いものもある。たとえば，目覚まし時計などは正面向きに対して，最も目覚まし時計らしいと評定される。このオブジェクトらしさが最も高い視点からの見えを，典型的見え（canonical view，もしくは canonical perspective）と呼ぶ（Palmer, Rosch, & Chase, 1981）。

　目覚まし時計は正面向きが典型的見えと評定されるが，図6-2の馬の場合のように，様々な視点からの見えに対して評定させるとき，動物などの自然物でも自動車などの人工物でも，斜め前方向が典型的見えとなることが多い。さらに，この典型的見えで呈示するときが，他の方向からの見えで呈示するよりも早く認知できることが分かっている。確かに，図6-2のいくつかの視点からの見えは，馬であることを認知することが困難であることが分かるのではないかと思われる。

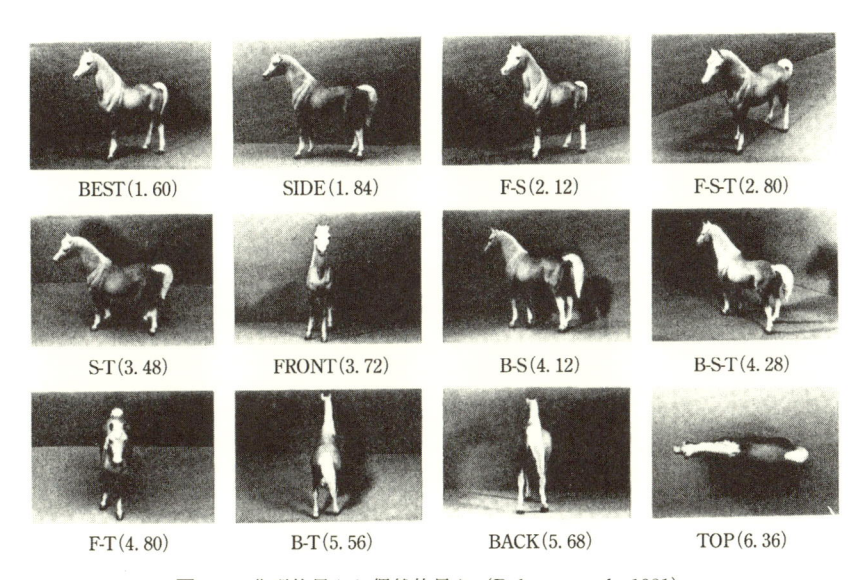

図6-2　典型的見えと偶然的見え（Palmer et al., 1981）
カッコ内は見えの評定値。1がもっとも良く，7がもっとも悪い。

(3) 対称性

このように，われわれは視点によってオブジェクト認知に影響を受けるが，視点が変わることによって形状が変わっているにも関わらず，同じ形に見え続けるという現象も知られている。図6-3のように，視点が変わり，長方形が奥に傾いていくときには，網膜像としては正方形は台形に，円は楕円に変形しているはずであるが，われわれは同じ図形に見え続ける。この現象を形の恒常性（shape constancy）と呼ぶ。形の恒常性は，対称度の高い図形（たとえば，正方形や円など）ほど強いといわれている。すなわち，われわれは網膜像としては変形していても，対称性のある図形として見る傾向が強いということになる。

対称性（symmetry）は，基本的視覚特徴の1つとして重要であると考えられているし，われわれの見えを変えてしまう特徴にもなりえる（新美・横澤，2007）。図6-4aは白い図形が図に，黒い図形が地になりやすいと考えられる（図と地に関しては，第7章参照）。なぜそのように知覚されやすいかということには気がつきにくいと思われるが，これは白い図形が左右対称の図形になっているためである。また，図6-4bの左側は三角形と正方形の組合わさったシルエットに見えるが，右側は1つのオブジェクトと見えるのではないかと思う。これは，右側の場合には左右対称図形になっているために，1つの図形として見えるのである。

(4) オブジェクト優位効果

対称性も含め，様々な特徴に基づいてオブジェクトが形成され，記憶と照合

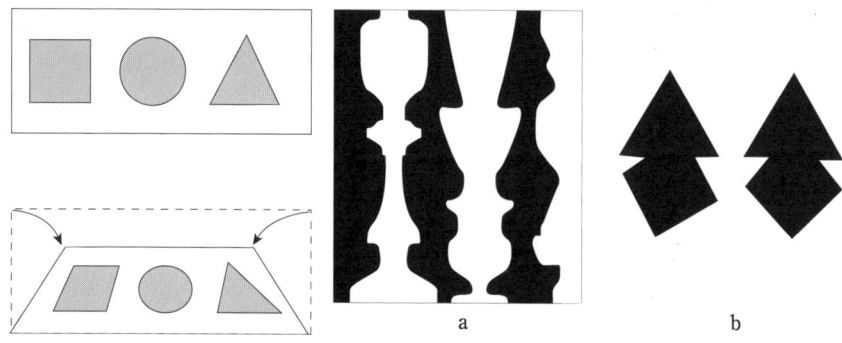

図6-3　形の恒常性

図6-4　対称性（新美・横澤，2007）

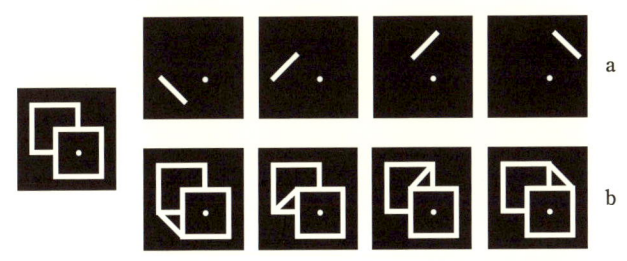

図 6-5 オブジェクト優位効果 (Weisstein & Harris, 1974 を参考に作成)

されて，認知に至るまでが基本的なオブジェクト認知の過程である。しかし，そのような単純な階層的処理過程に基づくだけではない。たとえば，図6-5aのような4種類の線分の同定をさせる短時間呈示実験において，まとまりのない線分群の中より，図6-5bのような3次元的なオブジェクトの中の線分の同定の方が正確であった。この現象をオブジェクト優位効果（object superiority effect）と呼ぶ（Weisstein & Harris, 1974）。

オブジェクト優位効果は，一種の文脈効果（contextual effect）であり，線分をひとかたまりの線分群として認識するだけでなく，オブジェクトとして存在することによって，構成線分の認知が促進されることを示している。同様の文脈効果は，文字と単語の関係でも報告されているが，それは後述する。また，オブジェクトの優位性に関しては，オブジェクトベースの注意として，すでに第5章で説明している。このように，視覚情報処理の単位としてのオブジェクトは，視覚科学において重要な概念として研究が進められている。

2　日常物体認知

(1) 構造記述仮説

われわれのオブジェクト認知において，基本となるのが日常物体の認知であろう。しかしながら，日常物体の認知過程でさえまだその詳細は明らかではなく，様々な仮説が議論されている。その中の代表的な仮説として，構造記述仮説が挙げられる（Marr, 1982）。構造記述（structural description）仮説では，物体表象として各部分とそれらの空間関係が記憶システムに貯蔵されていると仮定する。たとえば，人間の全体は，図6-6のように頭部，胴体，腕，足などの

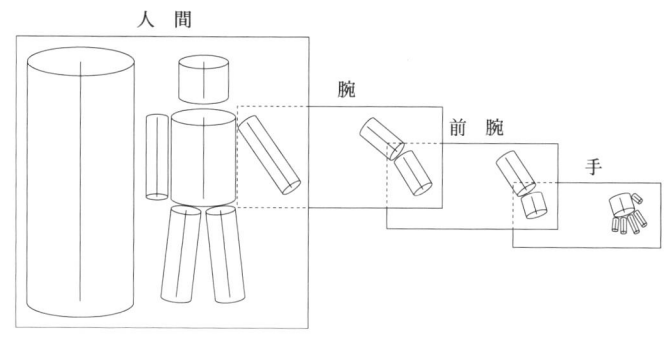

図 6-6 構造記述（Marr, 1982）

部分に分離して表象される．次に，それらの部分を，胴体を中心としたオブジェクト中心座標系（object-centered coordinate）の空間に配置する．それによって，頭部は胴体の上方に，足は下方に位置するという部分間の空間関係も表象される．

このように，オブジェクト中心座標に配置された部分の空間関係は，観察者の視点が変化しても不変である．したがって，視点の変化によって網膜像が変化したとしても，このような座標系での視覚表象と記憶表象との照合は影響を受けず，即座に認知できることになる．すなわち，構造記述によって日常物体の認知過程を説明することができる．このとき，個々の物体は観察者の視点によって見えが変化しない少数の要素に階層的に分解されると考える．

一般化円筒

図6-6では部分図形が円筒で表されているが，これは一般化円筒（generalized cylinder）もしくは一般化円錐（generalized cone）と呼ばれるものである．一般化円筒と一般化円錐はまったく同じ図形集合を指しているのだが，説明が必要であろう．一般化円筒とは，底面形状は円形でなくてもよく，円筒の軸は底面と直交していなくてもよく，曲がっていてもよく，軸に直交する面は底面形状と同じ形状でなくても構わない．したがって，円筒に限らず，円錐も，角柱も，角錐も全て一般化円筒の集合ということになる．

オブジェクトの最も外側のエッジは，情景中では奥行きの不連続を含むこともあり，遮蔽輪郭（occluding contour）と呼ばれる．すなわち，図6-7a のよう

2　日常物体認知

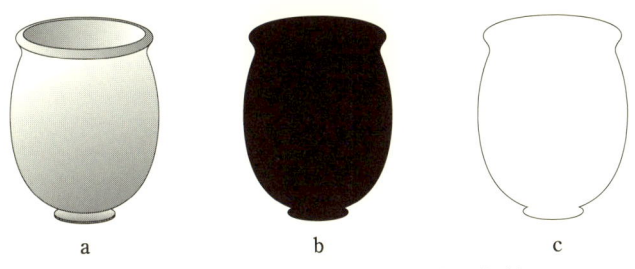

| a | b | c |

図 6-7　遮蔽輪郭（Marr, 1982 を参考に作成）

なオブジェクトの内部を塗りつぶした，図6-7b のようなシルエットの外側の輪郭（図6-7c）が遮蔽輪郭である。逆に，この図6-7c のような遮蔽輪郭から推定されるのが一般化円筒であると考えられている。遮蔽輪郭上の1点がオブジェクトの1点に射影され，輪郭上の隣接点がオブジェクト上の隣接点に射影され，輪郭全体が単一平面に存在すると仮定し，さらにその輪郭で囲まれる表面が滑らかならば，一般化円筒という推定は正しいことになる。

(2)　ジオン理論

ジオン理論（geon theory）では，日常物体はジオンと呼ばれる少数の要素によって記述される（Biederman, 1987）。図6-8a がジオンの例である。複雑な日常物体でも，ジオンに分解することで記述される。ジオンは，一般化円筒の集合を，形体の質的な違いによって分類した図形集合である。基本ジオンの数は少数と考えられ，日常物体の認知には数個のジオンへ分解し，それらの接続関係が分かれば十分である。すなわち，ちょうど単語中の文字の配置が，単語を解釈するために重要であるように，ジオンの配置は，コーヒーカップやバケツを記述するために重要である。図6-8b のように，ジオン間の空間的関係を使えば，同じジオンから構成される物体でも，配置の違いによって識別できる。

ジオンは，エッジの視点不変特徴によって分類することで得られる。視点不変特徴とは，輪郭が直線か曲線かの違い，一組の輪郭が平行か平行でないかの違い，輪郭によって形成される頂点がL型か，Y型か，矢印型かの違いなどをいう。このような質的な違いは，たとえ物体の角度が変化しても，不変である。また，ジオンは視点不確実性（viewpoint uncertainty）を最小化する立体の集

第6章 オブジェクト認知

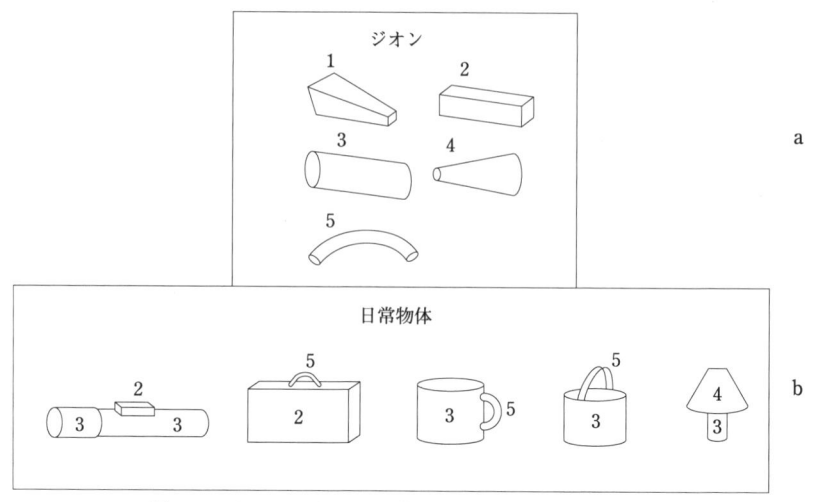

図6-8 ジオン理論（ビーダーマン，1995を参考に作成）

合としても定義できる。視点不確実性とは，全ての視点方向である観察球面の中で，アスペクトが変動する度合いを表している。低い視点不確実性は高い視点不変性と等価であり，低い視点不確実性という基準を満たす立体がほとんどジオンの集合と一致する（ビーダーマン，1995）。

　ただし，刺激に視点不変特徴で記述されるジオンを導入しても，それによって視点依存効果は消失しない。すなわち，視点依存効果が非常に頑健な現象であるために，視点依存効果を消失させることが困難である。ジオン理論以降の視点依存性に関する論争は，視点依存効果が表象形式の視点依存性の証拠になるかどうかについての議論であり，決着したとは言いがたい。

(3) カテゴリー分類

　日常物体の認知とは，物体が何であるかを判断することであり，その物体をあるカテゴリーに分類することでもある。したがって日常物体の認知の最も単純な定義は，物体の命名と言い換えることもできる。しかしながら，物体認知を物体命名と言い換えるにはあいまいな点が残る。1つの物体に対して，様々な命名（たとえば，ピアノ，私のピアノ，グランドピアノ，楽器）があり，一意に定まらないためである。

物体のカテゴリーは，抽象化の度合いによって，上位概念，基本語，下位概念の3つのレベルに分けることができる。上位概念レベル（superordinate level, たとえば，楽器，乗り物，家具，道具など）は，一般的に物体の機能によって分類されている。基本語レベル（basic level）は，上位概念のメンバーをさらに分割してできるカテゴリーである。たとえば，楽器という上位概念のカテゴリーに対して，基本語レベルには，ピアノ，ギター，フルートというカテゴリーが存在する。下位概念レベル（subordinate level）は，基本語レベルのカテゴリーをさらに分割したカテゴリーである。たとえば，ピアノという基本語レベルのカテゴリーに対して，グランドピアノ，アップライト・ピアノなどの下位概念が存在する。特に，基本語レベルの分類は，物体の形態特徴に関する処理を主とし，基本語レベルでの認知は速いことが知られている（Rosch, Mervis, Gray, Johnson, & Boyes-Braem, 1976）。

3　顔認知

　顔も一種の物体であるが，顔に特異的な心理学的事例や現象も多い（Bruce, 1988）。顔は，われわれの日常的なコミュニケーションにおいて重要な役割を果たすので，他の物体とは異なる認知過程を経ている可能性も十分に考えられる（吉川，2005）。この顔認知は，2つのレベルに分類できる。1つは，他の物体や顔同士から特定の顔を分類したり同定したりするレベルであり，もう1つは，特定の顔における変形，主に表情や視線を見分けるレベルである。言い換えれば，顔の分類や同定は，顔の不変要因に関する表象が関与し，表情や視線の同定は，変化要因に関する表象が関与すると考えられる。

(1) 人種効果

　他の物体（たとえば，家）と比べると，顔の再認は正確といわれている。特に，自分と同じ人種の顔の再認は，他の人種に対する再認より優れている（Snowden, Thompson, & Troscianko, 2006）。図6-9を見てもらうと，日本人ならば，図6-9中段の顔を見分けるのはそれほど難しくないかもしれないが，図6-9上下段の顔を見分けるのは簡単ではないはずである。一方，西洋人の場合

図6-9 人種効果（Snowden et al., 2006）

には，図6-9中段の顔が見分けやすいという結果にはならないのである。これは，発達段階での顔認知に関する長年にわたる練習効果である可能性がある。

(2) 全体処理

また，顔認知は，他の物体に比べて全体処理が重要だと考えられている。(＾0＾)のような顔文字の場合，「＾」だけでは眼には見えないが，全体としては顔の中の眼に見える。そこで，最初に顔（たとえば，ジョーやラリーなど）もしくは建物（たとえば，ビルの家，トムの家など）の線画の名前を学習させ，その後，図6-10のように顔全体，建物全体，または部分（たとえば，鼻や玄関）を呈示し，その名前を答えてもらうことにする。そうすると，顔の場合には，全体を呈示したときに正答率が高かったが，家の場合には，全体でも部分でも正答率は変わらなかった（Tanaka, & Farah, 1993）。このことは，他の物体よりも顔認知には全体処理が重要であることを示している。

3　顔認知

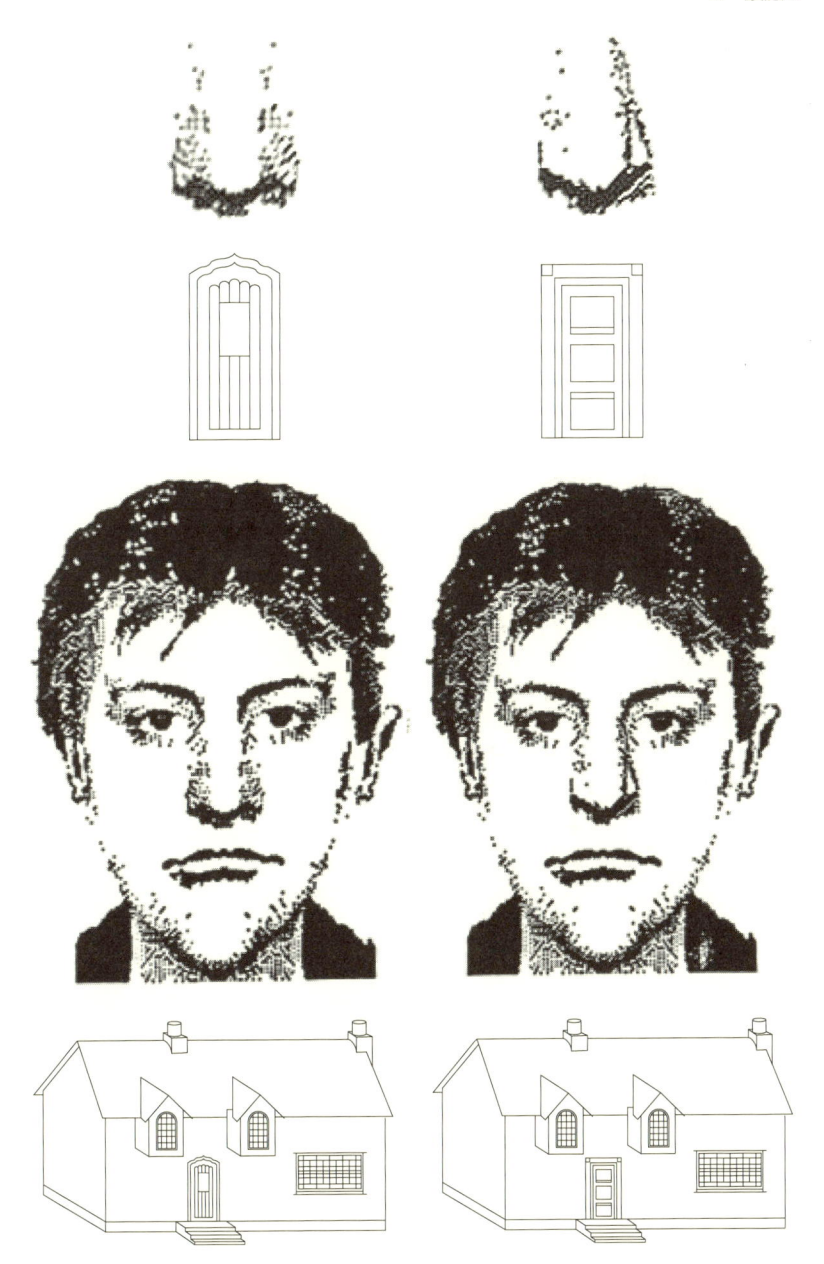

図 6-10　顔の全体と部分（Tanaka & Farah, 1993 を参考に作成）

サッチャー錯視

上下反転刺激に対する効果は顔特異的である。逆さまの顔に対する正答率の低下は，日常物体（たとえば家）に比べて大きい。これを，倒立顔効果（inverted face effect）と呼ぶ。

Let's try ! 　上下反転顔において劇的な現象が，図6-11に示すサッチャー錯視（Margaret Thatcher illusion）である（Thompson, 1980）。イギリスのサッチャー元首相の上下反転顔であるが，図6-11b は目と口を反転させずそのままになっている。このとき，どちらもほぼ同じような写真に見えるが，本を上下逆さまにしてみると，片側は恐ろしい形相になってしまう。

これは，もちろんサッチャー元首相の顔に特異的な現象ではない（ただし，眼が少し垂れていて，口角が上がっている顔が劇的効果を生むので，サッチャー元首相は最適かもしれない）。上下逆転顔では普段見なれている全体的な配置と異なるために，全体情報が利用できず，相対的に部分情報の方位が無視されてしまう結果，微笑むサッチャー元首相として認知されるのではないかと考えられている。

図 6-11　サッチャー錯視（Thompson, 1980）

ブレア錯視

上下反転とは別の反転操作で，同様の非対称現象が報告されている。こちらは，ブレア元首相の顔（図6-12c）が使われ，ブレア錯視（Tony Blair illusion）と呼ぶべき錯視であるが（Anstis, 2005），今のところ，サッチャー錯視ほど定着していない。

上下反転ではなく，明暗反転顔（図6-12a）において，髪，目，口の部分だけをさらにもう一度明暗反転させる（図6-12b）。その時点では，奇異な印象はそれほど強くないが，全体をまた明暗反転させると，パンクなブレア元首相の顔が現れる（図6-12d）。白黒反転と上下反転という操作の違いはあるものの，ブレア錯視はサッチャー錯視と同様の手順で作成した画像による知覚の非対称現象である。すなわち，サッチャー錯視のような上下反転という操作のみが顔

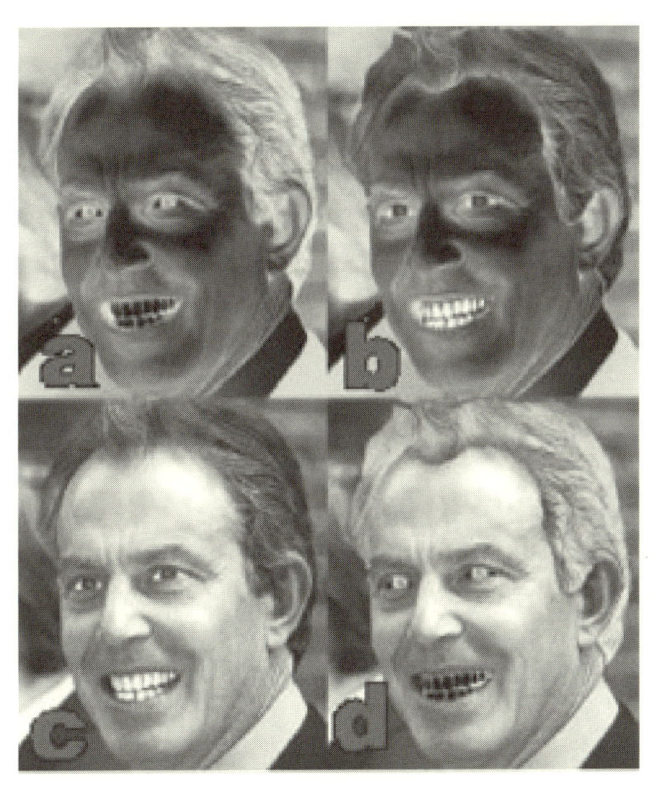

図6-12 ブレア錯視（Anstis, 2005）

知覚の非対称現象を生起させるわけではない。

(3) 顔認知は特異か？

顔認知の特異性を検討するために，顔以外のオブジェクトを使った研究が行われている。図6-13のような様々な特徴（たとえば，2つのboges，1つのquiff，1つのdunthと命名，いずれも造語）からなるグリーブル（Greeble）と呼ぶオブジェクトを識別できるように実験参加者に学習させる（Gauthier & Tarr, 1997）。グリーブルと顔を比較すると，bogesが眼，quiffが鼻，dunthが口に相当し，相対的位置関係は固定されているところが共通している。このとき，家族（図6-13のCamar, Vomsi, Nalli, Masio，いずれも造語）や性別（図6-13の各家族の左がglip，右がplok，いずれも造語）も含めて，長時間の学習をすれば，実験参加者はすばやくグリーブルを分類できるエキスパートになることが分かっている。

この研究は，顔認知が長時間かけて熟知した，階層的な属性を含むオブジェクトの分類にすぎないことを確認する目的があった。全体の認知成績が部分の認知成績よりも高くなるなど，顔認知と同様の傾向を示す結果が報告されている一方で，結果が一貫しないなどの批判もあり，顔認知がオブジェクト認知の中で特異な現象であるかどうかについてはいまだに議論が続いている（脳における顔処理については，第9章参照）。

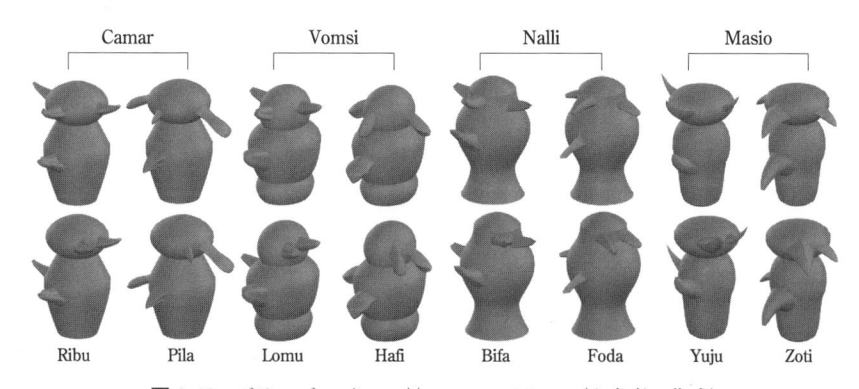

図6-13　グリーブル（http://www.tarrlab.org/を参考に作成）

3 顔認知

(4) 顔認知と空間周波数

顔画像は，情景画像などと同様に様々な空間周波数成分を持っており，顔の大まかな形状を表す低空間周波数成分から，詳細な輪郭を表す高空間周波数成分までを含んでいる。このとき，実は特定の空間周波数成分が主となって顔認知が行われていることは，図6-14のような2重像で確認できる。

Let's try! 図6-14は，近距離で見たときはアインシュタインの顔なのに，離して見るとマリリン・モンローになってしまう（Oliva, Torralba, & Schyns, 2006）。この錯視は，マリリンシュタイン錯視（正式には，Marylin Monroe-Einstein hybrid image）とも呼ばれている。

この画像は，目の位置や顔輪郭の大きさを揃えた上で，モンローの顔写真の低空間周波数成分と，アインシュタインの顔写真の高空間周波数成分を重ね合

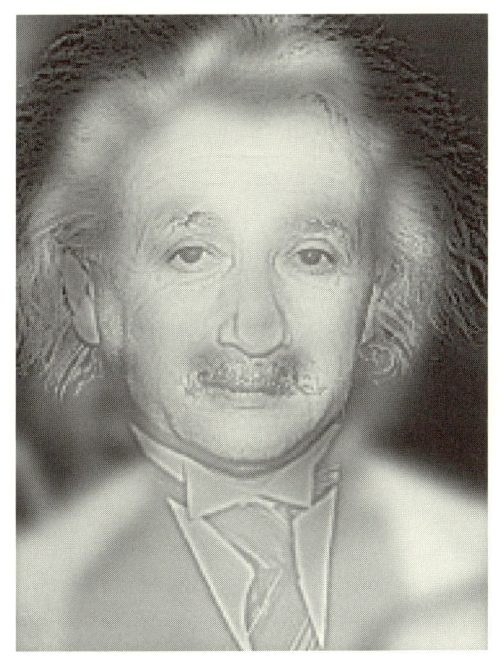

図6-14　マリリンシュタイン錯視（http://cvcl.mit.edu/hybridimage.htm）

わせて作成している。したがって，顔認知に特定の空間周波数成分が関わっているとすると，視距離によってどちらの顔が見えるかが変わってくることになる。

(5) 平均顔からのずれ

　Let's try !　図6-15d の顔画像は，多くの顔写真を平均した平均顔であり，図6-15b はアーノルド・シュワルツネガーの顔画像である。その2枚の顔画像を元にして，アーノルド・シュワルツネガーの顔画像の特徴を平均顔に近づけて作成した顔画像が図6-15a，平均顔から遠ざけた顔画像が図6-15c である。このとき，現実のアーノルド・シュワルツネガーの顔画像より（図6-15b），平均顔から遠ざけた顔画像，すなわち図6-15c の顔画像が最もシュワルツネガーらしい顔に見える（Rhodes, Brennan, & Carey, 1987）。

　このことは，平均顔からのずれが個人同定の重要な手がかりになり得ることを示している。似顔絵が，本人よりも本人らしく見えるのは，平均顔からのずれを誇張して書かれていることが多いからである。

(6) 表情

　われわれの表情筋は，その連動作用で，動物の中で最も繊細で複雑な表情の表出を可能にしている。喜び，驚き，恐れ，悲しみ，怒り，嫌悪，軽蔑のような表情の基本カテゴリーは，情動の発露でもあり，文化が異なる場合でも同様

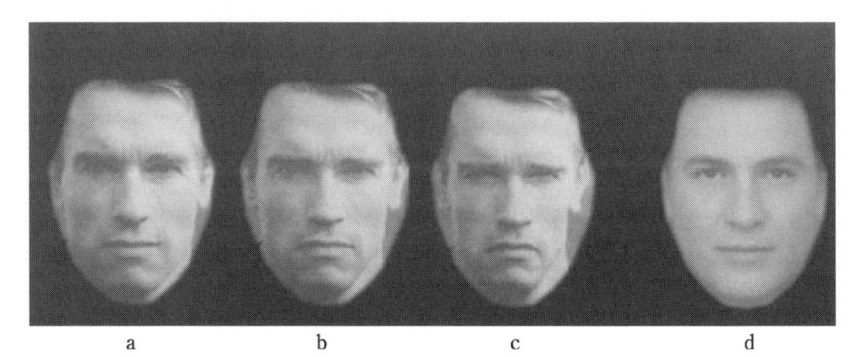

図6-15　平均顔からのずれ（Snowden et al., 2006）

の表情判断が行われている。ダーウィン（Darwin）は，「これほど多くのニュアンスをもった表情が，われわれの側の意識的な分析プロセスを経ずに即座に認識されているというのは，考えてみればじつに不思議なことではないか」と書いている。ただし，表情と情動との対応関係については，他者の存在を含めた社会的文脈で議論しなければならない。

　既知の顔でも新奇な顔でも，表情の同定は可能である。さらに，第3章で説明したバイオロジカルモーションの刺激と同様に，黒く塗った顔に白点を多数張り付け，様々な表情を演じさせても，われわれはどのような表情であるかが分かる。これは，顔面の部分的変動パターンの中に表情を見分ける情報が含まれていることを示している。さらに表情の基本カテゴリーの中でも，われわれにとっては重要性に違いがあるにちがいない。表情を持った顔写真もしくは顔図形の中から特定の表情を視覚探索させるとき，怒りの表情の探索時間は妨害刺激数によって増加しにくく，最も早く検出可能である。倒立した顔画像ではこのような現象が生じないため，単に視覚特徴による差異ではなく，表情による差異であり，怒りの表情を認知することがわれわれにとって重要であることを反映していると考えられている。

クレショフ効果

　クレショフ効果（Kuleshov effect）として最もよく知られているのは，俳優の無表情なクローズアップ映像に，別々のカットをつなぎ合わせることで，全く同一であるクローズアップ映像の意味が違って見える現象である。たとえば，

　無表情な顔のクローズアップ→暖かそうなスープ
　無表情な顔のクローズアップ→棺に入れられた老婆
　無表情な顔のクローズアップ→遊んでいる子供

という3パターンとすると，最初のクローズアップ映像は全て同じなのに，第1パターンでは「空腹」，第2パターンでは「悲しみ」，第3パターンでは「愛情」という意味内容をクローズアップ映像から感じ取ってしまう。すなわち，本来クローズアップ映像には含まれていない意味がわれわれに認知されたとい

うことになる。このような現象は，あいまいな表情の認知が前後の文脈に影響されることを明らかにしている。

(7) 顔認知モデル

このように顔認知に関わる多くの現象から，顔認知には複雑なプロセスが関与していることが推定される。そのようなプロセスを説明する有力なモデルを

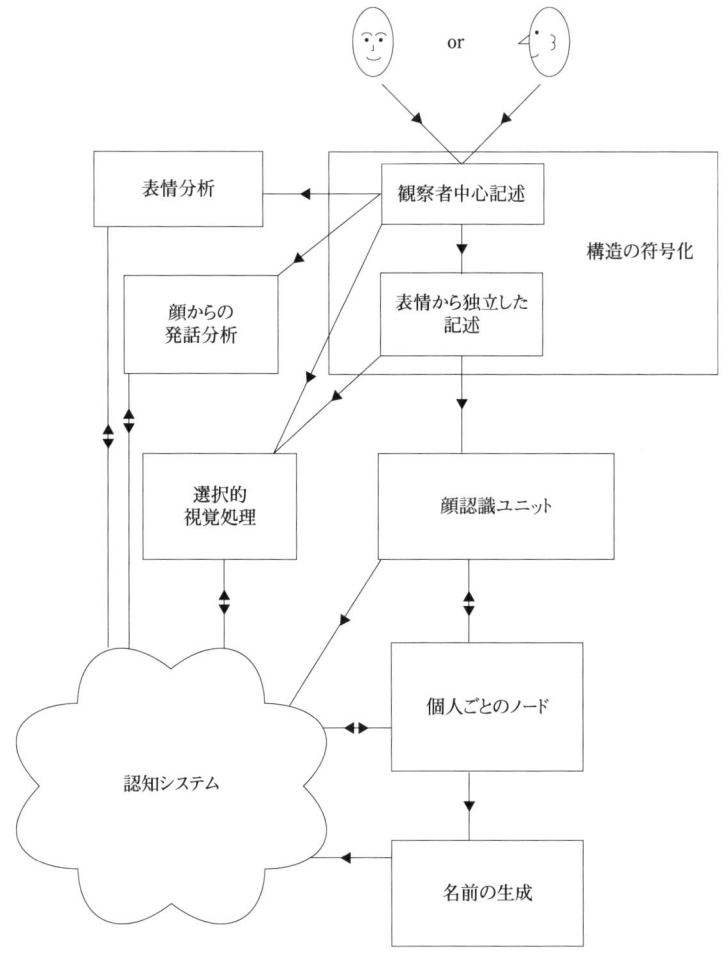

図 6-16　顔認知モデル（Bruce, 1988）

図6-16に示す（Bruce, 1988）。このモデルは，以下の8つのプロセスに分割されている。すなわち，構造符号化，表情分析，発話分析，視覚処理，顔認知，個人同定，名前生成，そして認知システムである。構造符号化と認知システムは全てに関与している。見なれた顔の認知には主に，構造符号化，顔認知，個人同定，名前生成という直列的なプロセスが関与し，新奇な顔の認知には構造符号化，表情分析，発話分析，視覚処理という並列的なプロセスが関与していると考えられている。

　見なれた顔の認知が，顔認知，個人同定，名前生成という直列的なプロセスを経るとする理由は，顔の親近性の判断は，職業の判断（たとえば，政治家かどうか）より速く，さらに命名は職業の判断より遅いという実験結果などに基づく。このモデルは，顔に関する様々なプロセスに関して統一的に説明し，特に見なれた顔と新奇な顔の処理の違いを示しており，多くの顔認知研究のベースになっている。

(8) 視線を読む

　人間の眼と動物の眼を比較すると，図6-17のように，人間の眼は際立って強膜が白いため，眼の動きが他人から非常に分かりやすい（Kobayashi & Kohshima, 1997）。人間以外の動物は強膜の色が虹彩，瞳孔と似ていて，遠く

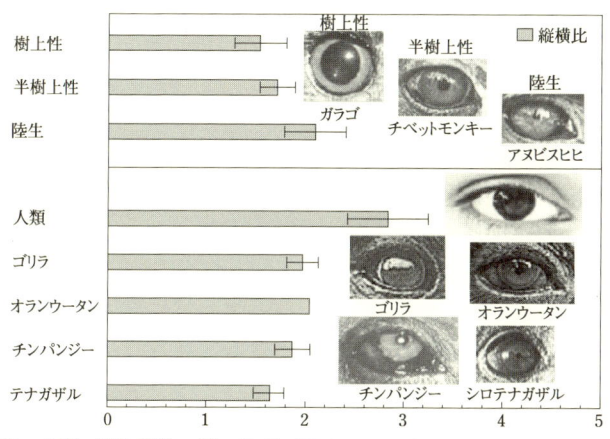

図6-17　人間の眼と動物の眼の比較（Kobayashi & Kohshima, 1997を改変）

第6章 オブジェクト認知

図 6-18 視線手がかり (Friesen & Kingstone, 1998)

から見ると視線の方向が分かりにくい。逆に言えば，眼を目立たせるというリスクを冒す動物はあまりいないのである。また，人間の眼裂の形が，他の動物に比べて横長であることも，視線の動きを分かりやすくさせている。捕食動物にとって意図を読まれないように狩りを行い，被食動物にとって逃避行動の意図を読まれないように逃げるには，視線を読まれない方がよいことになる。一方，人間はコミュニケーションの中で，自分の意志を周囲に伝えて，狩りを行うことが生存にとって有利であったと考えられる。

　他者の視線は，われわれの情報選択にも影響を及ぼすと考えられている。たとえば，視線方向はわれわれの注意を引きつけることが分かっている (Friesen & Kingstone, 1998)。図6-18のような顔の線画を固視点に呈示し，第5章で述べた損失利得法を応用し，手がかりとして視線方向（図6-18の場合には向かって右方向）が有効かどうかを調べたところ，その視線方向に注意が移動し，標的検出が促進されることが確認された。

4　文字単語認知

　文字とは，点，直線，曲線の組み合わせからなる高度に構造化された図形である。したがって，文字認知は非常に高度な処理過程が必要なのであるが，われわれは日常的に容易に文字認知を行っているので，その高度さを実感することは難しい。

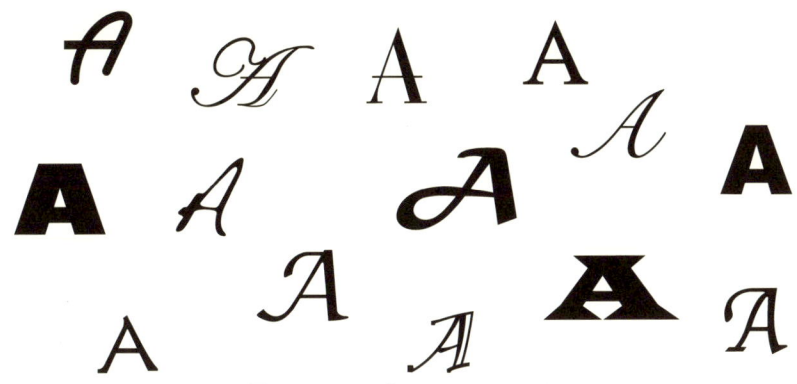

図6-19　さまざまなフォントのA

図6-20　THE CAT（Selfridge, 1959）

　他のオブジェクト認知でも重要ではあるが，文字認知の問題は特に，同定と弁別に分けて考える必要がある。図6-19のように様々に変形されて，お互いにあまり似ていなくても，同じ文字カテゴリーに分類することが同定である。一方，弁別とはいくら類似していても異なる文字は別々の文字カテゴリーに分類することである。一般に，文字認知における同定と弁別の精度にはトレードオフが成り立つ。

　図6-20のように単語という文脈の中では，同じ形状がAと認識されやすかったり，Hと認識されやすかったりするので，文字単独の場合だけで文字認知の問題を捉えてはならない（Selfridge, 1959）。

(1) 単語優位効果

　単語とは，文字の組合わせによって，1つの意味なり，概念なりを表す単位である。単語が単なる文字の組合わせではないことは，単語優位効果などの現象によって確認されている（Reicher, 1969）。実験では，単語（たとえば"WORK"），無意味綴り（たとえば"ORWK"），文字単独（たとえば———K）のいずれかが短時間呈示された直後に，図6-21のように二者択一の選択肢が呈

第6章　オブジェクト認知

図6-21　単語優位効果

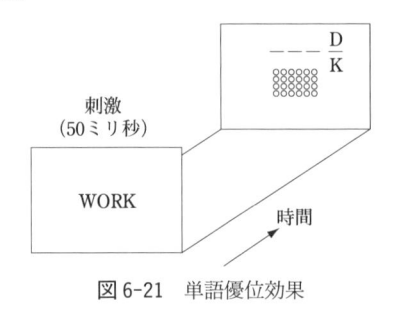

示される。課題は，選択肢の位置に呈示された文字がどちらであるかを選ぶことである。選択肢の文字は，直前に単語が呈示される図6-21のような場合にはどちらを当てはめても単語（選択肢D/Kはどちらを当てはめても，WORD/WORKという単語），無意味綴りが呈示される場合にはどちらを当てはめても無意味綴りとなる文字ペアが選ばれている。

このような統制された実験において，単語中の文字が無意味綴り中の文字よりも正答率が高い現象を単語優位効果（word superiority effect）と呼ぶ。また，単語中の文字が文字単独よりも正答率が高い現象を単語-文字効果（word-letter effect）と呼ぶ。すなわち，短時間呈示されたときに，無意味綴りや文字単独よりも，単語中の文字は正確に認識できるのである。

(2)　視覚的単語認知モデル

視覚的な単語認知の説明モデルとして，相互活性化モデル（interactive activation model）が提案されている（McClelland & Rumelhart, 1981）。相互活性化モデルは，代表的な並列分散処理モデル（Rumelhart & McClelland, 1987），すなわち階層的ネットワークモデルであり，視覚的単語認知について，線分，文字，単語と続く階層的処理と，単語からのフィードバック処理が同時並列で行われることや，未知語と既知語が共通するプロセスで処理されると仮定している。

相互活性化モデルは，図6-22のように，視覚特徴，文字，単語の3層のレベルからなるモデルである。このような階層構造による処理モデルは，第1章で取り上げた文字認知のモデルであるパンディモニアムや，本章で取り上げた日常物体認知に関する構造記述仮説に対応するモデルである。

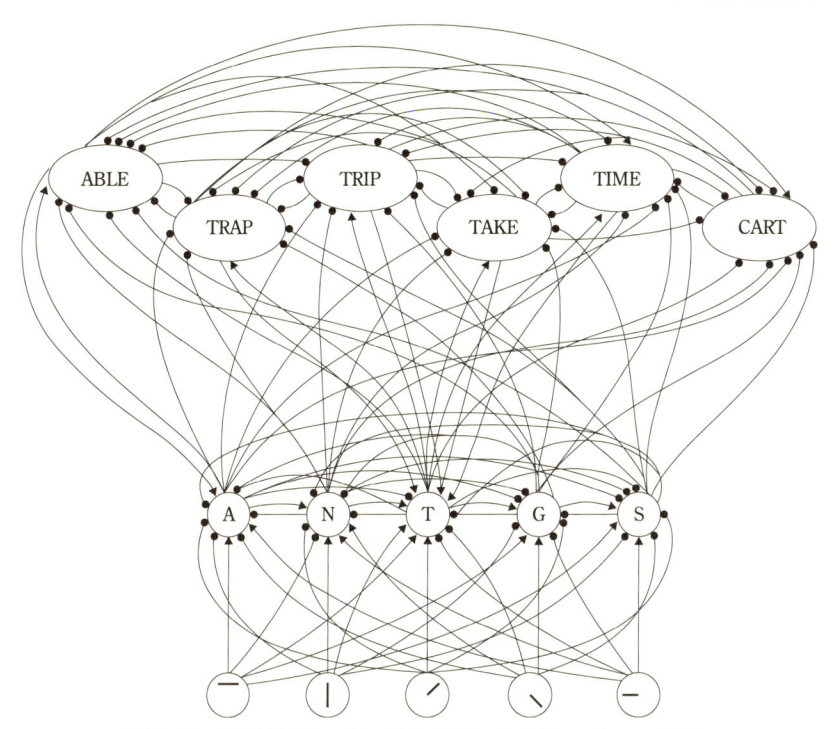

図 6-22 相互活性化モデル（McClelland & Rumelhart, 1981）

　相互活性化モデルの各レベルには，多くの処理ユニットがあり，それぞれが神経細胞同士の結合に似た興奮性もしくは抑制性の結合をしている。このようなモデルの動作を確認するために，相互活性化モデルに図6-23a のようにWORK という単語の中のKを部分的に隠して入力すると，図6-23c のような文字レベルでは最初KとRの処理ユニットの活性値が上がる。なぜならば，隠されていない部分の線分はKとRに共通しているので，視覚特徴レベルの入力情報により，文字レベルのKとRの処理ユニットが活性化されるためである。一方，他の位置の文字レベルでWとOとRが活性化されることから，図6-23bのような単語レベルでは，かなり初期段階から WORK という単語の処理ユニットの活性値が上がり，そのような活性状態が文字レベルにフィードバックされ，文字ユニットのRよりKの活性値が上昇する。すなわち，入力文字としてはKかRかが曖昧であっても，他の位置の文字情報を元に，この場合はKであ

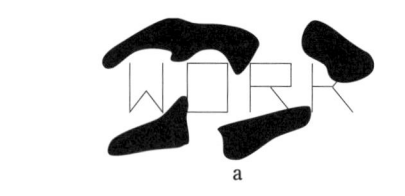

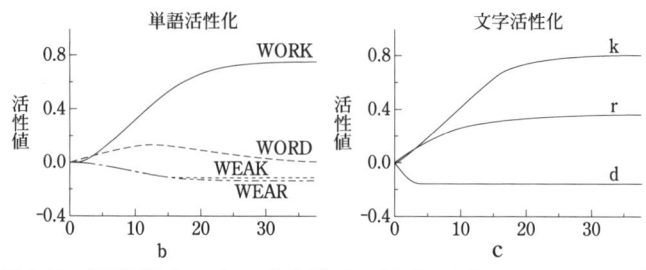

図6-23 相互活性化モデルの動作例（McClelland & Rumelhart, 1981）

ると判断されることがシミュレーションされていることになる。このような過程はそのまま，文字レベルと単語レベルの相互活性に基づいて単語優位効果が説明できることを示している。

　単語ではないが発音可能な偽単語（pseudoword, たとえばMARD）中の文字は，やはり文字単独よりも正答率が高くなり，これを偽単語優位効果（pseudoword superiority effect）と呼ぶ。これも，関連単語群の活性化を前提とする相互活性化モデルで簡単に説明することができる。

(3) 音韻符号化

　視覚的単語認知において，音韻情報の符号化の役割が取り上げられてきた。すなわち，視覚的単語の呈示によって，その読みに高速にアクセスできるのだが，それが単語の意味が同定されるより前に可能かどうかが検討されてきた。ONEという単語に対して，個々の文字O, N, Eそれぞれから正しい読みに到達することは難しいので，単語へのアクセスを経て，正しい読みが得られるはずである。一方，偽単語MARDは単語へのアクセスをしようにもできないにも関わらず，読むことは可能である。

　このような現象を説明するために，二重ルートカスケードモデル（dual-route cascaded model）が提唱されている（Coltheart, Rastle, Perry, Langdon, &

Ziegler, 2001)。二重ルートカスケードモデルは，視覚符号化と音韻符号化の2つの経路があるという主張である。すなわち，視覚符号化後に直接語彙アクセスに至る経路と，音韻符号化を経た後に語彙アクセスに至る経路である。

(4) 散乱単語効果

"Does the huamn mnid raed wrods as a wlohe?"というタイトルの英語論文がある（Grainger & Whitney, 2004）。このタイトルが少し変だなと思っても，どのような文章であるか，それほど苦もなく読めてしまうかもしれない。これを，散乱単語効果（jumbled word effect）と呼ぶ。これは，単語中の文字位置に関する表象の曖昧さに起因すると考えられている。

相互活性化モデルにしても二重ルートカスケードモデルにしても単語中の正確な文字位置での表象を前提としているが，いずれのモデルも上述のような曖昧さを十分には説明できない。このとき，たとえばREADという単語に対して，RE, RA, RD, EA, ED, ADなど様々な文字ペア（open bigramと呼ばれる）の符号化が存在すると仮定すれば，散乱単語効果が説明できると考えられている。このように，文字と単語の認知に関する様々な現象を考慮すると，非常に複雑な過程が関与していることは明らかである。

(5) ストループ効果

単語の意味は単語や文字の形状処理以外の視覚情報処理に干渉する場合がある。その代表的現象が，ストループ効果（Stroop effect）である。ストループ効果とは，色名単語の意味と文字色の干渉現象である（Stroop, 1935）。

Let's try ! カラー図6-1の2つの単語系列の色名を答える実験において，カラー図6-1aの系列とbの系列は色名単語になっている。また，カラー図6-1aの系列は色名単語の意味と文字色が一致しており，カラー図6-1bの系列は色名単語の意味と文字色が一致していない。このとき，カラー図6-1bの系列の色名を答えるのがかなり難しく，回答時間が著しく長くなるはずである。すなわち，たとえば赤色で書かれた色名単語「Red」の色名を答える場合に比べ，赤色で書かれた色名単語「Blue」の色名を答えるような場合

に回答が遅延する現象である。

この場合，いずれも「あか」が正解であるが，後者では色名単語の意味が干渉して，反応が遅延すると考えられている。これは，色名を回答するという比較的低次レベルの処理が要求される実験課題にも関わらず，比較的高次レベルの処理と考えられる単語の意味が干渉していることになり，このような現象から単語認知を総合的に理解するためには，様々な要因を考慮しなければならないことが分かる。

(6) 語彙データベース

ここで紹介した文字単語認知の研究の多くはアルファベット文字もしくは英単語認知に関する研究であり，この種の実験や現象に関して，文化比較を行った実験を繰り返す必要があることはすでに指摘されている（Miller, 1991）。各現象に対応するような，日本語の文字や単語の認知に関する研究も行われている。ただし，日本語では多数の字種を用いるので，実験刺激としての統制は慎重でなければならない。

そこで，日本語の言語刺激を用いた科学的実験の基盤として，日本語の語彙特性が調べられており，データベースとして提供されている（天野・近藤, 1999）。このデータベースには，単語親密度，単語表記の妥当性，単語アクセントの妥当性，単語心像性，漢字親密度，漢字複雑度，漢字の読みの妥当性や，単語や文字の出現回数などが収録されている。このデータベースを利用することにより，曖昧模糊とした言語という素材を統制することが可能になる。

たとえば，単語親密度（word familiarity）とは，ある単語がどの程度なじみがあると感じられるかを表した指標である。「日本語の語彙特性」には，新明解国語辞典第4版の見出し語約7万語に対する単語親密度が収録されている。この単語親密度は，各単語のなじみの程度を7段階評定した結果の平均である。たとえば，単語親密度が高いほど，語彙判断時間，すなわち呈示される文字列が単語か単語でないかを判断する時間は短くなる。これは，単語親密度が高い単語であるほど，われわれがそれを認識するのが速いことを意味している。

参考文献

天野成昭・近藤公久（1999）．NTT データベースシリーズ　日本語の語彙特性　第 1 期, 第 1 巻　三省堂（このデータベースシリーズは, 2008年現在第 4 期第 9 巻まで発刊されている）

Anstis, S. (2005). Homage to Peter Thompson: the Tony Blair illusion. *Perception*, **34**, 1417-1420.

Biederman, I. (1987). Recognition-by-Components: A Theory of Human Image Understanding. *Psychological Review*, **94**, 115-147.

ビーダーマン, I．横澤一彦（訳）（1995）．心, 脳, ネットワークにおける形状認識を説明するジオン理論　認知科学, **2**, 2, 46-59．

Bruce, V. (1988). *Recognising faces*. London: Lawrence Erlbaum Associates.（ブルース, V．吉川左紀子（訳）（1990）．顔の認知と情報処理　サイエンス社）

Coltheart, M., Rastle, K., Perry, C., Langdon, R., & Ziegler, J. (2001). DRC: A Dual Route Cascaded model of visual word recognition and reading aloud. *Psychological Review*, **108**, 204-256.

Farah, M. J. (1999). ─→第 9 章参照

Friesen, C. K., & Kingstone, A. (1998). The eyes have it! Reflexive orienting is triggered by nonpredictive gaze. *Psychonomic Bulletin & Review*, **5**, 490-495.

Gauthier, I., & Tarr, M. J. (1997). Becoming a "Greeble" expert: Exploring mechanisms for face recognition. *Vision Research*, **37**, 1673-1682.

Grainger, J., & Whitney, C. (2004). Does the huamn mnid raed wrods as a wlohe? *Trends in Cognitive Sciences*, **8**, 58-59.

Kobayashi, H., & Kohshima, S. (1997). Unique morphology of the human eye. *Nature*, **387**, 767-768.

Marr, D. (1982). *Vision: A Computational Investigation into the Human Representation and Processing of Visual Information*. New York: W. H. Freeman and Company.（マー, D．乾敏郎・安藤宏志（訳）（1987）．ビジョン──視覚の計算理論と脳内表現　産業図書）

McClelland, J. L., & Rumelhart, D. E. (1981). An interactive activation model of context effects in letter perception: Part 1. An account of basic findings. *Psychological Review*, **88**, 375-407．（図は APA の許可を得て転載）

Miller, G. A. (1991). *The Science of Words*. New York: W. H. Freeman and Company.（ミラー, G. A．無藤隆・青木多寿子・柏崎秀子（訳）（1997）．ことばの科学──単語の形成と機能　東京化学同人）

光松秀倫・横澤一彦（2004）．観察条件の変化における物体認知の不変性　心理学評論, **47**, 241-256．

新美亮輔・横澤一彦（2007）．対称性の視知覚とその役割　心理学評論, **50**, 119-134．

Oliva, A., Torralba, A., & Schyns, P. G. (2006). Hybrid Images. *ACM Transactions on Graphics, ACM Siggraph*, **25**, 527-530.

Palmer, S. E., Rosch, E., & Chase, P. (1981). Canonical perspective and the perception of objects. In J. Long & A. Baddeley (Eds.), *Attention and performance IX* (pp. 135-151). Hillsdale, New Jersey: Erlbaum.

Reicher, G. M. (1969). Perceptual recognition as a function of meaninfulness of stimulus material. *Journal of Experimental Psychology,* **81**, 275-280.

Rhodes, G., Brennan, S. E., & Carey, S. (1987). Identification and ratings of caricatures: implications for mental representation of faces. *Cognitive Psychology,* **19**, 473-497.

Rosch, E., Mervis, C. B., Gray, W. D., Johnson, D. M., & Boyes-Braem, P. (1976). Basic objects in natural categories. *Cognitive Psychology,* **8**, 382-439.

Rumelhart, D E., McClelland, J. L., & the PDP Research Group (1987). *Parallel Distributed Processing- Vol. 1.* Cambridge, MA: MIT Press.（ラメルハート, D. E., マクレランド, J. L., PDP リサーチグループ　甘利俊一（監訳）(1988).　PDP モデル——認知科学とニューロン回路網の探索　産業図書）

Selfridge, O. G. (1959). ──→第1章参照

Snowden, R., Thompson, P., & Troscianko, T. (2006). *Basic Vision: An introduction to visual perception.* Oxford university press.

Stroop, J. R. (1935). Studies of interference in serial verbal reactions. *Journal of Experimental Psychology,* **28**, 643-662.

Tanaka, J. W., & Farah, M. J. (1993). Parts and wholes in face recognition. *Quarterly Journal of Experimental Psychology: Human Experimental Psychology.* **46A**, 225-245. （図は APA の許可を得て転載）

Thompson, P. (1980). Margaret Thatcher: a new illusion. *Perception,* **9**, 483-484.

Weisstein, N., & Harris, C. S. (1974). Visual detection of line segment: An object-superiority effect. *Science,* **186**, 752-755.

吉川左紀子（2005）．顔・表情の認知研究：最近の進展　科学, **75**, 1268-1272．

第7章　情景理解と空間認知

　　　　私たちは，網膜上の刺激作用のパターンから，対象世界を知覚するのだ。
　　　　これは奇跡としかいいようがない。　　――リチャード・L・グレゴリー

　　　　画面は，自然の中で縺れが解けて，自らできあがって現れて来る。
　　　　　　　　　　　　　　　　　　　　――ヴィンセント・フォン・ゴッホ

　本章では，視覚のゴールを考えてみたい。視覚のゴールとは，端的にいえば，外的世界を知り，次の行動につなぐことである。捕食者の存在を知り，逃避行動につなげることが，最も根源的な視覚成立の契機であったことはすでに第1章で述べた。もちろん，これまで第2章から第6章で説明してきたように，明るさや色の境界を知り，奥行きや動きの違いを知り，物体や顔を見分けることもそれぞれ視覚のゴールには違いない。しかし，多くの場合それらはその都度適応的に設定されるゴールであり，外的世界を視覚的に知るという最終ゴールは，一般的に本章で取り上げるような情景理解（scene understanding）であり，空間認知（space perception）ということになるだろう。本章では，それぞれについて，詳しく説明したいと思う。さらに，情景理解や空間認知によって喚起される美感についても言及したい。

1　領域分割

　第6章で取り上げたオブジェクト認知と，本章で取り上げる情景理解の違いは，一般に情景がオブジェクトの集合体としてだけではなく，背景などそれ以外の情報を含んでいることにある。このことは，情景理解が領域分割（region segmentation）の問題を含有していることを意味している。

第 7 章　情景理解と空間認知

(1)　図と地

　視覚系の領域分割の特性に関して，図地分化（もしくは図地分凝，figure-ground segregation）としてゲシュタルト心理学者が様々な規則性を報告している。図とはオブジェクト領域，地とは背景領域であり，隣接する領域が同時に図または地になることはなく，図と地の境界線は図に属する輪郭線（固有輪郭）として知覚される。情景中で図となりやすい領域は，輪郭によって閉じた領域，垂直や水平の方位を持つ領域，高輝度領域，対称領域，凸領域，平行線に囲まれた領域などであることが知られている。なお，情景内で図と地の関係が一定とは限らず，図になりやすさが隣接領域間で均衡している場合には，両者が反転して図と地に切り替わるような多義的な場合があり，図地反転（figure ground reversal）と呼ばれる。

　例としては，デンマークの心理学者であるルビンによる，図7-1のようなルビンの壺（vase/faces figure）が最も有名である（Rubin, 1921）。向かい合う2人の横顔のシルエットとも見えるし，白い壺にも見える。さらに，図になったほうが手前に見えるだろう。すなわち，横顔が図になったときは壺が奥になり，壺が図になったときは横顔より手前に見えるに違いない。

(2)　過去の経験

　領域分割において利用されている情報として，ゲシュタルト心理学者のヴェルトハイマーは過去の経験（past experience）を挙げている（Wertheimer, 1923）。この過去の経験は領域分割において常に重要な役割を果たしていると

図7-1　ルビンの壺（Rubin, 1921）

図7-2　ダルメシアン犬

考えられている。すなわち，過去の見えを連想すると，それまで無意味に見えていた要素の集合であった情景でも，その要素間の群化が生起するということである。

　過去の経験による群化現象として最もひんぱんに例に出されるのが，図7-2である。グレゴリーが取り上げたこの白黒画像（Ron C. James 撮影）を初めて見たときは，白背景に黒い小領域がランダムに配置された図に見えると思う（Gregory, 1998）。ところが，その中にひとたび頭を下げたダルメシアン犬が見えると，図全体が劇的に変わって見え，地面などダルメシアン犬以外の情景も見えてくるに違いない。結果として，様々な領域分割も可能である。ダルメシアン犬もしくは犬に関する視覚的経験がなければ，このような見えは生起しないと考えられる。このような劇的な効果でなくても，過去の経験はあいまいな図における群化や体制化に大きな影響を与えることは間違いない。

2　ジストと情景理解

　大局的見地に欠けていることを指す「木を見て森を見ず」ということわざが

あるが，視覚系による情景理解は一般的にその逆の傾向，すなわち「森が見えても木が見えず」という傾向を示す。すでに第5章で紹介した変化の見落としには，情景刺激が使用されることが多く，この傾向が顕著に見て取れる。すなわち，フリッカー法で2枚の刺激画像の局所的違い（すなわち，「木」）に気づくまでには非常に時間がかかるが，1枚の刺激画像全体がどのような情景であるか（すなわち，「森」）は，それを見た瞬間に分かる。このように瞬間的に知覚される情景の大まかな印象情報をジスト（gist）と呼ぶ。

(1) ジストと注意

ジストを得るためには，注意を向ける必要がないことが分かっている（Li, VanRullen, Koch, & Perona, 2002）。図7-3に示すような2重課題による実験によって，このことが確認された。中心視において特定の標的の有無を答える視覚探索課題を主課題として行う。このとき，ポップアウトするような標的ではなく，注意を向ける必要がある標的を探索させる（図7-3では，ランダムに向きを変えた文字Tの中に文字Lが含まれるかどうかを判断する視覚探索課題の例を示している）。さらに，主課題の探索刺激から少し遅れて，周辺視となる領域に自然画像（ジャングルや市街地などのカラー写真）を短時間呈示し，すぐにマスク刺激を呈示する。副課題として，この自然画像が動物とか乗り物とかを含んでいるかどうかも答えてもらうことにする。

その結果，主課題で標的の有無を正確に回答した上でも，一見非常に難しそうな自然画像の分類をさせる副課題が高い正答率になることが報告されている。また，主課題を実施せずに副課題だけを行ったときの正答率と比べても，その正答率が低下しないことが確認され，副課題に注意を向ける必要がなかったことも確認されている。

一方，動物がいたかどうかは答えられても，自然画像のどこにいたか，何の動物だったかを答えてもらうことは難しい。また，上述の副課題より一見もっと単純な課題だと考えられる，左右が緑か赤に色分けされた円形の識別を副課題にすると，非常に難しくなってしまうことが確認されている。このことは，定位や識別はできなくても，自然画像の分類が可能な情報，すなわちジストが周辺視でも高速に抽出できることを示している。さらに，事象関連電位

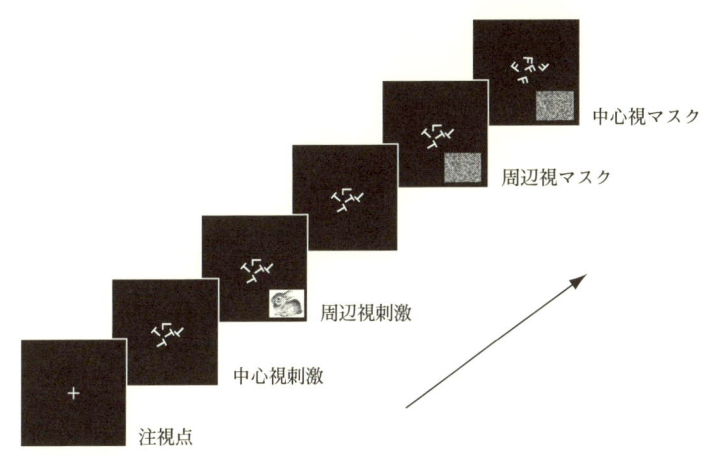

図7-3 周辺視におけるジスト知覚（田中, 2008を改変）

（event-related potential, ERPと略される脳波の一種であり，脳波については第9章で取り上げる）を計測し，動物を含む写真と含まない写真に対するERPの平均が比較された（Rousselet, Fabre-Thorpe, & Thorpe, 2002）。2つのERPの波形は，刺激が現れた直後ではまだ区別がつかないが，刺激呈示後150ミリ秒あたりから急激に差が現れる。すなわち，ごく短時間のうちに，脳は動物の有無に対する答えを得ていることになる。ただし，動物が意識にのぼるには，単なる課題判別よりも時間がかかり，少なくても250ミリ秒はかかると考えられるので，ERP波形の立ち上がりの早さは際立っている。

(2) 背景文脈

図7-4aのような情景を2秒間呈示し，その後右にある図7-4b〜dのような3種類のオブジェクトのうちの1つを短時間呈示する。このとき呈示されるオブジェクトは，背景文脈に沿うオブジェクト（この場合は，パン），文脈とは無関係なオブジェクト（太鼓），そして文脈に沿うオブジェクトと類似したオブジェクト（パンに似た郵便ポスト）の3種類のいずれかとする。実験課題は，短時間呈示されたオブジェクトを答える課題である。実験の結果，文脈を何も出さなかったときに比べて，文脈に沿うオブジェクトの正答率が高く，無関係なオブジェクトは少し正答率が低く，文脈に沿うオブジェクトと類似したオブ

第7章 情景理解と空間認知

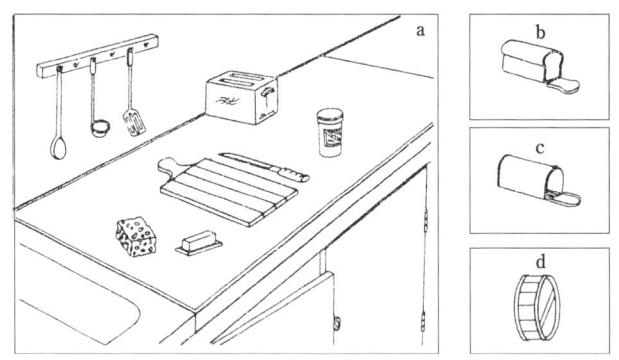

図7-4 背景文脈とオブジェクト認知（Palmer, 1975）

図7-5 背景文脈と人物認知（Davenport & Potter, 2004）

ジェクトの正答率はさらに低くなった（Palmer, 1975）。

　同様に，図7-5において前景の人物の同定は，文脈が一致する情景（図7-5a）と，一致しない情景（図7-5b）では，一致する情景と一緒に人物を呈示したときに正確である（Davenport & Potter, 2004）。すなわち，牧師は教会の情景を背景にしているときに，より正確に同定される。いずれも，ジストに相当する情報を含む背景文脈が，標的オブジェクトと適切な関係にあるとき，標的オブジェクトの認知を促進することを示している。

3　レイアウトと情景理解

　ジストも一種の情景情報であるが，ジストとは別に，一般的に情景の基本特徴と考えられているのが，レイアウト（layout）である。レイアウトとは，情景内のオブジェクトの配置情報を指す。情景内のオブジェクト認知は，そのオブジェクトを含む情景内の別オブジェクトの存在に依存していることを意味する。

　たとえば図7-6のように，標的となる消火栓を郵便ポストの上におくような，通常はあり得ないレイアウトでのオブジェクト検出課題では，検出までの時間が長くなり，見落としやすいことが分かっている（Biederman, 1981）。また，標的である自転車が同じ位置にあっても，図7-7bのように，情景を攪拌し，レイアウトが壊れた場合（情景を6分割して，入れ替えた画像の場合）には，図7-7aのような通常の情景画像に比べると，標的である自転車を探すのは難しくなる（Biederman, 1972）。逆に言えば，図7-7aのような場合には，レイアウトの整った情景に則したオブジェクトの認知は促進されることがこの実験で明らかにされた。

図7-6　あり得ないレイアウト（Biederman, 1981）

第 7 章　情景理解と空間認知

図 7-7　情景攪拌（Biederman, 1972）

3 レイアウトと情景理解

(1) ジストとレイアウトの独立性

個々のオブジェクトの視覚属性とは別に，情景はジストとレイアウトという視覚特徴が含まれている。ジストとレイアウトは，オブジェクト認知における一種の文脈であるが，情景理解やオブジェクト認知においてそれぞれが独立した影響を持つかどうかが調べられている。たとえば，情景中のオブジェクトの再認のときに，ジストとレイアウトの双方がそれぞれ文脈として促進効果を生むことが確かめられている（Hollingworth, 2007）。

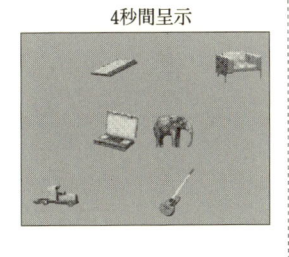

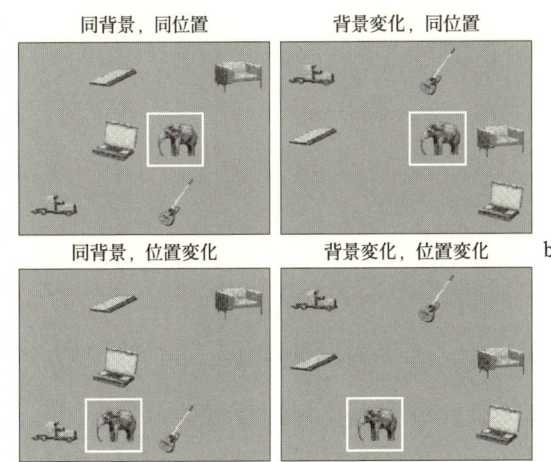

図7-8 ジストとレイアウトの独立性（Hollingworth, 2007）

図7-8a左のような情景写真を20秒間見てから，鏡像，すなわち左右反転像に変わった標的オブジェクトの有無を答えてもらうと，標的の位置が変わらず（すなわち，レイアウトが保持され），標的以外の背景も再び呈示されたとき（すなわち，ジストも保持された図7-8aの左上），それ以外の場合に比べ，標的の変化を見つける精度が上がる。また，図7-8b左のように，背景を呈示せず，オブジェクトのレイアウト画像を4秒間呈示してから，同様の課題を行う実験では，標的とそれ以外の妨害オブジェクトの双方の配置が変わらないとき（すなわち，レイアウトが保持された図7-8bの左上），標的の変化を見つける精度が上がった。したがって，手がかりに基づく標的探索課題のときに，ジストとレイアウトはそれぞれ文脈として機能していることになる。

(2) レイアウトの視点依存効果

第6章で取り上げた視点依存効果は，オブジェクト認知だけではなくレイアウトの認知でも存在する（Simons & Wang, 1998）。テーブルの上に複数のオブジェクトを置き，オブジェクトのレイアウトを学習させた後に，レイアウトの再認課題を行う。複数の物体からなるレイアウトは，それらの物体を観察する角度によって変化する。この再認課題において，テーブルを観察する角度が操作され，角度の変化を無視して課題を行うよう教示すると，角度変化に依存し

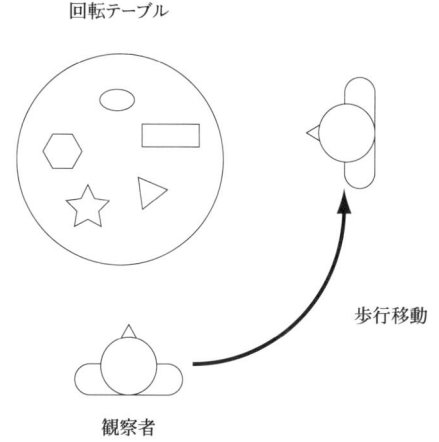

図7-9　レイアウトの視点依存効果

て再認課題の成績が低下するという視点依存効果が認められる。

また，複数の物体を置いたテーブルを回転させた場合と，図7-9のように，実際に歩くことによって観察角度が変化した場合とを比較した。テーブルを回転する間と歩行移動している間はいずれも，カーテンでテーブルを遮蔽し，オブジェクトの配置を観察することができないように統制する。その結果，前者の場合には視点依存効果が生じたのに対し，後者の場合には生じなかった。観察者が歩行移動することによって，視点依存効果が消失したことは，視点に依存する表象が，自己運動に伴って更新され，網膜像の変化に対応できたのではないかと考えられる。

4 空間認知

ジストやレイアウトは，情景に含まれる視覚特徴には違いないが，情景にはそれ以外にも様々な情報が含まれていて，それが外的世界を理解する上で役立っていると考えられる。情景を構成オブジェクトの意味やジストやレイアウトから理解するのが情景理解とすると，それらに依存しない，空間の全体的構造の認知を空間認知と呼ぶことにする。具体的に言えば，情景の広がりや奥行き，境界や領域などの情報を把握することを指す。

変化の見落としなどの現象から考えると，われわれの視覚系は情景全体の詳細が表象できるような仕組みにはなっていない。すなわち，われわれは自分の外的環境の非常に詳細な視覚記憶を保持する必要はないに違いない。なぜならば，詳細を知りたければ，その領域を眼球運動によってすぐに固視できるからである。さらに，そのような仕組みは視覚系に別の種類の情報を抽出させる余裕をあたえるかもしれない。

(1) オプティカル・フローと直接知覚

着陸しようとする飛行機のパイロットが知覚すべき情報のうち，地面と空の情報が重要であることは間違いない。すなわち，図7-10のように，着陸時の情景のテクスチャ変化から得られる情報によって，パイロットの正しい空間認知が実現されると考えられる。図7-10において矢印で示された情景変化成分が，

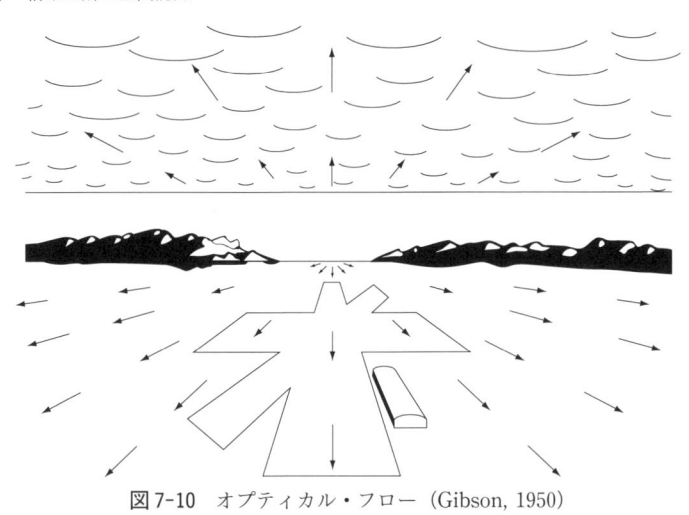

図7-10 オプティカル・フロー (Gibson, 1950)

オプティカル・フロー（optical flow, 光流動）と呼ばれるものである（Gibson, 1950）。ギブソンは，運動知覚の重要性と実世界知覚の豊かさ，すなわち単一の物体に関連する以上の情報を実世界が含んでいることを指摘した（Gibson, 1966）。そして，このような実世界から直接受け取る過程として知覚をとらえ，それを直接知覚（direct perception）と呼んだ。

直接知覚の重要な概念の1つが，不変項（invariant）である。眼球が動き，受け取る情報が変化しても，世界自体は動いて知覚されない。この変化は，複雑であっても，ランダムではないはずである。このように不変項は，速度変化があっても変わらない3次元空間の構造に関する高次属性を含んでいる。このとき，不変項の例として挙げられたのが，オプティカル・フローである。オプティカル・フローは，観察者自身の動きによって生じる瞬時の網膜速度場であり，観察者をとりまく可視空間の3次元構造を推定する情報になり得る。図7-10でいえば，空に存在する雲は上方に，地面は下方に，近くは大きく，遠くは小さく動くので，それらを総合すれば，3次元構造を復元することは可能であるとギブソンは主張した。

ただし，オプティカル・フローのような不変項の検出に関して，ギブソンが本当の難しさを非常に低く見積もっているという批判もある（Marr, 1982）。第3章で説明したように，局所的な運動の測定では窓問題が生じ，解が定まらな

い不良設定問題（ill-posed problem）になるので，オプティカル・フローのような知覚体験は，時間差を持った情報間で正しい対応関係を抽出しなければ得られない。視覚系は，可視空間に存在するオブジェクトなどの剛体性を仮定し，対応関係を瞬時に解いていると考えられるが，そのような正しい対応関係は簡単な情報処理で抽出できるわけではない。

オプティカル・フローから，各オブジェクトまでの絶対距離と観察者の移動速度を同時に求めることは数学的にも無理である。一方，たとえば頭部運動情報が利用できる場合には距離知覚が正確になることが知られている。ただし，そのためにはオプティカル・フローから対象運動と自己運動も分解しなければならないが，これもなんらかの制約条件を与えなければ分解することができない不良設定問題である。

(2) ベクション

電車の発車を待っているときに，実は隣の電車が動き出しただけなのに，自分が動いているという錯覚はしばしば経験する。この現象は，われわれが対象運動と自己運動が分解できていないことを示している。この「列車の錯覚」と呼ばれる現象は，視覚誘導性自己運動感覚（vection，以下ベクション）の代表例でもある。ベクションは，大きな視野で生じる網膜上の運動とは逆方向に生じる。ベクションを誘導するような運動を呈示すると，その運動に対応して姿勢が変化し，これを誘導性身体動揺（induced body sway）という（北崎・佐藤，2008）。誘導性身体動揺を生じさせる運動刺激は，日常的には姿勢制御に貢献している可能性が高いと考えられる。

(3) 境界拡張

実験参加者にある情景写真を30秒間見せた後，その写真を隠し，その写真の情景を手書きで描いてもらうと，写真では見ていないはずの外側まで，すなわちカメラを引いて写したようにして報告しがちである。これは，境界拡張（boundary extension）という現象であり，実験試行の95％で生じたと報告されている（Intraub, 1997）。たとえば，図7-11aのような情景写真を見せた後に線画で描いてもらうと，もちろん写真に写っていたオブジェクトは描かれるが，

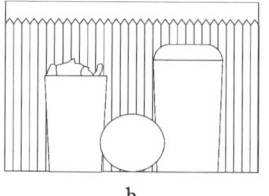

図7-11　境界拡張 (Intraub, 1997 を改変)

それに加えて図7-11bのように両端の柵や，上部の空間が描かれる。これは，図7-11cのように，もう少しカメラを後ろにおいて写した写真に相当する。この境界拡張は，情景を拡張して予測する視覚系の注目すべき能力を表していると考えられている。

5　認知地図と方向オンチ

認知地図（cognitive map）とは，空間的布置の内的表象，すなわち脳内に形成される地図のようなイメージのことである。したがって，認知心理学では，主に記憶やイメージの問題と考えられている。しかしながら，実際に街を歩いているときに，どのような視覚情報に注意を向け，どのような視覚情報を見落とすのかや，交差点で曲がるべきかどうかを判断するときの手がかりは何かということを考えると，視覚的注意（第5章参照）や情景理解に関連する視覚的表象の問題として認知地図を位置づけることができる。

そもそも認知地図という概念は，ラットでも迷路学習において現在地と餌場との位置関係を形成し，地図のような対応関係を持っていると考えられることから提唱された（Tolman, 1948）。いくつかの動物は，人間には利用できない自然からの様々な情報を利用して，自分の生まれた場所や自分の巣に戻ることができる能力を有する。渡りや帰巣本能と呼ばれるような行動を元にして，動物が認知地図を持っていると結論づけることは必ずしも正しいわけではない。しかしながら，人間を使った認知地図の研究では，いかに実際の地図と認知地図が異なるのかが示されてきた。

5　認知地図と方向オンチ

(1) 日本の認知地図

<u>Let's try !</u>　それでは，皆さんの認知地図を確かめてみることにしよう。さて，鳥取市は関東地方のどの都市と同じ緯度に位置しているだろうか。たとえば，鳥取と東京はどちらが北にあるかを考えてもらいたい。もちろん，実物の地図で比べるのではなく，今まで視覚的に学習してきたであろう日本，もしくは本州の地図を元に形成されている皆さんの認知地図で判断して欲しい。

まずは，正確に比べるために，東京駅と鳥取駅の位置で比べることにしよう。実は，緯度でいえば北にあるのは東京駅（北緯35.67度）であり，鳥取駅（北緯35.49度）は東京駅と横浜駅の中間くらいに位置することになる（羽田空港と鳥取空港との関係に置き換えても結果は同じであり，羽田空港のほうが北にある）。しかしながら，東京は東京湾から太平洋につながる南関東に位置し，鳥取は日本海に面した山陰に位置するので，逆に考えてしまう方が多いのではないかと思われる。すなわち，本州の西側が東西に分布している，もしくは関東地方と中国地方がほぼ東西に位置しているという大まかなイメージで捉えると，東京は本州の南側，鳥取は北側という認知地図が構成されているためであろう（もちろん，降雪量など，もっと気候的な要因が南北の判断に関与しているかもしれない）。

(2) アメリカの認知地図

同じような関係で，カリフォルニア州のサンディエゴと，ネバダ州のリノの東西関係を判断させる研究がアメリカで行われている（Stevens & Coupe, 1978）。ほとんどの実験参加者は，サンディエゴがカリフォルニア州の南西に，リノがネバダ州の北西にあり，さらにネバダ州はカリフォルニア州の東側に隣接していることを知っている。それにも関わらず，実験参加者はサンディエゴを基点にしたリノの方向を平均で67度も間違えた。すなわち，リノはサンディエゴの北東側に位置すると思いがちであるのだが，実際には図7-12のように北西側に位置している（図7-12中，実線の矢印が都市間の方向，点線の矢印が州間の

方向，円上が方向ごとの反応数を表している）。この結果は，カリフォルニア州が南北にのびていて，その東側にネバダ州があるという上位の知識が，実際の都市間の方向を歪ませる，すなわち都市間の正しい認知地図が作成されていないことを示している。

　このような国や都市の認知地図に関する問題ではなく，日常生活における行動に関わる認知地図でも，われわれには同様の問題が生じがちである。たとえば，少し道路がカーブしていても，真っすぐだと思いがちであるし，交差点は直交していると誤解しがちである（Byrne, 1979）。このため，いくつかの交差点を通った上で，地図を描いてみると，出発点と現在地の位置関係がずれることになり，これが認知地図の歪みの原因になっている。また，上述のようなカリフォルニア州サンディエゴとネバダ州リノの位置関係の判断のように，認知地図が重層構造になっていることも，認知地図の歪みの原因になる可能性がある。しかしながら，一方ではこのような構造を持つことは，われわれが状況に応じて様々なレベルの認知地図を使い分けることができることを反映している。

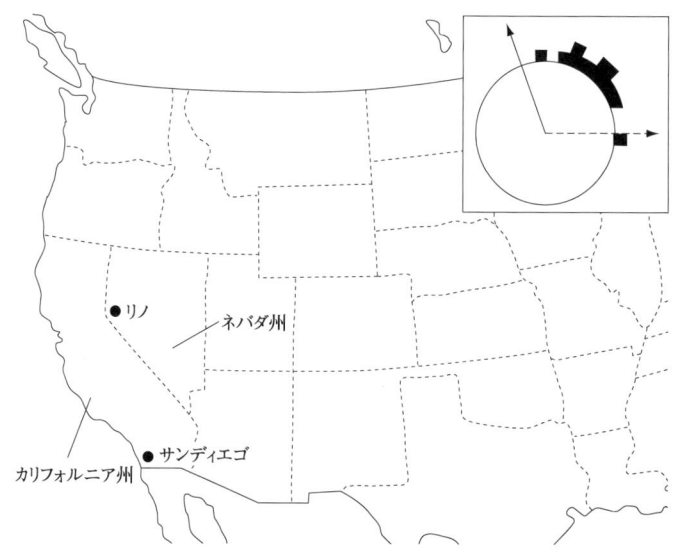

図7-12　アメリカの認知地図（Stevens & Coupe, 1978を参考に作成）

(3) 「方向オンチ」な日本人

　認知地図の形成や利用に関して，個人差があると考えられ，これがいわゆる「方向オンチ」と関係しているかもしれない。性差や社会的階層の違いが影響を及ぼすかどうかも検討されている。ところが，自称「方向オンチ」が，街を移動して目的地に行く課題で迷いやすいとは限らず，「方向オンチ」の評価法はまだ確立されたわけではない（新垣・野島, 2001）。

　道を覚えるためには，ランドマーク（目立つ建物や塔など）などに注意を向け，空間把握に必要な情報（たとえば，2番目の信号を左折とか）を順番に正確に覚え，適切な場所でそれを取り出して再利用するという複雑な過程が必要であり，それぞれの段階で様々な間違いが起こる可能性がある。したがって，方向オンチの原因も注意，記銘，記憶検索など，人それぞれに違う可能性が高い。たとえば，注意や記銘におけるなんらかの要因で，街を移動したり，把握したりするために役立つランドマークの記憶数が少なければ，目的地までの情報が不確かとなり，結果的に誰でも道に迷うようになるのである。

　ただ，道に迷ったときの対応に個人差があり，方向オンチだと自覚している人の方が，他人にたくさん質問することで，誤りが早く是正され，道に迷いにくいという調査結果もある。また，日本では方向オンチと自称する人がかなり存在する一方で，そもそも方向オンチに相当する単語が英語には存在しないらしい（新垣・野島, 2001）。これは，日本では方向オンチと自称しているほうが早期是正に役立つ情報が得られやすくなり，有利に働く場面が多いという文化的な違いが影響しているかもしれない。すなわち，付近の状況を知らない外来者に対して感じる危険性よりも，外来者の役に立ちたいと好意的に接する日本社会が，方向オンチの自称者を増やしているのに違いない。

6　視覚空間と行為空間

　視覚の最終的な目的は，外界の詳細な情報を得るだけではなく，外界に対して生存のために素早く適切に行動することである。外界の情報を取捨選択して処理し，それに基づき行動する（あるいは行動しない）。この知覚から行動への流れに関して，視覚処理の多くの側面が，行動すること，すなわち行為

(action）と密接に関連していることが，理論，行動実験，生理学的手法，神経心理学的知見など幅広いアプローチから示されてきている。たとえば，手による運動行為や手の位置による注意への影響が知られている。それらを説明しながら，視覚と行為の関係を明らかにしたい。

(1) 刺激反応適合性効果

　知覚と行為の間に対応関係があり，刺激と反応が特徴を共有している場合には，対応していない場合に比べて反応がはやく正確である。これは刺激反応適合性効果（stimulus-response compatibility effect）と呼ばれる。刺激反応適合性効果は刺激と反応の間に知覚的，概念的，構造的対応がある場合に生じ，主として空間的対応に関して検討されてきた。たとえば，図7-13のように，右側に呈示された刺激に対して右キー押しで反応するのは，左キー押しで反応するよりもはやく正確である。

　この刺激反応適合性効果は，刺激位置が課題に関係無い場合にも生じ，サイモン効果（Simon effect）として知られている（Lu & Proctor, 1995; Simon, 1990）。たとえば，カラー図7-1のように，左右どちらかに呈示される刺激の色に対して赤なら左，緑なら右のキー押しで反応する場合，赤色刺激が左側に出た方が右側に出たときよりも反応がはやく正確である。サイモン効果は，色に対して反応する場合のみならず，左右呈示される刺激の形や文字種などに対し

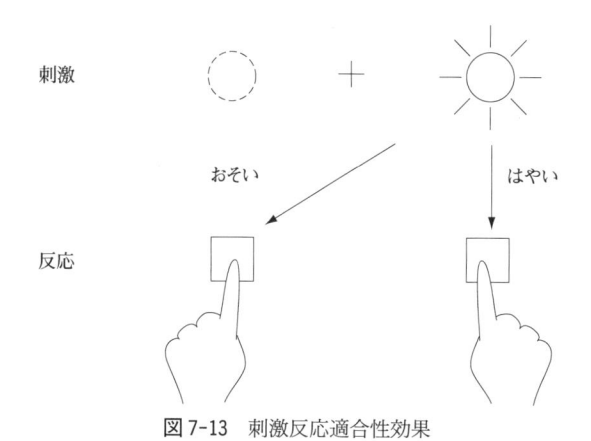

図 7-13　刺激反応適合性効果

て左右反応を行う場合でも生起し，刺激位置と反応位置の対応関係によって一般的に生じる現象だと考えられる。どのような場合でも，標的に対する判断には空間的な特徴が関与しないのがサイモン効果である。サイモン効果は，刺激が中央の固視点やその上下に呈示された場合の反応時間との比較から，刺激と反応が同側に呈示された場合の促進効果，逆側に呈示された場合の干渉効果の両方から成り立っていると考えられている。また，サイモン効果は人間のみならずサル，ラット，ハトでも生じることから，生物の認知の基本的プロセス，すなわち，知覚と行為との対応関係の基本的なプロセスを反映していると考えられる。

(2) 鏡映描写

視覚情報を反転した状況下での行動も調べられている。その１つである鏡映描写（mirror drawing）とは，たとえば星形のような幾何学図形の輪郭を，図7-14のように，それが映っている鏡を見ながら，鉛筆などでたどる実験課題である。このとき自分の手は隠されていて，鏡に写った手の動きしか見られない。したがって，左右以外の方向では，意図した動きとはまったく違う動きとして観察することになるので，最初の試行ではうまく輪郭をたどることはできない。しかし，視覚情報と手の運動の対応付け，すなわち協応関係が学習されると，手の運動が修正され，うまく輪郭をたどれるようになる。

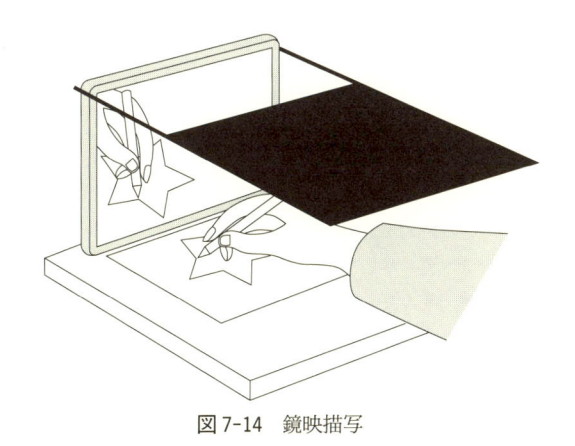

図 7-14　鏡映描写

(3) 逆さ眼鏡

視覚情報の反転状態を長期間持続させるのが，逆さ眼鏡着用実験である。逆さ眼鏡とは，プリズムやレンズを用いて光学的に視野を反転させ，網膜像を逆さまにする装置を指す。上下のみ，左右のみ，上下と左右の両方を反転させる逆さ眼鏡がある。図7-15は，左右逆さ眼鏡の例を示しているが，通常は図7-15aのように見える両手が，図7-15bのように左右反転して見える。

逆さ眼鏡は，1週間程度の着用では体の動きに伴って視野が激しく動揺し，吐き気におそわれるなど，様々な困難が生じるが，さらに着用を続けると，知覚的な順応が生じ，そのような困難が軽減される。たとえば，逆さ眼鏡を着用して1カ月以上経過すると，逆さ眼鏡を着用したまま自転車にも乗れるようになる。視野の左右が反転する逆さ眼鏡を実験参加者に1カ月以上連続着用して生活してもらうと，その適応過程で図7-15cのような自分の手に関する記憶表象が新たに形成され，元々あった手に関する表象に加えて，逆さ眼鏡の着用による形成表象という2つめの表象が存在することを，心理実験とfMRI（第9章で詳述する脳機能計測装置）を用いた脳活動で確認できる（Sekiyama, Miyauchi, Imaruoka, Egusa, & Tashiro, 2000)。

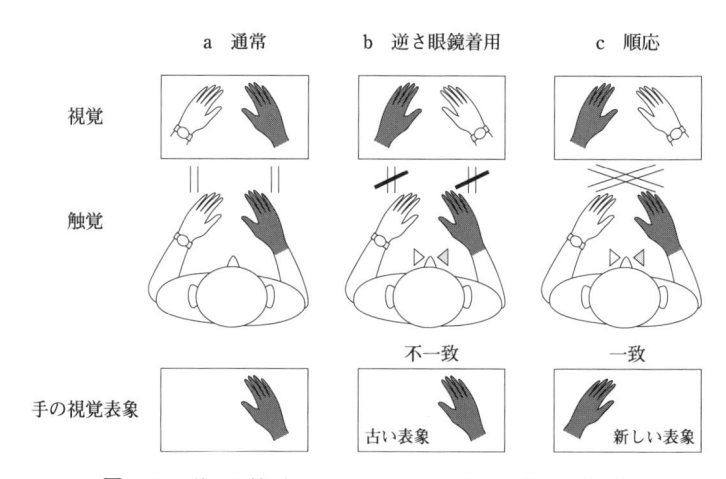

図7-15 逆さ眼鏡（Sekiyama et al., 2000 を参考に作成）

7 美　感

　本章の冒頭で，視覚の最終ゴールは，情景理解であり，空間認知であると述べた。しかし，情景理解や空間認知によって，ある種の感情や強い感動が喚起されることがしばしばある。雄大な自然を目の当たりにしたときとか，色彩豊かに花々が咲き誇る春の庭園に身を置いてみたときに生じるのが，単なる情景理解や空間認知だけと捉えるのは，不十分であるに違いない。ただ，視覚を科学することを目的としている本書では，このような感情なり感動なりを引き起こす要因を扱うことが難しいのが現状である。なぜならば，美醜などの審美眼と呼ばれるものを科学的に扱うことには，様々な困難が伴うからである。

(1) 美の科学的研究

　しかしながら，実験心理学の祖であるフェヒナー（Fechner）が，2枚の聖母像のいずれが美しいかに関して，哲学者による思弁的な美学（形而上学）ではなく，鑑賞者の評価に基づいて美の法則を調べるという実験美学を，すでに19世紀に提唱していた（三浦，2007）。さらにフェヒナーは，いわゆる黄金分割（Golden Section）が誰にとっても美しいと感じるのかどうかを確かめようとしたのである。このようなアプローチについては，認知心理学者が人間の内部構造に関して興味深いデータや現象を得るにしたがって，その知見を美術作品の知覚や理解に用いるべきであるという主張も生まれている（Solso, 1994）。ただし，人類の最も輝かしい偉業である膨大な美術作品の中から，視覚研究に取り上げられる作品の数はいまだに多くない。

　このような美感研究の困難さの要因の1つは，極めて個人的な感動や興奮を呼び起こすことにこそ，美術の価値があるからでもあり，万人にとっての美感を扱うことがそもそも可能であるのかどうかさえ疑問視されるからである。しかし，高名な脳科学者であるゼキは，脳についてわれわれがまだほんのわずかしか理解していないと断りつつも，美術作品を見ているときに脳内で生じている事象は誰でも極めて類似していると主張する（Zeki, 1999）。視覚のモジュール性という観点から，絵画の創作や鑑賞のメカニズムを考察してみると，美術

の機能は脳の機能の延長であるというゼキによる定義は，傾聴に値するように思われる。たとえば，抽象画の鑑賞では，具象画に比べて，脳内の限局した領野（たとえば，色処理を担当するV4。詳細は第9章参照）を活性化する。その一方で，抽象画の鑑賞においては一般的に過去の経験との葛藤（すなわち，見たこともない情景をこれまでの視覚経験から解釈しようとする葛藤）が生じるために，それを解消することに前頭葉の活動が関与していることを明らかにしている。このように，脳の活動に基づく分析によって，美学に関する理論は今まで以上に明瞭かつ深淵なものに発展するかもしれない。

ピカソは，自分は「探したのではなく，見つけたのだ」という言葉を好んだという。芸術家は美術作品を発明するのではなく，心の基本構造に合った外的世界を発見するという考え方に沿っている（Solso, 1994）。芸術家は，心に調和する視覚的イメージを発見するのである。このようにして制作された，深い感情と思考を喚起する美術作品を，物理的な視覚特徴そのもの，もしくは単なる構図の意味解釈だけで分析することは間違っているに違いない。したがって，様々な美術作品を科学的に理解するということは，視覚情報処理を含むわれわれの脳内処理の全てを理解する必要があるのである。

(2) 美と教育

美術作品を制作したり，鑑賞したりするための教育の効果が調べられている。完璧にバランスのとれた絵は，完璧にバランスのとれた建物や顔などと同様にしばしば退屈に感じられる。しかしながら，西洋の美術教育においては，レイアウトの強い力としてバランスや対称性の原理を教えている。このような教育効果に関して，専門教育を受けた実験参加者の眼球運動のほうが，受けたことがない実験参加者よりも，バランスがくずれた絵に対して大きく視線を動かすという違いが生じることが分かっている（Nodine, Locher, & Krupinski, 1993）。これは，専門教育を受けた実験参加者がバランスのくずれた絵に対して探索的な眼球運動になることを示しており，教育や訓練によって，情景理解の仕方が変化することを示している。さらに，レイアウトへの嗜好は文化の影響を受けるのかもしれない。たとえば，西洋におけるレイアウトへの嗜好は，東洋的レイアウトとは異なり，さらに龍安寺に代表される日本的レイアウトとも異なる

かもしれない。

(3) 龍安寺はなぜ魅力的か

図7-16aのような京都の龍安寺の枯山水の石庭では，その長方形の空間に敷かれた白砂利の中にランダムにレイアウトされているように見える岩が，実は庫裡の建築と調和しており，それが人々を惹き付ける理由であるかもしれないと主張する研究がある（Tonder, Lyons, & Ejima, 2002）。龍安寺の石庭の設計者は不明であり，構図についての説明資料は残されていない。そこで，初めて見る人さえ惹き付ける龍安寺石庭の魅力について検討するために，局所的な対称軸に基づく中心軸変換法という表現形式によって，石庭の空間的構造が解析されている。中心軸変換法による解析の結果，図7-16bのように，推奨鑑賞場所である庫裡の方丈から伸びていく，2分枝構造の木で表現できた。この2分枝

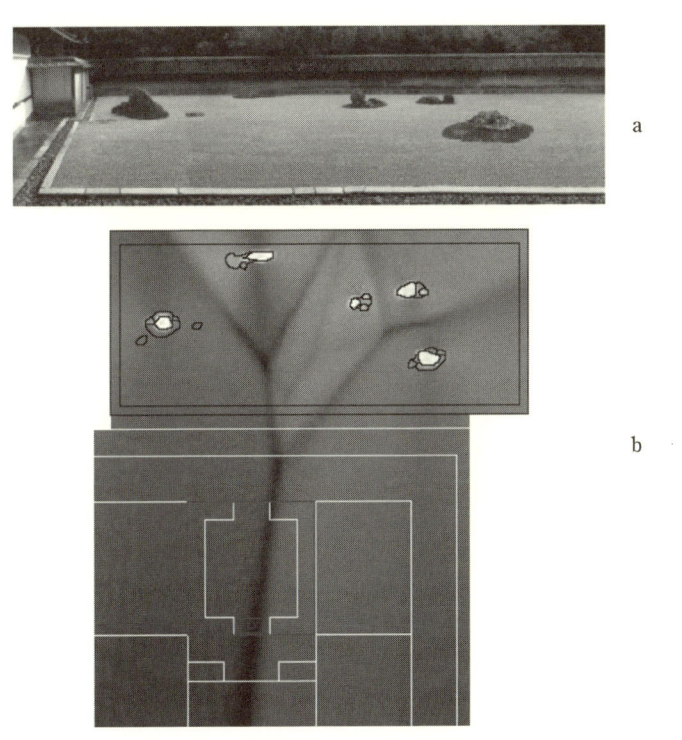

図7-16 龍安寺石庭の配置（Tonder et al., 2002を参考に作成）

パターンの幹から枝が分岐するまでの長さは，先にいくにしたがって短くなっており，分岐が繰り返されている。

このようなパターンは，自然の樹木のもつフラクタル (fractale) に似ている。フランスの数学者のマンデルブロ (Mandelbrot) が名付けたフラクタルは，自然界に存在する海岸線などの多くが持っている，サイズを変えた相似形を内包する規則を指している。木の幹に相当する場所は，方丈の中心（伝統的にそこから眺めたら好ましいとされていた場所）を通るので，この石庭の配置は偶然ではなく，意図的に作られたものであると考える方が妥当かもしれない。庭の魅力を創り出している謎は，自然風景にも存在するフラクタルという特徴にも関係しているかもしれないのである。

参考文献

Biederman, I. (1972). Perceiving real-world scenes. *Science,* **177**, 77-80. (図は The American Association for the Advancement of Science(AAAS)の許可を得て転載)

Biederman, I. (1981). On the semantics of a glance at a scene perceptual organization. In M. Kubovy, J. R. Pomerantz (Eds.), *Perceptual Organization* (pp. 213-253). Hillsdale, New Jersey: Laurence Erlbaum Associates.

Byrne, R. W. (1979). Memory for urban geography. *The Quartarly Journal of Experimental Psychology,* **31**, 147-154.

Davenport, J. L., & Potter, M. C. (2004). Scene consistency in object and scene perception. *Psychological Science,* **15**, 559-564.

Gibson, J. J. (1950). *The perception of the visual world.* Boston: Houghton Mifflin.

Gibson, J. J. (1966). *The senses considered as perceptual systems.* Boston: Houghton Mifflin.

Hollingworth, A. (2007). Object-position binding in visual memory for natural scenes and object arrays. *Journal of Experimental Psychology: Human Perception and Performance,* **33**, 31-47. (図は APA の許可を得て転載)

Intraub, H. (1997). The representation of visual scenes. *Trends in Cognitive Science,* **1**, 217-232. (図は Elsevier の許可を得て転載)

北崎充晃・佐藤隆夫 (2008). 視覚からの自己運動知覚と姿勢制御　心理学評論, **51**, 287-300.

Li, F. F., VanRullen, R., Koch, C., & Perona, P. (2002). Rapid natural scene categorization in the near absence of attention. *Proceeding of National Academy of Science, USA,* **99**, 9596-9601.

Lu, C. H., & Proctor, R. W. (1995). The influence of irrelevant location information on performance: A review of the Simon and spatial Stroop effects. *Psychonomic Bulletin & Review, 2*, 174-207.

Mandelbrot, B. B. (1982). *The Fractal Geometry of Nature*. New York: W. H. Freeman and Company. (マンデルブロ, B. B. 広中平祐 (訳) (1984). フラクタル幾何学 日経サイエンス)

三浦佳世 (2007). 知覚と感性の心理学 岩波書店

Nodine, C. F., Locher, P. J., & Krupinski, E. A. (1993). The role of formal art training on perception and aesthetic judgement of art composition. *Leonardo, 26*, 219-227.

Palmer, S. E. (1975). The effects of contextual scenes on the identification of objects. *Memory & Cognition, 3*, 519-526.

Rousselet, G., Fabre-Thorpe, M., & Thorpe, S. (2002). Parallel processing in high-level visual scene categorization. *Nature Neuroscience, 5*, 629-630.

Rubin, E. (1921). *Visuell Wahrgenommene Figuren*. Kobenhaven: Glydenalske boghandel.

Sekiyama, K., Miyauchi, S., Imaruoka, T., Egusa, H., & Tashiro, T. (2000). Body image as a visuomotor transformation device revealed in adaptation to reversed vision. *Nature, 407*, 374-377.

新垣紀子・野島久雄 (2001). 方向オンチの科学 講談社

Simon, J. R. (1990). The effects of an irrelevant directional cue on human onformation processing. In R. W. Proctor & T. G. Reeves (Eds.), *Stimulus-response compatibility: An integrated perspective* (pp. 31-86). Amsterdam, North-Holland: Elsevier Science Publishers.

Simons D. J., & Wang, F, (1998). Perceiving real-world viewpoint changes. *Psychological Science, 9*, 315-320.

Solso, R. L. (1994). *Cognition and the visual arts*. MIT Press. (ソルソ, R. L. 鈴木光太郎・小林哲生 (訳) (1997). 脳は絵をどのように理解するか——絵画の認知科学 新曜社)

Stevens, A., & Coupe, P. (1978). Distortions in judged spatial relations. *Cognitive Psychology, 10*, 422-437.

Tolman, E. C. (1948). Cognitive maps in rats and men. *Psychological Review, 55*, 189-209.

Tonder, G. J., Lyons, M. J., & Ejima, Y. (2002). Visual Structure of a Japanese Zen garden. *Nature, 419*, 359-360.

Wertheimer, M. (1923). Untersuchungen zur Lehre von der Gestalt II. *Psycologische Forschung, 4*, 301-350.

Zeki, S. M. (1999). *Inner Vision: An exploration of art and the brain*. Oxford University Press. (ゼキ, S. M. 河内十郎 (監訳) (2002). 脳は美をいかに感じるか 日本経済新聞社)

第8章 感覚間相互作用

> われわれは，無数の雑多な感覚の集積または集合体にほかならない。
> ——デイヴィッド・ヒューム

> 暗く深き合一へと解け合うがごとく／匂い，色，そして音が呼び合う。
> ——シャルル・ボードレール

　ヒトは同期を探し求める動物らしい。意識とは，脳内で生じている同期現象を主観的に体験することと考えている研究者がいるくらいである（意識については，第9章で述べる）。地球の自転周期との同期であるサーカディアン・リズム（circadian rhythm, 概日リズム）は，典型的な同期現象の1つである(Strogatz, 2003)。サーカディアンとは，ラテン語で「およそ1日」という意味であり，サーカディアン・リズムは，約24時間周期で変動する生体リズムを指す。自転周期は，昼夜の光強度変動だけではなく，睡眠や体温変動の周期と関係があることが分かっているが，まだサーカディアン・リズムの詳細なメカニズムが解明されたわけではない。驚くべきことに，身体から切除された副腎や肝細胞でも，サーカディアン・リズムが刻まれている一方，なんらかの理由で視覚能力を失った方々はサーカディアン・リズムが乱れてしまう。

　光過敏により，1997年11月にいわゆるポケモン騒動が起こった。これは，テレビアニメの刺激で多数の子供が痙攣発作を起こして，病院に担ぎ込まれた事件である。このポケモン騒動は，現代社会の刺激過剰がもたらした災厄である（下條, 2008）が，有力な学説では，明滅する光と脳内のニューロンが同期し，突発的な発作が起こったのではないかと考えられている。しかしながら，それを引き起こすメカニズムが正確に分かっているわけではない。

　本書で取り上げる日常的な視覚認知を考えるときも，他の感覚器官との同期

や干渉効果を含めて理解する必要が生じてくる。コーヒーカップの形状認知は，ジオン理論で説明されるような単純な部品を組み合わせる過程を経ていると考えることもできるが，カフェの中でのコーヒーを飲む情景を思い浮かべてほしい。この情景では，洗練されたコーヒーカップ形状（視覚）や，取っ手の材質感（触覚），コーヒーの香り（嗅覚）と苦み（味覚），コーヒーを啜る音（聴覚）など，五感全ての情報が同期して，カフェの中でのコーヒーカップの認知に影響しているかもしれない。もちろん，カフェのソファの心地よさや，バックグラウンドで流れるクラシック音楽なども影響しているかもしれない。

最近では，視覚という単一のモダリティ（modarity, 様相）ではなく，主に視覚を中心とする複数のモダリティの相互作用，すなわちマルチモーダル（multi-modal, 通様相）認知もしくはクロスモーダル（crossmodal）認知が盛んに取り上げられるようになった（Spence & Driver, 2004）。本章では，このような複数のモダリティの相互作用について取り上げるとともに，共感覚と呼ばれる特殊な認知特性保有者についても触れることにする。

1 視聴覚情報の因果関係

(1) 視聴覚の相互作用

視覚との相互作用で，最も研究が進んでいるモダリティは聴覚であるので，最初に視聴覚における相互作用を考えてみよう。まず，視覚刺激の主観的点滅速度の知覚は，同時に呈示される聴覚刺激の呈示速度に影響されることが知られている。たとえば，10ヘルツで点滅している視覚刺激の呈示速度を実験参加者に報告してもらうとき，同時に呈示される聴覚刺激の呈示速度の変化に伴って，その報告は7から22ヘルツまで変化する（Shipley, 1964）。これは，視覚の時間精度が高くないので，聴覚刺激によって視覚刺激の主観的呈示速度が左右されるためと考えられる。

さらに，速度ばかりではなく，視覚情報に関する数量的な影響もある。たとえば，単一の視覚的フラッシュに複数のビープ音が伴うと，あたかも複数のフラッシュであるかのように知覚されることが知られている（Shams, Kamitani, & Shimojo, 2000）。均質な白い円盤を様々な回数でフラッシュさせ，実験参加

1 視聴覚情報の因果関係

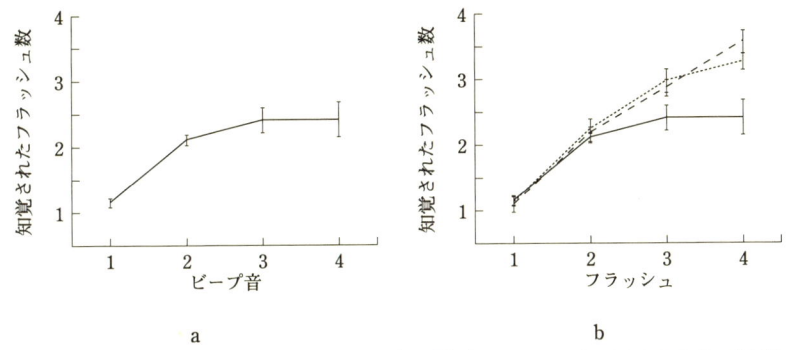

図8-1 聴覚刺激による視覚刺激への数量的影響（Shams et al., 2000を参考に作成）

者にはそのフラッシュ回数を報告させる。このとき，様々な回数のビープ音を加える。そうすると，図8-1aのように，単一のフラッシュに対して複数のビープ音が伴うときには，複数のフラッシュが見えると報告された。図8-1bは，聴覚刺激がない場合（破線）と単一のビープ音を呈示した場合（点線）と，フラッシュ数を操作した実験の結果をあわせて示している。この結果から，必ずしも実験参加者が聞いたビープ音の有無に基づいてフラッシュ数が変化しているわけではなく，フラッシュ数のみを操作した実験結果は聴覚刺激の有無によらずほぼ同じ結果になることがわかる。

(2) 時間ずれへの順応

視聴覚の情報を結びつけるときに有効な手がかりは，視聴覚間の同時性である。ただし，視聴覚間の同時性に関しては，外的環境による信号到達時間差や視聴覚系の処理速度の違いなどにより，常に時間ずれが生じることから逃れることができない。そこで，この時間ずれを克服するために，恒常的な視聴覚の時間ずれを無視して，同時点が動的に調整されていると考えられている。

図8-2のように，元々は視聴覚間に時間ずれを感じていても，それより大きな視聴覚の時間ずれに順応した後では，その方向に多少のずれがあっても同時と感じるようになることが報告されている（Fujisaki, Shimojo, Kashino, & Nishida, 2004）。すなわち，視聴覚間のある程度大きな時間ずれに順応することによって，知覚的な視聴覚の同時点は順応した方向へシフトする。この結果は，外界の情報に基づいて視聴覚の同時点を適応的に再調整することで，物理的・

第 8 章　感覚間相互作用

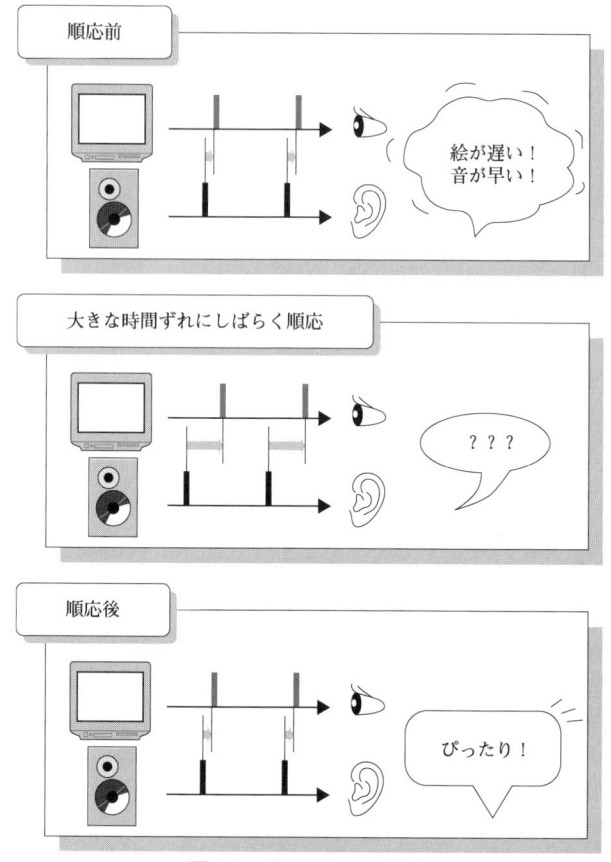

図 8-2　時間ずれへの順応
(https://staff.aist.go.jp/w-fujisaki/Research.html)

生物学的な時間ずれに影響されない適切な同時性判断を実現していると考えられている。

(3)　反発誘導効果

聴覚刺激が視覚運動の多義性を解くという例もある。図8-3a のように，2つの視覚的標的が交差して動くと，論理的には図8-3b のように衝突して反発しているのか，交差してまっすぐ進んでいるのかは決定できないはずである。しかし，約80％の試行で直進運動が連続し，標的が交差（Streaming）して報

1 視聴覚情報の因果関係

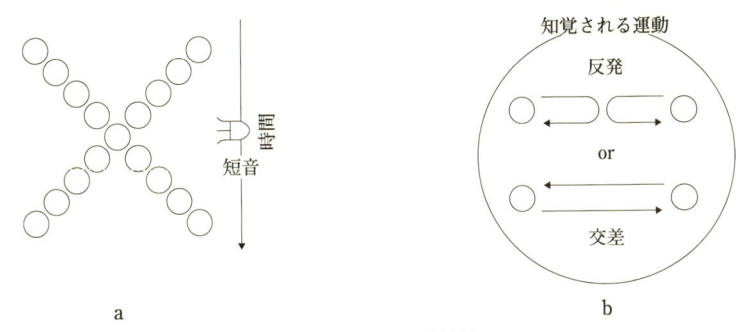

図8-3 反発誘導効果

告される。ところが，2つの標的が交差する瞬間に短い音を加えると，反発（Bouncing）して知覚される割合が約60％に強まる（Sekuler, Sekuler, & Lau, 1997）。これを，反発誘導効果（bounce-inducing effect）と呼ぶ。聴覚刺激の呈示が，直進運動の連続性という仮定を中断させ，視聴覚情報の統合により，反発という知覚が増加するものと思われる。これは，何かが衝突するときに音がすることを日常的によく経験しているので，そのような過去の経験からモダリティ間の連合学習が生じていたためと考えられる。

(4) 視覚運動による聴覚残効

視覚刺激は，聴覚刺激の奥行き方向の定位にも影響がある。たとえば，図8-4のように，両眼に与える刺激を操作し，観察者に近づいてくるように感じる映像を数分間みせた後では，定常的な音に逆方向，すなわち遠ざかっていくような変化を感じる聴覚残効が生じる（Kitagawa & Ichihara, 2002）。この残効は，奥行き方向の視覚運動への順応で生じたことになる。聴覚刺激の大きさ変化と視覚運動が同じ方向の変化の場合には聴覚残効は強まるが，逆方向の変化の場合は視覚順応の効果が消失する。また，聴覚刺激の強さの変化に順応させた後では視覚的な大きさが変化するような残効は生じないので，この現象は視聴覚で非対称な関係にある。

上述のような様々な現象を見てくると，モダリティ間で不整合な情報が与えられたとき，必ずしも視覚優位というわけではなく，視聴覚という両モダリテ

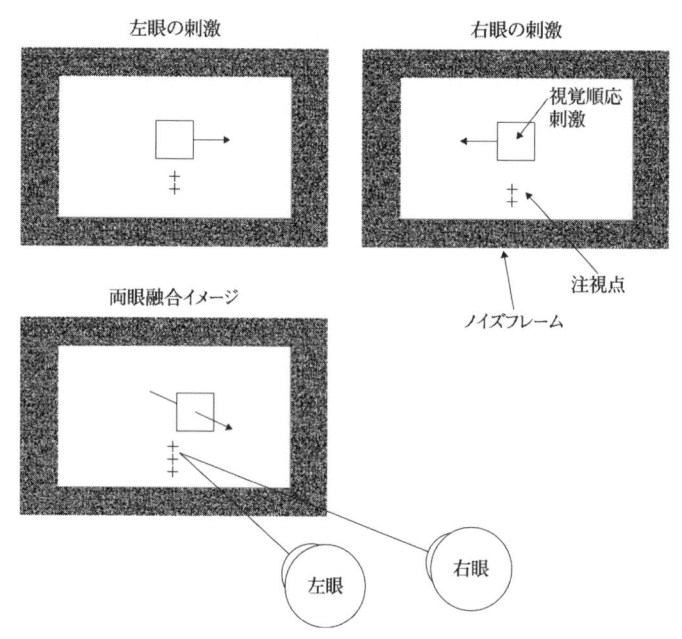

図8-4 視聴覚順応の非対称性（Kitagawa & Ichihara, 2002を参考に作成）

ィからの情報がうまく統合し，外的世界の理解に役立つような表象を形成しているると考えられる。

2　音声による視聴覚相互作用

　歴史的にいえば，視聴覚相互作用の研究は，音声，すなわち人の声による視聴覚相互作用が先行して行われた。音声による視聴覚相互作用に関する代表的な現象が腹話術効果とマガーク効果である。

(1) 腹話術効果

　腹話術効果（ventriloquist effect）は，実際には腹話術師が話しているのに，ただ口をパクパクさせている人形が話しているように感じられる現象に由来する。腹話術に限らず，テレビなどの視聴においても同様の効果が生じている。すなわち，正しい音源定位ができず，われわれにとってより正確な定位が可能

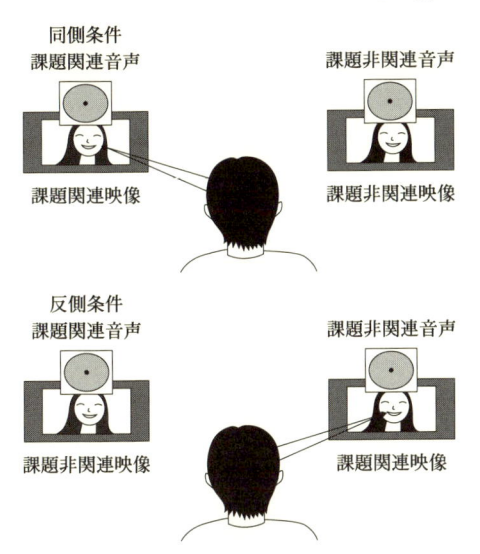

図8-5　腹話術効果（Spence & Driver, 2004 を参考に作成）

な視覚情報に推定音源が引き寄せられる現象を指す。言い換えれば，お互いに空間的に離れている視覚呈示位置と音源が1つに融合する現象である。

　たとえば，同一話者によって話された2つの単語を同一のスピーカーで聴覚刺激として同時に呈示し，片方を追唱させる課題をするとき，スピーカーの近くに唇の動きが分かるような顔映像を呈示すると，成績が向上することが確認されている（Driver, 1996）。同一スピーカーから2つの単語を呈示すると分離が難しいが，腹話術効果により片方の単語が顔映像に定位されるので，聞き取りやすくなるためだと考えられる。すなわち，この現象から，聴覚刺激間の選択以前に，聴覚情報と視覚情報が統合しているものと考えることができる。

　また，図8-5のように，左右のスピーカーで呈示される2つの音声のうち片側を追唱させる課題において，それぞれのスピーカーのそばにビデオモニターをおき，いずれかの音声を発声しているときの顔映像を呈示すると，追唱させる音声とその顔映像が同側にある場合には，反側にある場合に比べ，追唱成績が向上する（Driver & Spence, 1994）。このような向上は，音声の発声動画でない場合には生じないので，これも一種の腹話術効果と言えるだろう。

時間的腹話術効果

　一対の視覚刺激を固視点の上下に時間間隔をおいて呈示し，どちらが先に見えたかを判断する時間順序判断課題において，課題とは関係ない聴覚刺激が視覚刺激の前後に呈示されると，視覚刺激と同時呈示より，視覚刺激に対する高精度の順序判断が可能になる。これは，先行する聴覚刺激によって最初の視覚刺激が時間的に早く知覚された，すなわち視覚刺激が生じたと知覚される時間が聴覚刺激に引きつけられたことによると考えられている。音声を使った研究ではないが，この現象は時間的腹話術効果（temporal ventriloquist effect）と呼ばれる（Morein-Zamir, Soto-Faraco, & Kingstone, 2003）。視覚が正確な空間情報を提供し，聴覚は正確な時間情報を提供するという前提に立つと，これらの現象はわれわれが正確な情報を提供するモダリティを常に優先して特徴統合していることを反映していることになる。

(2)　マガーク効果

　視覚情報と聴覚情報の矛盾によって起こる，もう1つの興味深い現象がマガーク効果（McGurk effect）である（McGurk & MacDonald, 1976）。たとえば，「ガ」（/ga/）と発声している人の動画を録画し，それに「バ」（/ba/）という音声をつけて再生する（吹き替えをすることと同様である）。すなわち，「ガ」の動きの唇に，「バ」という音声を組み合わせると，「バ」でも「ガ」でもなく，多くの場合「ダ」（/da/）と聞こえる。

　子音部b，d，gは全て有声破裂音であり，3つの子音は口腔内の調音位置（破裂位置）のみが異なる。目を閉じれば音声だけで判断できるので「バ」と聞こえるが，目を開ければ唇の動きが見え，「バ」だとすると唇は閉じた位置から発声されるはずなのに，初めから開いている唇の動きから「バ」ではないと判断され，中間的な調音位置の音声である「ダ」に聞こえてしまう。その際，視覚情報と聴覚情報が不一致であることに気づかない場合が多い。女性の顔と男性の音声を使っても，また視覚情報として口の動きだけにしても，マガーク効果は生じるので，マガーク効果の生起にとって重要な視覚情報は唇の動きであることは明らかである。

　マガーク効果は，われわれが視聴覚情報を統合したマルチモーダルな処理を

行っていることを反映する代表的な現象と考えられている。また，マガーク効果自体は音声の間違った推定現象であるが，視覚情報と聴覚情報が競合しない日常的な環境では，視聴覚相互作用によって音声知覚を補完できることを示していることになる。たとえば，地下鉄などの雑音が大きく，少し離れたところにいる話し相手の音声が聞き取りづらい環境でも，相手の唇の動きが音声の理解を補ってくれるのである。

ただし，日本人は欧米人ほど強くマガーク効果が生じないといわれている。英語圏はもちろんのこと，日本語と比較的音韻体系が似ているスペイン語話者でも強いマガーク効果が生じる。一方，日本語とは音韻体系が異なる中国語話者ではマガーク効果が起こりにくいことから，会話のときに話者の顔をあまり見ない東洋的な文化習慣がマガーク効果の強弱に影響している可能性が指摘されている（積山, 1998）。

3　視触覚相互作用

(1)　ラバーハンド錯覚

視覚と触覚の相互作用に関しても，視聴覚相互作用と同様に研究が進んでいる。その中でまず，ラバーハンド錯覚（rubber hand illusion）という視触覚相

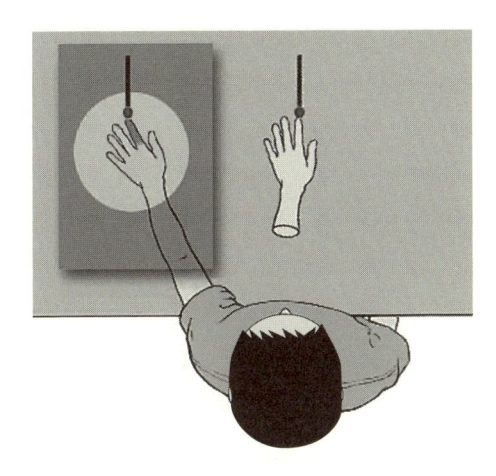

図8-6　ラバーハンド錯覚（Botvinick, 2004を参考に作成）

互作用を取り上げる。

図8-6のように，ゴムで作った作り物の手を机上におき，実験参加者自身の片腕は，衝立に隠してみえないように机上に置く。実験参加者はゴムの手を見る。実験者は，ゴムの手と本物の手を同期させながら筆でこする。このとき，実験参加者は，ゴムの手を本物の自分の手と感じるのである。さらに，30分ほどの実験の後，自分の手の位置を机の下からもう片方の手の人差し指で指し示してもらうと，ゴムの手に近づいた回答になってしまう（Botvinick & Cohen, 1998）。すなわち，自分の腕がどこにあるのかという自己受容感覚（proprioception）が，視覚や触覚との相互作用に影響され，変化してしまうことを意味する。

(2) 幽体離脱体験

もう1つの興味深い視触覚相互作用として，幽体離脱（out of body）に相当する体験ができるという現象がある（Ehrsson, 2007）。いわば，ラバーハンド錯覚の全身版ともいえる現象である。

まず，図8-7aのように，実験参加者の後姿をビデオカメラでとり，その映像を両眼のヘッドマウントディスプレイで映すと，目の前に自分の後姿が見えることになる。このような視覚情報だけでは特に幽体離脱は体験できないのだが，さらに実験者が実験参加者の胸をビデオカメラに写らないように押すのと同時に，ビデオカメラ前の何もない空間を押すような動作をする。何もない空間でも，実験者が適当な位置を押す動作をすれば，実験参加者はヘッドマウントディスプレイを通じて，自分の胸を押されているように見えることになる。これは，ラバーハンド錯覚において，ゴムの手と本物の手を同期させながら筆でこするのと同様の操作ということになる。その結果，実験参加者は図8-7bのように，自分自身が別の空間に存在しているような感覚，すなわち幽体離脱体験ができる場合がある。仮に，得られた視覚情報と触覚情報を実験参加者自身が整合的に受入れるとすると，何もない空間に自分自身が存在すると錯覚すれば，両情報に矛盾がないことになる。

ヘッドマウントディスプレイに映すものを本人の体ではなく，図8-7cのように別人にしても自分自身のように感じられるが，図8-7dのように壁のよう

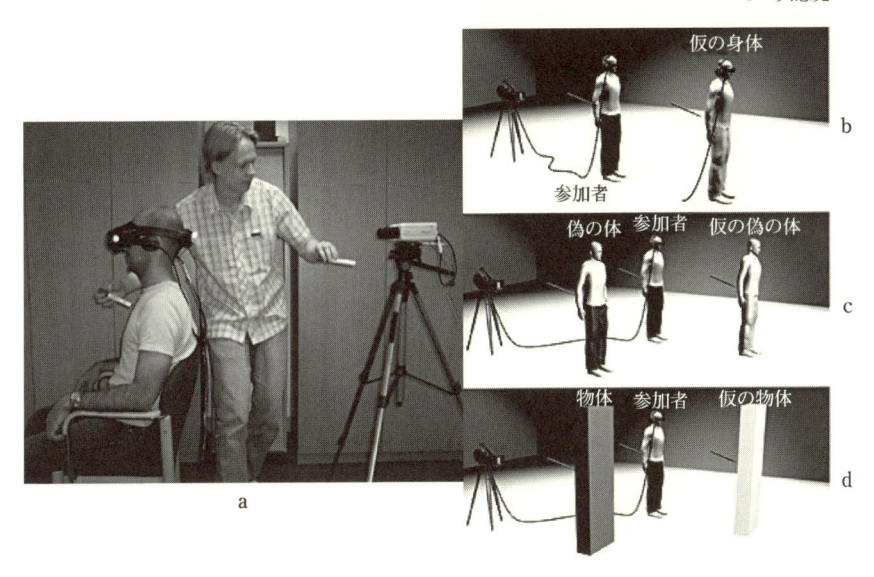

図8-7 幽体離脱（a: Ehrsson, 2007　b,c,d: Lenggenhager et al., 2007）

な物体にしてしまうとそのような感覚はなくなってしまう（Lenggenhager, Tadi, Metzinger, & Blanke, 2007）。このような幽体離脱を誘導するメカニズムはまだ明らかではなく，これまで様々に報告されてきた幽体離脱体験，たとえば自動車事故に遭った方，てんかんなどの脳障害のある方，薬物依存症患者などの体験との関係は慎重な検討が必要である。

4　共感覚

われわれの五感を隔てる壁がそれほど厚くないと感じさせてくれる現象が，共感覚である。共感覚（Synesthesia）とは，ごく一部の人だけが経験できる現象ではあるが，1つの感覚器官の刺激によって，別の感覚を得る現象であり，音を聞いたり，数字を見たりすると，色を感じるなど，2つ以上の感覚が同時に得られる現象である（Ramachandran & Hubbard, 2003）。様々なタイプの共感覚者が存在することが知られているが，ある統計によれば，共感覚者の7割近くが色字タイプの共感覚者である。このようなタイプの共感覚者は，黒色の英数字に対して，たとえばカラー図8-1のような共感覚色が見えると答える。

ただし，英米人ではYを黄色と答えやすいという共通性もあるものの，全体として共感覚者間ですべての共感覚色が一致することはない。

非共感覚者に対して，たとえばカラー図8-2aのように2種類の数字の集合を呈示しても，どちらかの数字集合がポップアウトすることはない。ところが，色字タイプの共感覚者には，カラー図8-2bのように数字に色がついて見えるので，数字2の集合が構成する三角形が短時間呈示でもポップアウトすることになる。このような共感覚者では，視線方向から離れた位置に数字を呈示し，周辺視でその数字を判別させる課題において，数字としての判別ができない場合にも，それぞれの数字の共感覚色が分かり，その色から数字を推測できる場合があることも分かっている。

色字タイプの共感覚者2人が，たとえ両者が双子であっても，全ての「色-文字」の組合せにおいて同じ対応関係を持っているのは稀であるが，個人の中では，文字と色の対応は一生変わらないと考えられている。また，色調や色の濃淡などに関する共感覚者の説明は，極めて厳密である場合が多い。たとえば，数百色の中から共感覚色を選んでもらう実験を準備しても，共感覚者は選択肢が少ないと感じ，あくまで近似色を選んでいるに過ぎないと不満に感じることがある。

(1) 共感覚とサヴァン症候群

医学的には18世紀の初頭から共感覚者の存在が報告されているが，脳内メカニズムが検討され始めたのは比較的最近である。たとえば，1993年に書かれたサイトウィック（Cytowic）の著書（Cytowic, 1993）では，共感覚者は10万人に1人といわれていたが，今ではそれよりかなり高い割合，たとえば1％程度の割合で存在すると考えられている。サヴァン症候群（savant syndrome）でもあるダニエル・タメット（Daniel Tammet）が，円周率22,514桁の暗唱に，彼自身の共感覚を使ったことなどが喧伝されたことから，共感覚をサヴァン症候群と同様の天才的能力と捉えがちである（Tammet, 2006）。タメットは，1という数字が明るく輝く白，4は内気で物静か，5は騒々しく，89は舞い落ちる雪，117は背が高くて痩せているようにみえるなどの共感覚を有していて，それを手がかりにして，円周率を暗記したことは間違いない。

サヴァン症候群は，非常に特殊な発達障害で，主に自閉症などを伴う一方で，音楽，美術，数学などに天才的能力を発揮する（Treffert & Wallace, 2002）。1988年に公開された映画「レインマン」によって，サヴァン症候群への関心が高まったと言われている。多くの場合，左脳に発達障害が見られ，その結果右脳の潜在的な特殊能力が発揮されたと考えられている。それに比べて，多くの共感覚者は目立った脳の発達障害もなく，自閉症なども伴わないし，サヴァン症候群のような天才的能力を発揮するわけではない。しかしながら，共感覚者は物心つく頃から自分の共感覚に気づく一方で，本人もしくは家族が社会的な差別を恐れ，日常生活ではそれを表に出さないのが普通であろう。共感覚を興味本位で取り上げる社会ではなく，正しく理解する社会でなければならないと思う。

(2) 共感覚と芸術家

作曲家のスクリャービン（Scriabine）や，画家のカンディンスキー（Kandinsky）など，多くの芸術家が共感覚者だったのではないかと言われている。たとえば，スクリャービンについては学術論文にも取り上げられ，聴いている曲や調の色を答えたことが報告されている（Myers, 1915）。しかし，今日的な意味で統制された実験や調査が行われているとは言いがたく，多くの芸術家が共感覚者だったという主張に疑問を提起する研究者も少なくない（Harrison, 2001）。

その根拠の1つは，共感覚に女性が多い（調査した共感覚者の95％以上が女性であったという報告もある）にも関わらず，共感覚者であったとされている歴史上の人物の大部分は男性であることである。また，共感覚者の一親等血縁者にも共感覚者がいる可能性が高く，共感覚には遺伝的要因もあると考えられている。これらのことから，X染色体（X chronosome）の関与が考えられ，遺伝子レベルでの研究も進められているが，今のところX染色体に特定された説明はされていない。

(3) 共感覚のメカニズム

モダリティをまたぐ共感覚としては，音に色を感じる色聴タイプの共感覚者

が多いことから，このような共感覚の要因としては，脳における処理経路の構造的な近接部位での漏洩もしくは混線という説や，大脳辺縁系（第9章参照）の働きが意識にのぼるという説，乳幼児のときは脳の神経回路が未分化であり，普通ならその後に起こるはずのアポトーシス（apoptosis, 不要になった細胞の，あらかじめプログラムされた能動的な細胞死）が特定の遺伝子によって起こらなかったとする説など様々な仮説が検討されている。

特に，最初の仮説の場合，通常は別個に働く脳の2つの部位がお互いに活性化し合う交差活性化（cross-activation）によって生起すると考えられている。また，数字に色がついて見えるのは，子供の頃に色付きの数字で書かれた絵本を読んでいたなどの幼児期の体験に基づく環境的要因ではないかと考える研究者もいる。同様に，後天的と見られる，眼や脳の疾患，精神疾患，薬物乱用による共感覚も存在するが，先天的な共感覚者の生起要因とは区別して考える必要があるだろう。しかしながら，後天的な共感覚者の存在は，共感覚の生起メカニズムに重要な示唆を与える。たとえば，共感覚が発達段階のアポトーシスによって消えるとすれば，後天的にも共感覚と同様の現象が生起することを説明することは難しい。

それよりも，われわれは誰でも共感覚を引き起こす可能性を有する属性間の結合関係を持っているが，たとえば非共感覚者は属性間の興奮性結合と抑制性結合のバランスがうまくとれているので交差活性化せず，結果的に2つの感覚が共感覚として同時に意識されることはないと考えられる。一方，共感覚者は属性間の興奮性結合と抑制性結合のバランスに偏りがあり，属性間で交差活性化するのではないかと考えられる。もちろん，このような説明だけで全ての共感覚現象を説明することはできないので，今後とも研究を進めていくことが必要である。

(4) ブーバ／キキ効果

共感覚者の特性と比較しながら調べてみると，非共感覚者の視覚情報処理においても様々な属性と相互作用する可能性，すなわち共感覚的な認知が存在する可能性が高いと考えられる。

たとえば，ブーバ／キキ効果（Bouba/kiki effect）とは，ラマチャンドラン

4 　共感覚

図8-8　ブーバ／キキ効果（Ramachandran & Hubbard, 2003）

(Ramachandran) らが取り上げた共感覚的な現象であるが（Ramachandran & Hubbard, 2003），1929年にゲシュタルト心理学者のケーラー（Wolfgang Köhler）もすでに同様の現象（Maluma/Takete effect）を報告している。

Let's try !　図8-8のような，丸みを帯びた滑らかな曲線で囲まれた図形と，直線で囲まれた鋭く尖った図形について，ブーバ（bouba: 唇音）とキキ（kiki: 非唇音）どちらであるかを選択してみて下さい。その選択結果は劇的であり，母語や年齢の違いに関係なく，98％の人たちが丸みを帯びた図形をブーバ，尖った図形をキキだと答える。

これは，言語音と視覚的な形の共感覚的な現象と考えることができる。すなわち，われわれが日常物体などを命名するときにも，無意識のうちに共感覚的な認知に基づいている可能性がある。このような現象から，共感覚という現象は決して特殊ではなく，共感覚者と非共感覚者という2分法的な見方をするべきでもなく，共感覚的性向が連続的に分布していると考えた方が妥当ではないかと思われる。サイトウィックが主張するように，共感覚は私たち誰もがもっている正常な脳機能なのだが，その働きが意識にのぼる人が一握りしかいない

だけだと考えられる (Cytowic, 1993)。

参考文献

Botvinick, M. (2004). Probing the neural basis of body ownership. *Science,* **305**, 782-783.
Botvinick, M., & Cohen, J. (1998). Rubber Hands 'Feel' Touch That Eyes See. *Nature,* **391**, 756.
Cytowic, R. E. (1993). *The Man Who Tasted Shapes.* New York: G. P. Putnam's Sons. (シトーウィック, R. E. 山下篤子 (訳) (2002). 共感覚者の驚くべき日常 草思社)
Driver, J. (1996). Enhancement of selective listening by illusory mislocation of speech sounds due to lip-reading. *Nature,* **381**, 66-68.
Driver, J., & Spence, C. J. (1994). Spatial synergies between auditory and visual attention. In C. Umiltà & M. Moscovitch (Eds.), *Attention and Performance XV: Conscious and nonconcious information processing* (pp. 311-331). MIT Press.
Ehrsson, H. H. (2007). The experimental induction of out-of-body experiences. *Science,* **317**, 1048. (図は The American Association for the Advancement of Science(AAAS) の許可を得て転載)
Fujisaki, W., Shimojo, S., Kashino, M., & Nishida, S. (2004). Recalibration of audio-visual simultaneity. *Nature Neuroscience,* **7**, 773-778.
Harrison, J. (2001). *Synaesthesia The Strangest Thing.* Oxford University Press. (ハリソン, J. 松尾香弥子 (訳) (2006). 共感覚——もっとも奇妙な知覚世界 新曜社)
Kitagawa, N., & Ichihara, S. (2002). Hearing visual motion in depth. *Nature,* **416**, 172-174.
Lenggenhager, B., Tadi, T., Metzinger, T., & Blanke, O. (2007). Video Ergo Sum: Manipulating Bodily Self-Consciousness. *Science,* **317**, 1096-1099. (図は The American Association for the Advancement of Science(AAAS)の許可を得て転載)
McGurk, H., & MacDonald, J. (1976). Hearing lips and seeing voices. *Nature,* **264**, 746-748.
Morein-Zamir, S., Soto-Faraco, S., & Kingstone, A. (2003). The capture of vision by audition: Deconstructing temporal ventriloquism. *Cognitive Brain Research,* **17**, 154-163.
Myers, C. S. (1915). Two cases of synethesia. *British Journal of Psychology,* **7**, 112-117.
Ramachandran, V. S., & Hubbard, E. M. (2003). Hearing Color, Tasting Shape. *Scientific American,* **5**, 53-59. (ラマチャンドラン, V. S., ハバード, E. M. (2003). 数字に色を見る人たち——共感覚から脳を探る 日経サイエンス, 8月号, 42-51.)
積山薫 (1998). 視覚と聴覚の接点 日本音響学会誌, **54**, 450-456.
Sekuler, R., Sekuler, A. B., & Lau, R. (1997). Sound alter visual motion perception. *Nature,* **385**, 308.
Shams, L., Kamitani, Y., & Shimojo, S. (2000). What you see is what you hear. *Nature,* **408**, 788.

下條信輔（2008）．サブリミナル・インパクト——情動と潜在認知の現代　筑摩書房
Shipley, T. (1964). Auditory Flutter-Driving of Visual Flicker. *Science,* **145**, 1328-1330.
Spence, S., & Driver, J. (2004). *Crossmodal space and crossmodal attention.* Oxford University Press.
Strogatz, S. (2003). *SYNC: The Emerging Science of Spontaneous Order.* New York: Theia.（ストロガッツ, S.　長尾力（訳）（2005）．SYNC——なぜ自然はシンクロしたがるのか　早川書房）
Tammet, D. (2006). *Born on a blue day.* London: Hodder & Stoughton.（タメット, D.　古谷美登里（訳）（2007）．ぼくには数字が風景に見える　講談社）
Treffert, D. A., & Wallace, G. L. (2002). Islands of Genius. *Scientific American,* **286**, 6, 76-85.（トレッファート, D. A., ウォレス, G. L.（2002）．右脳の天才——サヴァン症候群の謎　日経サイエンス, 9月号, 58-67.）

第9章　脳，そして意識

　　　脳は肉でできたコンピュータである。　　　　　　——マービン・ミンスキー

　　　実際の脳や精神の状態はきわめて個人的なものである。
　　　　　　　　　　　　　　　　　　　　　　　　　　——オリバー・サックス

　人間の脳は，全身のエネルギー消費の中の約25パーセントを占めるといわれている。これは，ラットの5％，サルの10％と比べても，はるかに高い消費量である。しかし，そのエネルギーはほぼ全て脳という物理的な組織の維持管理に使われていると考えられているので，その物理的な組織にさらにほんのわずかなエネルギーを上乗せしただけで，心もしくは高度な精神活動が実現されていると見なすこともできる。

　大脳の表面から深さ2〜3ミリのところまでにニューロンが集中しており，それが大脳皮質である。その大部分は，進化的にもっとも若いとされる新皮質（neocortex）で占められている。他の動物に比べてはるかに発達しているが，専門家でなければ，1立方ミリメートルの脳組織が，サルのものかヒトのものかが区別できないほどだという。人間の新皮質とそれぞれの部位をつないでいる構造をあわせると，脳の体積の約80％になる。

　これまで，多くの脳機能は皮質のどこかに局在していると考えられてきた。機能局在に関しては，かつてガル（Gall）が，脳は精神活動に対応した27個の器官の集まりであり，その器官の差が頭蓋の大きさや形状に現れると主張した。その主張は，もっとも初期の脳機能局在論であり，19世紀前半に骨相学（phrenology）として広まったが，解剖学的知見が蓄積されるにしたがって，衰退した。皮質と機能の関係に目を向けた科学的研究としては，フランスのブ

第9章 脳，そして意識

ローカ（Broca）が脳の左半球の前頭葉にある部分が損傷するとき，きまって失語症（aphasia）が起こることに気がついた1861年に遡ることができる。現在，その部位はブローカ野（Broca's area）と呼ばれているが，それ以降今日までの脳科学の進展により，脳における視覚情報処理も，機能別に担当領野が異なることが知られるようになった（Zeki, 1992）。すなわち，それぞれの担当領野が整然と処理を積み重ねて，視覚情報処理の最終ゴールへたどり着くことになる。

ところが，脳の構造はクルージ（kluge）に他ならないと主張する研究者もいる（Maucus, 2009）。クルージとは，エレガントにはほど遠く無様であるにも関わらず，驚くほど効果的な解決法という意味だそうだ。視覚系におけるクルージの代表が，すでに第1章で取り上げた網膜の構造である。網膜は，入力光とは逆向きに受光部があり，いかにも非効率であるとともに，そういう構造のために盲点も存在する。その一方で，わずかの光量子でも見分ける能力が備わっており，逆向き受光という制約の中では最も洗練されたシステムであると言えるだろう。

同様に，脳の構造も現時点での目的のために最適な設計図で仕上がっているわけではなく，進化の過程であり合わせのものを使い回していることを常に知る必要があるだろう。進化の痕跡もきちんとたどる必要があるし，完璧なシステムではないわれわれの限界を知ることは重要だと思われる。このことが，本書の「はじめに」でも述べた通り，脳の機能に関して，神経生理学を代表とするミクロな視点と認知心理学を代表とするマクロな視点という双方からの検討が常に必要であるという主張につながる。結局のところ，それは人間とは何かを根源から問うことになり，その中で，脳と意識の問題を考えていくことが必要なのである。

本章では，視覚科学に関する脳研究の進展と，視覚を手がかりにして進められている意識の問題を取り上げることにしたい。

1 脳機能計測

すでに，本書の「はじめに」において，行動の観察こそが認知心理学的な研

究であると述べた。心とは，行動そのものではなく，その原因となる脳状態のことであるという説は「心脳同一説（identity theory）」と呼ばれる。その説にならうまでもなく，行動の観察だけでなく，脳という物理的な存在を調べることも重要なのは明白であろう。近年，脳活動の計測装置が発達し，認知心理学研究と組み合わせることにより，視覚のメカニズムを明らかにすることも可能になってきた。

(1) 非侵襲的計測法

侵襲性（invasiveness）とは，組織内に何かを割り込ませるという意味の医学用語であり，動物を用いた微小電極による脳細胞の活動を記録する電気生理実験は侵襲計測である（岡嶋，2008）。しかし，人間に対する脳機能計測は基本的に頭皮外での計測であり，いずれも非侵襲計測である。代表的な非侵襲計測法が，脳波（electroencephalogram: EEG と略される），脳磁波（magnetoencephalogram: MEG と略される），機能的磁気共鳴断層撮像（functional Magnetic Resonance Imaging: 以下 fMRI），陽電子断層撮像（Positron Emission Tomography: 以下 PET）である。いずれにしても，非侵襲計測は，大域的な脳活動を得る方法であり，各計測法の原理をふまえて，慎重に扱う必要がある。大別すると，脳波と脳磁波に代表される電磁的な変化を捉える方法と，fMRI，PETに代表される神経活動の代謝を捉える方法があるので，以下で順に説明することにする。

電磁的な変化

電磁的な変化とは，電気的な神経細胞の活動によって生じる電位差（脳波）もしくは誘導磁場（脳磁波）であり，刺激によって誘発された波形（多くの場合，加算平均された波形）が得られる。このような測定法で計測できる活動は，10^6個程度の神経線維の活動ではないかと考えられている。観察された波形の立ち上がり時間や電位の振幅などから得られる情報は少なくない。特に，高い時間解像度を有する波形の潜時は，脳活動の時間特性を知る重要な手がかりである。

また，ある時点での脳活動領域が局在していると仮定すると，脳波や脳磁波

から脳活動部位とその活動の大きさを推定することも可能になる。ただし，脳波や脳磁波という波形から活動部位を推定することは，出力から入力を求めるという典型的な逆問題（inverse problem）となり，一般に簡単に解くことはできない。もしある瞬間に1領域だけ顕著な脳活動が仮定されるならば，この種の逆問題を解くことは易しくなるが，そのような仮定が妥当である視覚現象はそれほど多くないだろう。

神経活動の代謝

神経活動の代謝とは，たとえば血液中のヘモグロビンを介した酸素受給が行われ，神経活動に伴うエネルギーを生成する過程を指す。PETは，酸素の放射性同位体 ^{15}O を用いて生成した水を体内に注入し，その陽電子の放射を測定する方法である（Posner & Raichle, 1994）。一方，fMRIは血液中の酸化ヘモグロビン（oxyhemoglobin）と還元ヘモグロビン（deoxyhemoglobin）の濃度変化を，磁場の分布を微小に傾斜させることによって，水素原子核のスピンの共鳴で生じるエコーで捉える方法である。PETやfMRIは，逆問題を解くことなく，活動部位の推定を行うことができる利点を有する反面，代謝に伴う血液中の酸素濃度の変化は秒単位の時間スケールで生じる現象なので，時間解像度が低いという欠点がある。また，PETは放射性同位元素を生成するための円形加速器であるサイクロトロン（cyclotron）が隣接していなければならず，実験参加者の放射線被曝を最小限にとどめるために実験時間の制約もある。

(2) fMRI

計測装置の長短を総合的に考えると，現状の脳機能計測ではfMRIが用いられることが圧倒的に多い。そこで，fMRIでの実験法に関して，さらに詳細に説明する（具体的には，月本・菊池・妹尾・安保・渡邉・米本（2007）などを参照）。MRI（Magnetic Resonance Imaging）は，ガントリー（gantry）と呼ばれるトンネル構造の中で強力な磁場を生成し，主に水素原子核の量子力学的なスピンの性質を利用し，水素の付着している分子が水か脂質かを見分ける断層撮像法である。水素原子核のスピンの向きが元に戻っていく緩和時間の違いにより，水もしくは脂質からの信号を強調した撮像が可能である。したがって，

MRIは脳に限らず，元来は体内の臓器の構造を明らかにするための装置である。fMRIはMRIの一部であり，まったく同じ装置を用いるが，fMRIは脳機能を計測するために血流量の変化を視覚化する撮像法という意味で使われる。

BOLD法

fMRIは，上述したように血液中の酸化ヘモグロビンと還元ヘモグロビンの濃度変化を強調した撮像法である。その中で，BOLD（Blood Oxygenation Level Dependency）法がfMRIの基本的な計測法である（Ogawa, Lee, Kay, & Tank, 1990）。このBOLD法について説明する。脳活動を伴った賦活領域では，血流量が20から40％増加するが，酸素の消費量は5％しか増加しない。このため，還元ヘモグロビンに比べて磁化されにくい酸化ヘモグロビンの量が相対的に増加し，賦活領域では磁気共鳴信号が変化する。BOLD法は，この原理を利用して賦活領域として画像化することになる。1ミリメートル以下の高空間分解能を有するが，脳活動の間接的な測定原理であることから考えると，あくまで脳が賦活している可能性を示しているに過ぎない。たとえば，fMRIは神経活動の代謝に基づくので，興奮性と抑制性のニューロンが拮抗的に働き，結果的に神経系が何も賦活していないときでも，酸素が消費され，高い脳活動として捉えてしまう場合がある。

ブロックデザイン

fMRIの解析では，刺激に誘発された脳の賦活以外の情報を除外するために，レスト（rest）と呼ばれる，何も刺激呈示していないときの脳の活動状態を撮像し，刺激によって有意に変化がある領域を同定する。そして，有意に変化した領域が刺激によって賦活された可能性が高いと見なす。

具体的な実験方法として，fMRIを用いてBOLD法による計測をする場合に用いられる最もシンプルな刺激呈示法であるブロックデザイン（block design）について説明する。ブロックデザインとは，一定の期間（数秒から数十秒）の持続的な刺激呈示と，同じ期間のレストを対にして実験する方法である。

賦活領域は，SPM（Statistical Parametric Mapping）という国際標準の画像

第9章 脳，そして意識

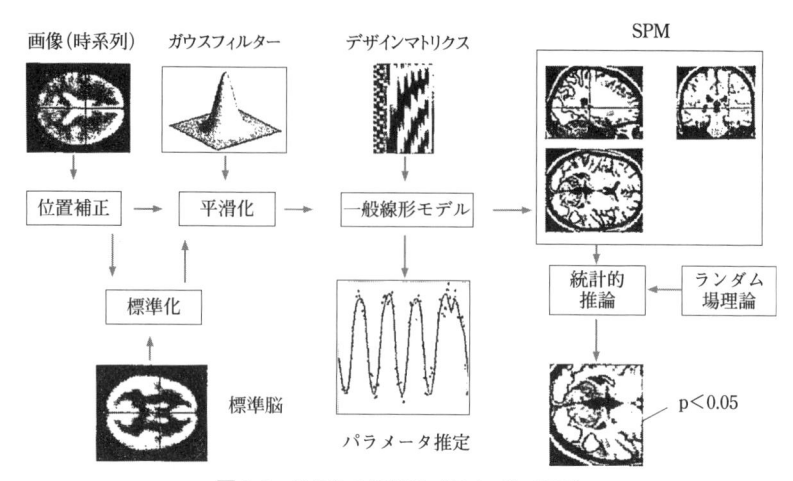

図9-1 fMRIの解析法（月本 他, 2007）

解析用ソフトウェアを使用して解析されることが多い。SPMでは，図9-1に示す通り，位置補正や平滑化などノイズへの様々な対応や，標準脳に当てはめを行ってから，一般線形モデル（general linear model）やランダム場理論（random field theory）を用いた補正が行われ，脳の特定の部位が刺激呈示期間とレスト期間との間で有意に変化したかが検定される。標準脳としては，MNI305（モントリオール神経学研究所（MNI）で撮影された20代の健常な男女305人の脳画像の平均）もしくはColin 27（MNIの研究者であるColin Holmesの脳画像を27回撮影した脳画像の平均）が使われることが多い。

　高い空間解像度を持つfMRIは，高い時間解像度を持つ脳波もしくは脳磁波と組み合わせると相補的な役割分担が可能になり，そのような試みも盛んに行われている。

2　視覚関連領野

　まず，脳全体の構造を簡単に説明し，その中の視覚関連領野を取り上げ，各領野によって，どのような情報処理が行われるのかを確認していくことにする。
　脳は，大脳（cerebrum），間脳（interbrain），中脳（midbrain），小脳（cerebellum），脳幹（brain stem）などからなる。高度の知的活動を司る大脳は左半

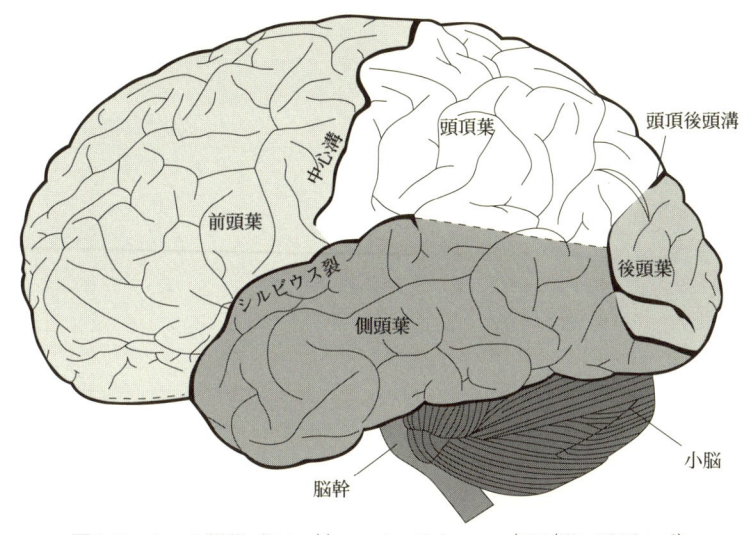

図9-2 4つの脳葉 (http://www.bartleby.com/107/illus728.html)

球（left hemisphere）と右半球（right hemisphere）に分かれ，また表層部である大脳皮質と，内部の大脳辺縁系（limbic system）や大脳基底核（basal ganglia）からなる。大脳皮質はさらに，図9-2のように，後頭葉（occipital lobe），側頭葉（temporal lobe），頭頂葉（parietal lobe），前頭葉（frontal lobe）という4つの脳葉（brain lobe）に分けることができる。シルビウス裂（Sylvian fissure）が，前頭葉および頭頂葉と，側頭葉を上下に分け，中心溝（central sulcus）が前頭葉と頭頂葉を前後に分けている。そこで，シルビウス裂よりも腹側（すなわち，下側）を側頭葉，中心溝よりも吻側（すなわち，前側）を前頭葉，中心溝よりも尾側（すなわち，後側）でシルビウス裂の終わるあたりまでを頭頂葉，その尾側を後頭葉と呼ぶ。後頭葉と頭頂葉との境界は明瞭でない。後頭葉が低次視覚を担うが，それ以外の3つの脳葉も部分的には視覚関連領野になっている。

(1) ブロードマン地図

大脳皮質の解剖学的・細胞構築学的区分として，ブロードマン地図（Brodmann Area）というさらに細かい領域に分割された脳地図が使われてきた。ブロー

ドマン地図では，大脳皮質を48領域に分けている（1野から47野と52野。すなわち48野から51野までは欠番）。図9-3a は，20世紀初めにドイツの解剖学者ブロードマン（Brodmann）が，大脳皮質の組織構造が均一である領域に1つずつの番号を付した地図であり，それが図9-3b のように大まかな機能ごとに対応付けられることから，広く利用されてきた。いずれも，上段が大脳半球を外側から見た地図，下段が内側から見た地図である。ただし，神経生理学や脳機能計測などの研究が進み，各部位の脳機能が明らかになるにつれて，ブロードマン地図は使われなくなっている。たとえば，ブロードマン地図の17野は，今日では第一次視覚野と呼ばれる。

(2) 視覚情報処理経路

第1章で説明した通り，外界からの視覚入力は網膜，外側膝状体，第一次視覚野の順に処理されるが，脳機能計測が一般的になるまでは，人間の脳における視覚情報処理過程を調べることは難しかった。そこで，ネコやサルなどの脳を微小電極で調べる神経生理学的研究が行われており，現在も精力的な研究が進められている。図9-4は脳を広げた状態をあらわしているが，図9-4でテクスチャが付けられたマカクサルの大脳皮質の多くの部位が視覚関連領野であることが明らかにされた（Van Essen, Anderson, & Felleman, 1992）。大脳皮質の多くの部位が視覚関連領野であることは人間でも同様である。さらに，図9-5のように第一次視覚野以降で，腹側経路（ventral pathway）と背側経路（dorsal pathway）に分かれ（Shipp & Zeki, 1985），それぞれ側頭葉や頭頂葉へと伝達されている。

腹側経路

腹側経路は，階層的に視覚情報処理をしていると考えられている。第一次視覚野（V1）は，特定の方位の線分に選択的に反応する細胞があり，第二次視覚野（V2）と第四次視覚野（V4）には，特定の曲率を持った曲線や，特定の角度の角や，同心円や，十字に反応する細胞がある。V2 では，主観的輪郭に反応する細胞も見つかっている（von der Heydt, Peterhans, & Baumgartner, 1984）。V4 の細胞は，光の波長に選択的であり，モンドリアン図形の色に反応

2 視覚関連領野

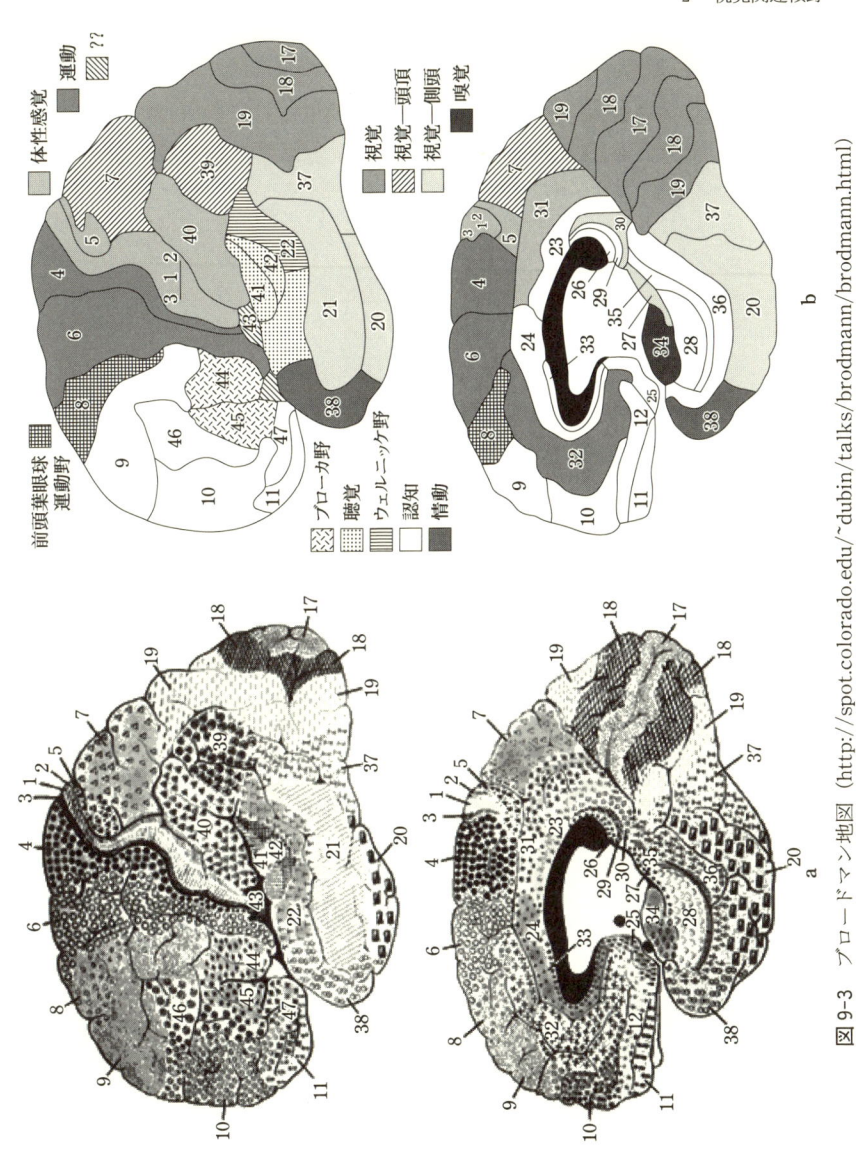

図 9-3 ブロードマン地図 (http://spot.colorado.edu/~dubin/talks/brodmann/brodmann.html)

第9章 脳，そして意識

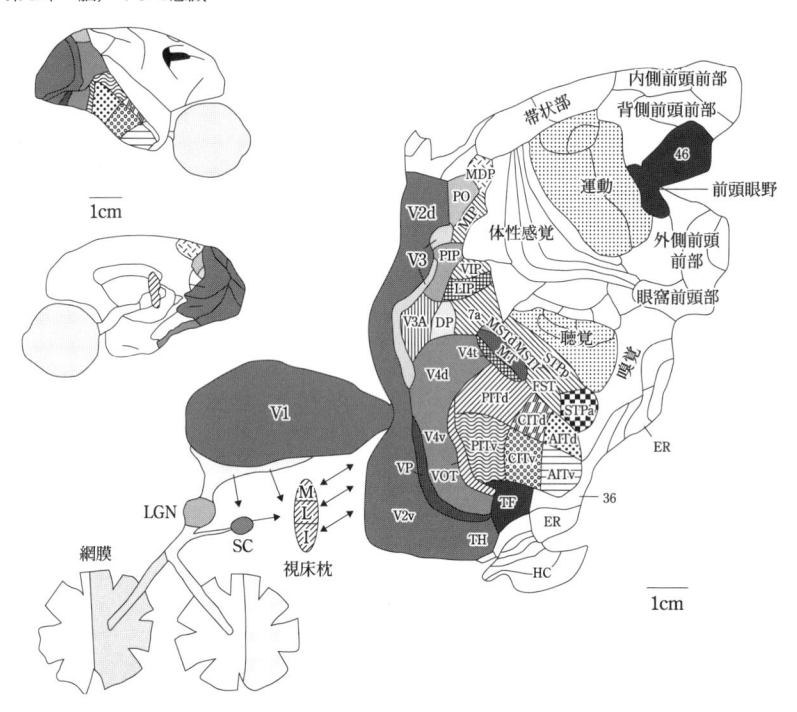

図 9-4 視覚関連領野（Van Essen et al., 1992）

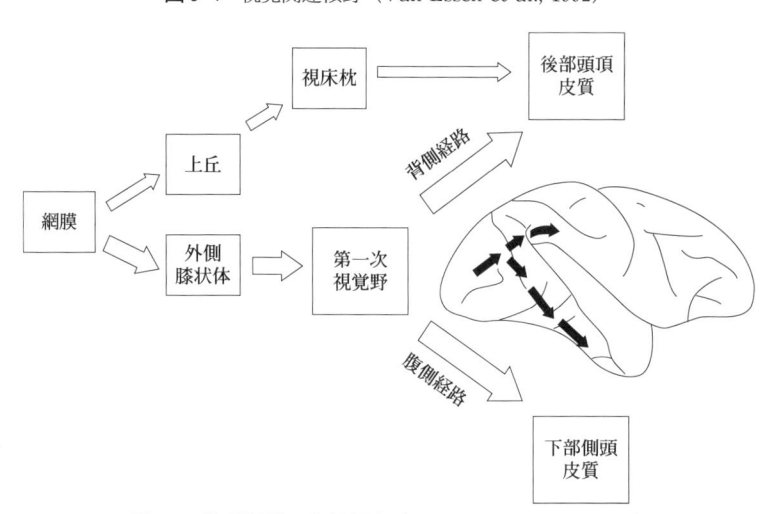

図 9-5 腹側経路と背側経路（Goodale & Milner, 2004）

する (Zeki, 1992) が，照明に依存しないことから，色の恒常性がある色知覚と一致する。そして，腹側経路の最終ステージである下側頭葉皮質 (inferior temporal cortex) には，複雑な図形，形とテクスチャの組合せ，形と色の組合せ，形と色とテクスチャの組合せに反応する細胞がある (Fujita, Tanaka, Ito, & Cheng, 1992)。

背側経路

背側経路は,「もうひとつの視覚」と呼ばれ (Goodale & Milner, 2004)，視覚情報を行為に変換する経路であると考えられている。MT (medial temporal) 野は第五次視覚野 (V5) とも呼ばれるが，その細胞は視覚刺激の運動方向に選択的に反応する。MST (medial superior temporal) 野の細胞は，MT 野の細胞より大きな受容野を持ち，直線運動だけではなく，放射運動や円運動などの複雑な運動を抽出していると考えられる。また，頭頂葉では標的に手を伸ばすときに賦活するニューロンや，サッケードや随従眼球運動のときに賦活するニューロンもある。これらのニューロンは，後部頭頂皮質 (posterior parietal cortex) にまとまっている。外界に対する意識的な視覚体験は，背側経路ではなく腹側経路に基づいていると考えられている。テニスボールをうまく打ち返すには，コートを走り回りながら，網膜に映る情景が劇的に変化する中で，ボールの像が近づいていることを一瞬にして判断し，ラケットを振る行動につなげなければならない。このような過程は主に背側経路に基づいている。すなわち，観察者は自分の位置の変化に伴う網膜像の変化も意識できないことと引き換えに，高速な処理が実現されていると考えられる。

上丘経路

図9-5からもわかるように，第一次視覚野を介さない経路もあり，網膜，中脳の一部である上丘 (superior colliculus)，間脳の一部である視床枕 (pulvinar) などを介して，空間把握の情報統合に関わる頭頂連合野 (parietal association area)，および随意眼球運動の中枢と言われる前頭眼野 (frontal eye field) へと伝達する。この経路によって，サッケードの定位運動や，後述する盲視が可能になっている。

第9章 脳，そして意識

サッケード生成には並列的な脳内経路があることが知られているが，サッケード生成に最も密接に関連するのは，上丘を介した大脳皮質の頭頂間溝外側部 (lateral intraparietal area) と前頭眼野である。身体運動によって生じる網膜像の変化は，動眼中枢から発せられる眼球位置神経信号であるコロラリー・ディスチャージ (corollary discharge) によって相殺されると考えられている（本田，2009)。このコロラリー・ディスチャージの神経基盤は，上丘から視床を経て，前頭眼野に至る経路である可能性が高い (Sommer & Wurtz, 2002)。

(3) 視覚的注意に関わる部位

ある空間的位置に注意を向けるとき，主に3つの部位が賦活する。頭頂葉，視床枕，そして上丘である。すなわち，頭頂葉，視床枕，上丘が結びつき，注意の制御を助けるネットワークを形成していると考えられている。視覚的注意における頭頂葉の役割は明確ではないが，注意位置を移動しないように眼球運動を抑制したり，聴覚や触覚など他のモダリティの情報と統合したりする役割を果たしていると考えられる。また，様々なモダリティから入力され得るような情報を監視しなければならない場合，前帯状回 (anterior cingulate gyrus) が賦活する。前頭眼野は，複雑な課題の遂行を制御するときに賦活するが，特定の空間的位置にバイアスをかけ，処理を促進し，維持する役割を果たしていると考えられている。

(4) オブジェクト認知に関わる部位

オブジェクト認知に関わる脳部位も分散しているが，それぞれ異なる処理が行われていると考えられている（西野・安藤，2008)。外側後頭複合体 (lateral occipital complex) は意味的処理段階より前の段階で，輪郭のある線図形や物体を呈示したときに賦活する部位である。下側頭回 (inferior temporal gyrus) では，物体表象が視点依存的か視点独立的かについて論争が続いている。紡錘状回 (Fusiform Gyrus) と呼ばれる側頭葉底部の領域は，顔のみが表象されているという主張 (Kanwisher, 2000) と，長年かけて学習されてきた物体が表象されているという主張 (Gauthier, Tarr, Anderson, Skudlarski, & Gore, 1999) の間で厳しい論争がある。これは，オブジェクト認知において，顔認知が特異的

であるかどうかという議論と密接につながっている。ただし，Haxby, Gobbini, Furey, Ishai, Schouten, & Pietrini（2001）は，腹側側頭葉（ventral temporal lobe）には，顔や日常物体の表象が拡散し，分散表現されていると主張している。頭頂間溝（intraparietal sulcus）は，物体のイメージ操作や3次元形状処理に関与しているといわれている。

(5) ミラーニューロン

ものをつかむ行為に関わるニューロンとしては，指先でつまんだり，手全体でつかんだりする把持運動ごとに異なるニューロンが，マカクザルの下前頭回や下頭頂皮質に存在する。ただ，このようなニューロンは，ある把持運動だけで活動するのではなく，他者が同じ把持運動をするのを観察したときにも活動した。他者の行為が自分の行為と同様に反応することから，このようなニューロンはミラーニューロン（mirror neuron）と呼ばれている（Rizzolatti & Sinigaglia, 2006）。ヒトにおいても対応する領野にミラーニューロンが存在すると考えられており，ミラーニューロンの役割は，目標や意図の理解，もしくは共感と関連づけて考えられている。ヒトにおいて，ミラーニューロンはブローカ野に近い領野で見つかっていることから，ミラーニューロンによる身振りの実行／理解のシステムからわれわれの言語が生まれた可能性もある。

3 脳の障害

(1) 半側空間無視

常に皿の右側にある食べ物だけを食べ，また視野の左側にある物体にはぶつかってしまうといった患者は，視野の片方に気づいていない。もし，図9-6のように，絵（たとえば，花瓶に生けられた花の絵）を模写したり，ある物体（たとえば時計）の絵を描くように求めると，絵や物体の半分しか描かない（Styles, 2006）。また，沢山の線分に対して，線を引いて×印を作る課題（線分抹消検査，crossing-out task）では，片側に描かれた線分にしかマークしない。このような問題の背後には視覚的な障害があり，半側空間無視（spatial hemineglect）と呼ばれる。このような患者は，自らの挙動の「奇妙さ」に全

第9章 脳,そして意識

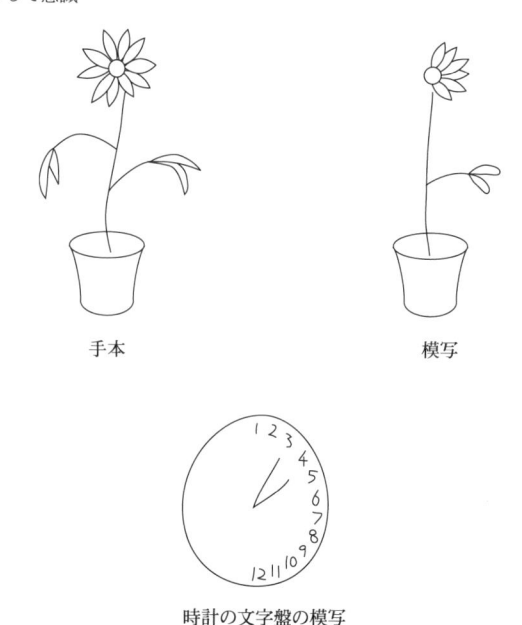

手本　　　　　　　模写

時計の文字盤の模写
図9-6　半側空間無視患者の模写例（Styles, 2006を参考に作成）

く気づかない。このような患者は眼球や網膜などの機能はまったく正常であるが,まるで視野の片側を知覚していないように行動する。

(2) 視覚的消去

別の障害でしばしば半側空間無視と関連づけられるのは,視覚的消去(visual extinction) である。この問題を抱えた患者は,視覚呈示された1つの対象を同定する（identify）ことには何の困難も無いにも関わらず,もし2つの対象が同時に呈示されると,片側の対象が見えなくなってしまう。視覚的消去を示す患者は視覚的な障害を負っているのではなく,もっと高次の問題であると考えられている（Volpe, LeDoux, & Gazzaniga, 1979）。すなわち,2つの対象が同時に呈示されている場合においても,患者はそれら2つが同じものであるか,あるいは違うものであるかについて強いて判断してもらうと,正しい判断を下すことができるが,それでも患者はそれが何であったかはわからないと主張する。消去された刺激は,対象間で比較可能な程度まで処理済みである

にも関わらず，意識的に認識されるまでは到らないと考えられる。

(3) バリント症候群

空間的課題において重大な障害があるバリント症候群（Balint syndrome）の患者は頭頂後頭部に損傷をもつ。視覚的な刺激に注意を向けるのが困難なだけではなく，何かに触れるときに腕や手を正しい方向に向けることにも失敗する。また，ものをつかむときに指の形を正しく調節することもしない。目と手の協調を要求すると，障害はもっとも顕著である。バリント症候群の研究において，2つの単語か2枚の写真を固視点の上下に同時に呈示したときは視覚的消去を示したが，1枚の写真と1つの単語の呈示の場合には，写真が単語を消去させる傾向があった（Humphreys, Romani, Olson, Riddoch, & Duncan, 1994）。すなわち，単語のみの呈示であれば報告できるにも関わらず，写真が同時に呈示されると単語の報告ができなかった。

バリント症候群は，前述した半側空間無視や視覚的消去と同様に，視覚的注意に関わる障害と考えられている。

(4) 盲視

視覚情報が外側膝状体を通って最初に大脳皮質で処理されるところが第一次視覚野である。この部位が損傷を受けると，盲目とは異なる盲視（blindsight）という現象が起こることが知られている（Weiskrantz, 1986）。右半球の一部，とりわけ第一次視覚野を取り除く手術後，患者DBの左視覚野の大部分に影響があり，半盲（半側視野欠損）を示した。時間が経つにつれて，この盲目領域は，より狭い左側の4分の1まで収縮した。それ以外の領域でDBは，彼が見えないと主張した物体を指さしたりできるようになり，実際には驚くほどそれらが正確であった。また，障害のある視野にある色や簡単な形を弁別できる症例なども明らかになっている。盲視は，脳損傷によって「見え」という意識が障害を受けることを示している。盲視は第一次視覚野を介さない上丘経路などによって行われる視覚情報処理であると考えられている。「見え」という意識に関わる経路が第一次視覚野を含んだ腹側視覚経路であるために，盲視において「見え」という意識が伴わないことは，整合的な現象といえる。

(5) シャルル・ボネ症候群

シャルル・ボネ症候群（Charles Bonnet syndrome）とは，白内障などで視力が損なわれている患者の中で，リアルに幻視（visual hallucination）を体験する人たちである。見えるものは様々であるが，非常に鮮明であり，実物としか思えないというが，目を閉じると消える。視力が低下すると，視覚関連領野が情報を渇望し，あるリアリティに自由に近づけてしまうために生じる現象かもしれない。実際に，シャルル・ボネ症候群の人々に対して脳機能測定をすると，顔が現れる前は顔認識に関わる紡錘状回，色のついた模様が現れるときはV4の活動が増大する（Frith, 2007）。

(6) 失 認

視覚失認（visual agnosia）は，視力や視野などの視覚的機能がほぼ正常なのに，ある種の視覚的な障害を示す場合に用いられる包括的用語である（Farah, 1999）。視覚失認は，統覚性失認（apperceptive agnosia）と連合性失認（associative agnosia）とに分けて考えられている。統覚性失認は，物体の形や断面などの物理的特徴を詳細に述べることができるが，物体が何であるかを命名することも，同定することもできない。すなわち，統覚性失認は視覚刺激の個々の部分を一つにまとめあげることができないのである。統覚性失認は腹側経路の初期の段階の損傷で起きると考えられている。一方，連合性失認は物体の模写はできるし，類似物を探し出すこともできるし，動物，食器，道具などのカテゴリーに分けることもできる場合もあるが，やはり物体の命名や同定ができない。連合性失認は，意味と知覚とを結びつけることの障害である。これは左半球の意味システムの損傷，もしくは後頭側頭連合野への経路の損傷に原因がある。

相貌失認（prosopagnosia）とは，顔写真の照合ができなかったり，有名人の顔や家族の顔を識別することができなかったりする顔認知の障害を指す。ある農夫は人間の顔の相貌失認になった後でも，群れの中のヒツジの個体を識別する方法を学ぶことができたという。このような事例から，視覚失認と相貌失認の違いについて議論されている（Farah, 1999）。相貌失認は，両側性の損傷，特に後頭葉あるいは側頭葉の著しい損傷に原因がある。ただ，左半球だけの損

傷では相貌失認になることが少ないことから，顔認知は右半球の役割が大きいと考えられている。

上述のような脳損傷研究などのアプローチは，認知神経心理学（cognitive neuropsychology）と呼ばれる（Humphreys & Riddoch, 1987）。このような研究により，障害されている脳部位が様々な行動に果たしている役割を知ることができる。ただし，機能の欠損を考えるのみではなく，人を人たらしめている脳の世界を扱うためには，行動や生活そのものの意味も考えざるを得ないだろう。オリバー・サックス（Sacks, 1985）のいうように，半側空間無視やサヴァン症候群や盲視など，脳に起因する不思議な症状を示す患者の存在を正しく理解するために，脳科学，そして視覚科学にはまだまだ解明すべきことが数多く残されている。

4　機能局在

脳は痛みを感じないことから，脳外科手術のときに全身麻酔ではなく，部分麻酔で済むことがある。カナダの神経外科医であったペンフィールド（Wilder Graves Penfield）は，1930年代に，てんかん焦点切除術で切除部位を決める目的で，頭蓋骨の一部を取り外した脳外科手術をする際に，脳の表面に電気刺激を与えた。その結果，前頭葉の一部，すなわち運動野を刺激すると，患者の体の一部が動くのを発見した。このとき，患者には体を動かそうという意図はない。また，後頭葉の視覚野を刺激すると，患者は光の点滅などを感じたと報告した。

(1) 経頭蓋磁気刺激

現在では，技術の進歩により頭蓋骨を取り外さなくても，脳を刺激することができる。経頭蓋磁気刺激（Transcranial Magnetic Stimulation: 以下 TMS）である。TMS は，頭皮外で磁気パルス（磁場の強度は1から2テスラで，持続時間は1ミリ秒以下）を発生させ，頭蓋骨を通過して，電磁誘導により脳の神経細胞を発火させる技術である。8字型コイルを用いた局所的刺激法が開発され

(Ueno, Tashiro, & Harada, 1988)，大脳皮質の領野ならば5ミリ以内の分解能で刺激することが可能になった。それでも，TMSで引き起こされる磁気パルスは，ペンフィールドの使った直接的電気刺激よりも空間的な正確さが劣る可能性があるので，MRIなどを組み合わせて，正確な脳部位を刺激するような手法が考えられている。刺激法には単発刺激のほか，極めて短い間隔で刺激を行う二連発刺激，および一定の頻度で数秒から数分間連続的に刺激を行う連続刺激がある。大脳皮質を直接刺激するという点で，fMRIやMEGなどとは異なる方法で磁場を利用して脳機能を調べることができる。

　TMSによって，抑制性の効果と興奮性の効果の両方が報告されている。たとえば，後頭葉を刺激すると，カラー図9-1のように，盲点と同様の暗点，いわば人工盲点を生じさせることができる (Kamitani & Shimojo, 1999)。この人工盲点には色が充填するが，カラー図9-1のようにTMS前後で色を変えてみると，後続色が充填される逆行性充填であることが分かる。また，文字が読めなくなる抑制性の効果もある反面，頭頂葉の運動野を刺激すると腕が動くという興奮性の効果も引き起こすことができる。このような実験から，行動に関与する脳内部位を確認することができることになる。

(2) 幻　肢

　幻肢 (phantom limb) は，事故や病気により手足の一部を突然失った場合に，失ったはずの手足が実在するかのように感じる現象である (Melzack, 1992)。幻肢を持つ人たちは，無くなった手足を感じるだけでなく，幻肢痛と呼ばれる痛みを伴うことも多く，深刻な問題である。

　さらに，肩や顔などを刺激すると，ないはずの手足の感覚が生じる場合がある。このような感覚の混乱は，脳の再配置に基づくと考えられている (Ramachandran & Blakeslee, 1998)。すなわち，かつて手足の触覚情報を受け取っていた体性感覚野への入力が，手足の喪失と共に無くなってしまったために，肩や顔からの触覚情報を受け取るようになってしまったと考えられている。

　このことは，脳磁波を用いた研究でも確認できる。たとえば，右手を失ったケースでは，左半身を担当する右半球では，顔面と上腕への刺激により活動する領野は離れているが，なくした右手を含む右半身を担当する左半球では，顔

面と上腕への刺激によって活動する領野が接近している。すなわち，局在する機能は，脳において固定ではないことが分かっている。

このように，幻肢は触覚に関する現象であるが，視覚的なフィードバックにより幻肢を消すことができる。これは，失った腕の代わりに，存在する腕を鏡に映して，両腕があると視覚的に錯覚させる状態を作り，両腕を同時に動かそうとすると，視覚的に両腕が動いて見える方法が使われている。そうすると，まずは失った腕が動いているように感じられるが，これを継続すると，現実には腕の筋肉が動いていないので腕が実在しないことが明確になり，幻肢が消えるとともに，幻肢痛もなくなると報告されている（Ramachandran & Blakeslee, 1998）。

(3) 心を読む

機能局在する脳の賦活状態を抽出し，利用しようという研究も進められている。たとえば，脳活動測定から，どのような傾きの斜線が呈示されたかを推定するという試みが行われているが（Kamitani & Tong, 2005），これは従来の脳機能計測とは逆方向の研究ということになる。

心を読む過程を研究するため，ある人が荷物を持ち上げるビデオを作成し，そのビデオを見た人がどれくらい荷物が重いかを推定させるような実験が行われている（Frith, 2007）。重い荷物か軽い荷物かは，持ち上げる人の動作を見ればすぐに分かるが，荷物の重さが予想と違っていたかどうかもそのビデオから推定することができる。これは荷物を持ち上げる人が抱いていた荷物の重さに関する意図を，ビデオに映った行為から読んでいる，すなわちある種の心を読んでいることになる。このとき，上側頭溝後部の活動が大きくなり，他者の意図についての手がかりを分析する過程に関係すると考えられている。

また，脳活動でロボットなどの機械を動かすシステムが検討されており，ブレイン・マシン・インタフェース（Brain-Machine Interface: 以下 BMI）と呼ばれている。この BMI によって，自分の手足のように自在に操作できる義手や義足が実現できれば，身体や脳に障害を持つ人たちの新しい介護システムとして期待できる。BMI 研究は，ラットからサルへと進み（Nicolelis, 2003; Nicolelis & Ribeiro, 2006），現在はヒトでの研究に進展している。

第9章 脳,そして意識

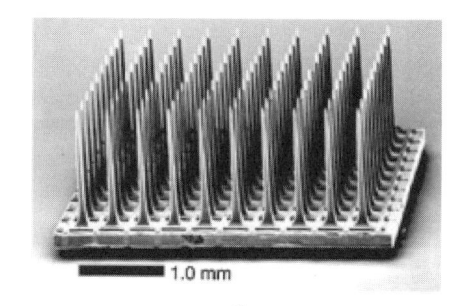

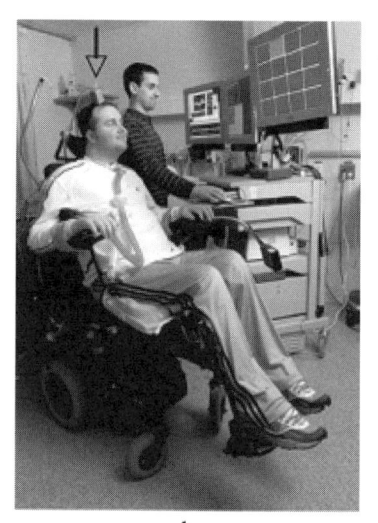

図 9-7 ブレイン・ゲイト (Hochberg et al., 2006)

　代表的な研究が,図9-7のようなヒトの運動野によるBMIである (Hochberg, Serruya, Friehs, Mukand, Saleh, Caplan, Branner, Chen, Penn, & Donoghue, 2006)。この臨床試験の参加者は図9-7bのように四肢麻痺であり,脊髄損傷後3年経過しても,手を動かそうと意図すると,運動野のニューロンが活動していることがあらかじめ確認されていた。そこで,一次運動野に図9-7aのようなブレイン・ゲイト (Brain Gate) と呼ぶ96本の微小電極を埋め込み,主に視覚入力に基づく脳の表象で,外部の装置を動作させることに成功した。
　今後は,運動の再現から,より高次情報を利用した BMI や植物状態の脳から情報を検出する BMI などに発展するかもしれない。しかし,感染症を避け安全に使える装置や特定機能に最低限必要な電極数と部位の同定などの大きな課題がまだまだ残っている。

5　意　識

　意識の問題は,かつては哲学者の独占領域だった。しかし,いまでは科学者の誰もが,意識の問題に興味を持っている (Blackmore, 2005)。それが何たる

かは説明できないにしても，私たちの誰もが自らの心の中では意識の正体を密かに知っていると感じているに違いない。たとえば，起きているときと寝ているときの違い，もしくは何かに注意を向けているときと何に対しても注意を向けていないときの違いは，意識の有無に関わっているにちがいない。

　しかし，その正体を本当に分かっているだろうか？　色を担当する錐体細胞の活性化や，V4 の活性化は「色を見る」という意識を紡ぎだしているだろうか？　もしそうならば，脳機能計測で意識が捉えられていることになるが，そのような物理的な脳活動が意識と同一かどうかは，はなはだ疑わしい。意識は意識以外では説明できず，行動や物質に逃げることはできないという主張もある（下條, 1999）。たとえば，現在の医学では，「なんらかの意思を持ったと判断される動作を実行できるかどうか」を根拠に意識の有無を判断しているが（坂井, 2008），このような定義では，なんらかの原因で手足や口が思い通りに動かない場合に，意識がないと判断されかねない。大脳皮質に広範な損傷を受けたとき，自分が盲目だと信じ，何の視覚的感覚もないと報告する人が，それでも物の位置や形や色まで推測できる盲視のような例もある。このような例では，視覚認知が必ずしも感覚を伴う必要がないことを裏付ける。脳損傷がなくても，われわれが脳活動の多くを意識していないことは明らかであり，脳内のニューロンは意識していない刺激にも反応しているのである。このような過程は，潜在認知などと呼ばれる。

　クリックとコッホ（Crick & Koch, 1992）は，意識の問題がいくつかに分解でき，そのいくつかは科学研究になりうると論じた。たとえば，意識と相関しているニューロン集団の存在を同定することである。多義図形のように，あるパターンが優勢になったり，抑制されたりする現象で，一方の解釈が意識にのぼるのは，下側頭葉の活動と相関が高いことが分かっており，ある意味では意識を反映する脳活動を捉えたことになる（Logothetis, 1999）。しかしながら，その前段階の処理が意識にのぼらないことを確認したに過ぎないとも言えるだろう。一方，右眼に横縞，左眼に縦縞の画像を呈示して，視野闘争状態にするとき，左眼の盲点に対応する第一次視覚野には右眼からの入力しか存在しないが，横縞が意識に上らないときには第一次視覚野の脳活動は低下することが報告されている（Tong & Engel, 2001）。このことは，第一次視覚野の賦活にも意

第9章 脳，そして意識

識の影響があることになる。

　脳と意識の関係は，そもそもアクセスの違いと考えることもできる。本書の構成から明らかなように，外的世界から順番に内的世界に向かい，最終的に意識の問題にアクセスしようとしているのは，外側からの情報へのアクセスである。一方，赤いリンゴが好きと感じることから考えてみれば，それは意識の問題がスタートであり，内側からの情報へのアクセスもあり得るはずである。たとえば，ハンフリーは本書の「はじめに」でも取り上げたように「赤を見る」という行為を軸に，意識の正体に迫っている（Humphrey, 2006）。ただ，意識（consciousness）が何かというときに，気づき（awareness）との差異さえもあいまいであるのが現状である（Koch, 2004）。

　ニューロンの信号，すなわちスパイクの伝達速度は決して速くない。ニューロンの神経パルスの伝導を高速にするために，絶縁性のある層で覆っているミエリン鞘（myelin sheath）を持つ軸索では毎秒100メートル程度，ミエリン鞘を持たない軸索では毎秒数メートルである。一見速いように感じるかもしれないが，電気信号の伝達速度に比べれば，数百万分の1のオーダーである。しかしながら，刺激呈示から単純な検出反応出力，すなわち行為までは，100ミリ秒程度でも実行し得るが，この間に数多くのニューロンを経由していることを考えると，この行為を促す意識，もしくは意志があるとすれば，それが生じるのは異様に速いということになる。実は，意識経験と神経の事象との間には時間差があり，これは感覚同士の主観的同期性を維持するために脳神経系で解消しなければならない問題である。そのような問題を解消できなければ，意識経験が，それを生み出した神経活動と矛盾する時間基盤を持っていることになる。

　このことを整合的に説明するために，行為を促す意志が意識される前に，自発的な行為につながるプロセスが無意識に起動しているとリベットは主張した（Libet, 2004）。リベットの実験は，自発的な行為としてその衝動を感じたときに指を1本立てることを求め，衝動を感じたときに表示されている時計の時刻を報告するものである。この実験で使われた時計とは，通常の秒針より約25倍速い2.56秒で文字盤を1周する光点であり，実験参加者は自分の衝動と文字盤における光点位置を結び付けて覚え，後からその位置を報告した。このとき，実際の動作より200ミリ秒前に衝動が感じたと報告されるのは筋肉運動開始の

時間遅れを考慮すれば当然としても，脳活動は指を立てるより500ミリ秒前に変化が生じていた。その上で，リベットは意識経験を伝達するのに必要な500ミリ秒の神経活動の後，その意識経験が刺激によって生じた神経活動の時間標識に差し戻されると考えている。これは，後から気づいたことを，実は気づくよりもっと以前，すなわち刺激と一緒に起こったことだと逆戻りして理解していることになる。これを，逆行性遡及 (backward referral) と呼ぶ。この主張にしたがえば，世界につなぎ目がなく，どんな事態もその瞬間に発生していると感じられることになるが，われわれには決して時間遅れが体感できない。その結果，意志決定の意識は，起点ではなく，結果にすぎないことになってしまう。

また，実験参加者に左右どちらかの手の指を好きなタイミングで動かすよう指示した実験では，指を動かそうとした瞬間より8秒も前から前頭葉内側部の活動が変化し，しかもこの活動パターンからどちらの手を動かすかを予測できることが報告されている (Soon, Brass, Heinze, & Haynes, 2008)。いずれにしても，自由意志が自発的行為を起動しているのではないことを意味しかねないので，意識と行動に関する責任の関係はわれわれの尊厳に関わる根本的な問題もはらんでいる。

意識と脳の関係に，心と体という古典的な二元論が当てはまらないことは明らかなように思えるが，一方では物理的な視覚情報処理過程から主観的経験がどのように紡ぎだされているかについて，いまだに科学的な合意が形成されているとは言いがたい (Blackmore, 2005)。このような意識の問題を考えるためには，依然として解明が最も進んでいると考えられている視覚科学の発展を糸口にして進めなければならないものと思われる。

参考文献

Blackmore, S. (2005). *Conversations on consciousness: Interviews with twenty minds.* Oxford University Press. (ブラックモア, S. 山形浩生・守岡桜 (訳) (2009).「意識」を語る NTT 出版)

Crick, F., & Koch, C. (1992). The problem of consciousness. *Scientific American,* **267**, 3, 153-159. (クリック, F., コッホ, C. 松本修文 (訳) (1992). 意識とは何か 日経サ

第9章 脳，そして意識

イエンス，11月号，158-168.)
Farah, M. J. (1999). *The Cognitive Neuroscience of Vision* (Fundamentals in Cognitive Neuroscience 3), Massachusetts: Blackwell Publishers.（ファーラー，M. J. 利島保（監訳）（2003）．視覚の認知神経科学　協同出版）
Frith, C. (2007). *Making up the mind: How the brain creates our mental world.* MA: Blackwell Publishing Ltd.（フリス，C. 大堀壽夫（訳）（2009）．心をつくる　岩波書店）
Fujita, I., Tanaka, K., Ito, M., & Cheng, K. (1992). Columns for visual features of objects in monkey inferotemporal cortex. *Nature, 360*, 343-346.
Gauthier, I., Tarr, M. J., Anderson, A. W., Skudlarski, P., & Gore, J. C. (1999). Activation of the middle fusiform "face area" increases with expertise in recognizing novel objects. *Nature Neuroscience, 2*, 568-573.
Goodale, M. A., & Milner, A. D. (2004). *Sight Unseen: An exploration of Coscious and Unconscious Vision.* Oxford University Press.（グッデイル，M.，ミルナー，D. 鈴木光太郎・工藤信雄（訳）（2008）．もうひとつの視覚　新曜社）
Haxby, J. V., Gobbini, M. I., Furey, M. L., Ishai, A., Schouten, J. L., & Pietrini, P. (2001). Distributed and overlapping representations of faces and objects in ventral temporal cortex. *Science, 293*, 2425-2430.
Hochberg, L. R., Serruya, M. D., Friehs, G. M., Mukand, J. A., Saleh, M., Caplan, A. H., Branner, A., Chen, D., Penn, R. D., & Donoghue, J. P. (2006). Neuronal ensemble control of prosthetic devices by a human with tetraplegia. *Nature, 442*, 164-171.（図はNature Publishing Group(NPG)の許可を得て転載）
本田仁視（2009）．視覚世界はなぜ安定して見えるのか　知泉書館
Humphrey, N. (2006). ─→はじめに参照
Humphreys, G. W., & Riddoch, M. J. (1987). *To see but not to see: A case study of visual agnosia.* New Jersey: Lawrence Erlbaum Associates.（ハンフリーズ，G. W.，リドック，M. J. 河内十郎・能智正博（訳）（1992）．見えているのに見えない？──ある視覚失認症者の世界　新曜社）
Humphreys, G. W., Romani, C., Olson, A., Riddoch, M. J., & Duncan, J. (1994). Non-spatial extinction following lesions of the parietal lobe in humans. *Nature, 372*, 357-359.
Kamitani, Y., & Shimojo, S. (1999). Manifestation of scotomas created by transcranial magnetic stimulation of human visual cortex. *Nature Neuroscience, 2*, 767-771.
Kamitani, Y., & Tong, F. (2005). Decoding the visual and subjective contents of the human brain. *Nature Neuroscience, 8*, 679-685.
Kanwisher, N. (2000). Domain specificity in face perception. *Nature Neuroscience, 3*, 759-763.
Koch, C. (2004). *The Quest for Consciousness: A Neurobiological Approach.* Colorado: Robert & Company Publishers.（コッホ，C. 土谷尚嗣・金井良太（訳）（2006）．意識の探求──神経科学からのアプローチ，(上)(下)　岩波書店）

Libet, B. (2004). *Mind Time: The Temporal Factor in Consciousness* (Perspectives in Cognitive Neuroscience). Harvard University Press. (リベット, B. 下條信輔（訳）(2005). マインド・タイム——脳と意識の時間 岩波書店）

Logothetis, N. K. (1999). Vision: A window on consciousness. *Scientific American*, **281**, 44-51. (ロゴセティス, N. K. 田中繁（訳）(2000). 視覚から意識の世界をのぞく 日経サイエンス, 3月号, 60-68.)

Marcus, G. (2008). *Kluge: The haphazard construction of the human mind.* Boston: Houghton Mifflin. (マーカス, G. 鍛原多惠子（訳）(2009). 脳はあり合わせの材料から生まれた 早川書房）

Melzack, R. (1992). Phantom Limbs. *Scientific American*, **266**, 4, 120-126. (メルザック, R. 立川幸治（訳）(1992). 幻肢 日経サイエンス, 6月号, 104-112.)

Nicolelis, M.A.L. (2003). Brain-Machine Interfaces to Restore Motor Function and Probe Neural Circuits. *Nature Reviews Neuroscience*, **4**, 417-422.

Nicolelis, M.A.L. & Ribeiro, S. (2006). Seeking the Neural Code. *Scientific American*, **295**, 6, 70-77. (ニコレリス, M.A.L., リベイロ, S. (2007). 神経信号を解読する 日経サイエンス, 3月号, 62-70.)

西野由利恵・安藤宏志 (2008). 3次元形状に基づく物体認知の脳機能メカニズム 心理学評論, **51**, 330-346.

Ogawa, S., Lee, T. M., Kay, A. R., & Tank, D. W. (1990). Brain magnetic resonance imaging with contrast dependent on blood oxygenation. *Proceedings of the National Academy of Sciences*, **87**, 9868-9872.

岡嶋克典（編）(2008). 感覚・知覚実験法 朝倉書店

Posner, M. I., & Raichle, M. E. (1994). *Images of Mind* (Scientific American Library). New York: W. H. Freeman & Company. (ポズナー, M. I., レイクル, M. E. 養老孟司・加藤雅子・笠井清登（訳）(1997). 脳を観る——認知神経科学が明かす心の謎 日経サイエンス）

Ramachandran, V. S., & Blakeslee, S. (1998). *Phantoms in the Brain.* New York: Harper Collins Publishers. (ラマチャンドラン, V. S., ブレイクスリー, S. 山下篤子（訳）(1999). 脳のなかの幽霊 角川書店）

Rizzolatti, G., & Sinigaglia, C. (2006). *So quell che fai: Il cervello che agisce e I neuroni specchio.* Raffaello Cortina Editore. (リゾラッティ, G., シニガリア, C. 柴田裕之（訳）(2009). ミラーニューロン 紀伊國屋書店）

Sacks, O. (1985). *The Man Who Mistook His Wife For A Hat.* London: John Farquharson. (サックス, O. 高見幸郎・金沢泰子（訳）(1992). 妻を帽子とまちがえた男 晶文社）

坂井克之 (2008). 心の脳科学——「わたし」は脳から生まれる 中央公論新社

下條信輔 (1999). 「意識」とは何だろうか？——脳の来歴, 知覚の錯誤 講談社

Shipp, S., & Zeki, S. (1985). Segregation of pathways leading from area V2 to areas V4 and V5 of macaque monkey visual cortex. *Nature*, **315**, 322-325.

Sommer, M. A., & Wurtz, R. H. (2002). A pathway in primate brain for internal monitoring of movements. *Science*, **296**, 1480-1482.

Soon, C. S., Brass, M., Heinze, H. J., & Haynes, J. D. (2008). Unconscious determinants of free decisions in the human brain. *Nature Neuroscience,* **11**, 543-545.
Styles, E. A. (2006). *The psychology of attention.* 2nd ed. New York: Psychology Press.
Tong, F., & Engel, S. A. (2001). Interocular rivalry revealed in the human cortical blind-spot representation. *Nature,* **411**, 195-199.
月本洋・菊池吉晃・妹尾淳史・安保雅博・渡邉修・米本恭三（2007）．脳機能画像解析入門　医歯薬出版
Ueno, S., Tashiro, T., & Harada, K. (1988). Localized stimulation of neural tissues in the brain by means of a paired configuration of time-varying magnetic-fields. *Journal of Applied Physics,* **64**, 5862-5864.
Van Essen, D. C., Anderson, C. H., & Felleman, D. J. (1992). Information processing in the primate visual system: An integrated systems perspective. *Science,* **255**, 419-423.（図は The American Association for the Advancement of Science(AAAS)の許可を得て転載）
Volpe, B. T., LeDoux, J. E., & Gazzaniga, M. S. (1979). Information processing of visual stimuli in an extinguished field. *Nature,* **282**, 722-724.
von der Heydt, R., Peterhans, E., & Baumgartner, G. (1984). Illusory contours and cortical neuron responses. *Science,* **224**, 1260-1262.
Weiskrantz, L (1986). *Blindsight: A case study and its implications.* Oxford University Press.
Zeki, S. (1992). The visual image in mind and brain. *Scientific American,* **267**, 3, 69-76.（ゼキ，S．外山敬介（訳）（1992）．脳と視覚　日経サイエンス，11月号，38-49.）

おわりに

> 今日の神経科学はファラデーの段階にあり，マクスウェルの段階にはなく，したがって飛躍を試みるのは意味がない。　　——V. S.ラマチャンドラン

> 学べば学ぶほど，自分がどれだけ無知であるか思い知らされる。自分の無知に気づけば気づくほど，より一層学びたくなる。
> 　　——アルベルト・アインシュタイン

　神経科学や脳科学は，受容野という概念に代表される神経細胞単独での入出力関係を研究する時代から，システムレベルで記述されるべき認知や行動を細胞レベルや神経回路網レベルにまで還元して理解できる時代になっている。少なくても，細胞から行動レベルまでの様々な階層で，たとえば脳機能計測装置に代表される先端的な実験装置を駆使した巧みな実験手法が開発されてきた。本書でもその一端を説明した通り，すでに膨大な知見が蓄えられており，認知神経科学（Cognitive Neuroscience）という新しい研究領域を形成している（Farah, 1999）。したがって，脳研究において最も解明が進んでいるのが視覚だという主張は，誰もが認めざるを得ないに違いない。心理現象に関して，ただ説明文を読み，他人事のように話を聞くだけでなく，実際に内部プロセスを自分で確かめることができる状態になったことを，コンピュータのハッキング（Hacking，一般的にはコンピュータシステムやソフトウェアを詳細に解析し，プログラムを改変したりすること）にたとえたユニークな書籍も評判になった（Stafford & Webb, 2004）。

　一方では，本書で取り上げた内容からも明らかなように，視覚が多くの脳内部位が関わる非常に複雑なプロセスであり，全貌を解明することは依然として困難を極めるということも，多くの視覚研究者が認めるところだと思う。ある種の脳ブームに乗せられ，視覚を含む様々な行動をいきなり脳で説明すること

おわりに

を欲する社会全体の傾向から，科学的根拠が希薄にも関わらず，安易な拡大解釈がメディアで繰り返されることに強い警戒感を持つ人たちも少なくない（河野, 2008; 櫻井, 2008）。本書が，視覚研究の現状をできるだけ正確に伝えられればよいと願っている。

さて，認知や行動を細胞レベルや神経回路網レベルである程度理解できる時代になっているということは，メタレベルの取り組みに位置づけられる認知心理学が不要になったのではなく，実は認知心理学への期待が益々高くなっているということにもなる。代表的な脳科学者や神経科学者が認知心理学の代表的な現象や先端的な知見を実によく理解していることに驚かされる（たとえば，藤田, 2007; 田中, 2008）。このことからも，認知心理学が依然として注目されている研究分野であることを感じることができる。ただ，神経科学者や脳科学者にとって当然でも，認知心理学に取り組んだり，認知心理学を学ぼうとする方々がそのような認知心理学の今日的位置づけや存在意義をきちんと理解しているかどうか，心許ない。旧来取り組まれてきた認知心理学研究にとどまらない新しい学際的研究を積極的に本書が数多く取り上げることによって，実は認知心理学的アプローチの色褪せることのない重要性を，読者の皆さんに伝えたい。このような意図を正しく理解してもらえれば，うれしく思う。

本書の「おわりに」を迎え総括すると，視覚とはどのような特徴があることになるのだろうか？ 錯視などの現象だけから見れば，視覚系全体が実に頼りなく映るに違いないが，本書の全体を読み進んでいただけたならば視覚系が実に効率的にうまく働いていることが分かってもらえたはずである。

網膜の多くの神経細胞の基本設計が，「何も変化がなければ，何も報告するな」というものであると第1章で述べたが，視覚全体をみてもその設計原理が生きている。明るさや色のコントラストもなく，奥行きも運動もなく，視野全体に何も変化がない外的世界ならば視覚は必要ない。しかし，現実の視覚世界は千変万化が常時生じていながら，それは決してランダムではなく，ある制約条件のもとで存在している（Marr, 1982）ので，視覚系としては不要なことを極力しなければ，重要な情報を正確かつ素早く抽出できるのである。

常に何が重要であるかを見極め，それを正確かつ素早く抽出するためには，あらかじめ想定される状況に対して常に準備しておかなければならない。デビ

ット・マーは制約条件と呼び，J. J. ギブソンは「環境に関する情報を探し求め抽出すること」と言い，リチャード・グレゴリーは「知覚とは，仮説だ」と言った（Gregory, 1998）が，視覚に対するそのような見方はいずれも実に的を射ていると思う。第5章で紹介した変化の見落とし現象を思い出してみると，劇的な変化にもなかなか気づかないという現象は「何も変化がなければ，何も報告するな」という設計原理と矛盾するように思うかもしれないが，そもそもの変化の見落とし現象のような状況が日常的にあり得ないならば，変化が生じるかもしれないという仮説をおく必要さえないのである。たとえて言えば，映画を見ながら，主人公の有名俳優がスタントマンに代わる瞬間（情景の中心人物の変化）をとらえるために常に身構える必要はないということになるだろう（当たり前のことだが，映画を見る目的はそれ以外にある）。グレゴリーの「知覚とは，仮説だ」を自分なりに言い換えれば，「視覚とは，構えだ。」ということになる。すなわち，日常的にあらかじめ想定される状況に対して常に準備しているのが視覚の特徴である。そのために最適なメカニズムになっているのが，視覚である。逆にいえば，日常的にあらかじめ想定される状況と逸脱した環境では錯視が生じやすいことになる。本書で取り上げた多くの現象から，構えによって，トップダウン的な処理が可能になり，日常的には効率的で迅速に対応している視覚過程をイメージされると思う。

ただし，本書では意識して「トップダウン」という言葉を使った説明をしてこなかった。それは，出力信号を送るだけで何も入力信号を受け付けないニューロンでできた「トップダウン」に特化した脳領域が存在しないので，安易に「トップダウン」という言葉を使うべきではないと考えたからである。したがって，構えがどのように形成され，利用されているのか，また構えという概念そのものについても，視覚研究における今後の重要テーマである。

このような視覚の特徴を分かりやすく説明するために，できるだけインパクトの大きな現象を取り入れようとしたが，入門書としてのまとまりや流れの中で落とさざるを得なかった現象も数多い。一方では，初学者にとって，幾何学的錯視の羅列のほうがインパクトが大きい場合も多いと思うが，現状の認知心理学的観点から重要性を判断し，取捨選択した。

また本来は，原著論文（Original Article，いわゆる学術研究論文）を引用した

おわりに

かったが，入門書ということで初学者にとって比較的手に入れやすいであろう和書や和文解説，英文雑誌でも心理学専門誌ではなくNatureやScienceなどの一般誌を優先的に引用することにした。したがって，入門書といえども原典となる原著論文をできるだけ引用すべきであるというご批判は甘受しなければならないだろう。ただ，読者の皆さんが興味を持たれた内容に関して，本書で引用した文献を一読いただければ，原著論文に行き着くことは（もし学術専門誌が身近にある環境にいるならば），それほど難しくないはずである。そのような場合には，怖がらずに是非とも原著論文を読むことに挑戦してもらいたい。認知心理学の神髄は，実は優れた原著論文でしか知ることはできない（本書が，認知心理学の神髄に迫りきれていない言い訳をしているわけではないが）。

また，本書の中で最近の研究成果として取り上げた研究では，少し日本人贔屓をしたきらいはあるが，学術専門誌に限らずNatureなどの一般誌でも，視覚科学において日本人研究者の活躍が目覚ましいことが分かっていただけるのではないかと思う。これは，学術専門誌や国際会議などでの日本人の活躍も同様であり，自分自身が認知心理学の研究を開始した約20年ほど前の状況とは隔世の感がある。国際的に活躍している本物の研究者が皆さんの身近にいるわけだし，皆さん自身が国際的な活躍ができる可能性も今後とも益々広がっていくに違いない（国際的に活躍している研究者の皆さんが非常に努力していることを一方ではよく知らなければならないが）。

研究と教育での忙しい毎日の中で，さらに新たな負担を抱え込むことになる入門書の執筆はできるだけ遠ざけてきた仕事であったが，勁草書房の永田悠一さんの熱意ある申し出に，そろそろ年貢の納め時とお引き受けすることにした。しかしながら，執筆を始めてほどなく，入門書の執筆が想像以上にたいへんな作業であることを実感し，お引き受けしたことを後悔する日々となった。もちろん，勉強し直すことも多く，自分の研究を振り返る機会にもなったので，今ではこのような入門書を執筆する機会が与えられたことに感謝している。願わくば，本書をきっかけにして視覚科学に興味を持つ方が数多く現れることを期待したい。

参考文献

ATR（編）（1994）．視聴覚情報科学　オーム社
Farah, M. J. (1999). ─→第9章参照
藤田一郎（2007）．─→はじめに参照
Gregory, R. L. (1998). ─→第3章参照
河野哲也（2008）．暴走する脳科学──哲学・倫理学からの批判的検討　光文社新書
Marr, D. (1982). ─→第6章参照
櫻井芳雄（2008）．脳の情報表現を見る　京都大学出版会
Stafford, T. & Webb, M. (2004). *Mind Hacks*. Sebastopol, California: O'Reilly Media.（スタッフォード，T., ウェッブ，M. 夏目大（訳）（2005）．Mind Hacks──実験で知る脳と心のシステム　オライリー・ジャパン）
田中啓治（編）（2008）．─→第1章参照

＊　＊　＊

正直に言えば，尊敬する認知心理学者の1人であり，20年来の旧知の関係にあるカリフォルニア大学バークレイ校のパーマー（Steve Palmer）教授の大著"Vision Science"（日本語に訳せば「視覚科学」）に触発され，長い間自分なりの視覚科学に関する立場をまとめたいと考えていた。ただ，大学と大学院で情報工学を学び，工学博士の学位を取得した30歳代前半になってから，本格的に心理学研究をスタートさせた経歴からも明らかなように，これまでずいぶん回

図付-1　パーマー教授と著者

おわりに

り道をした上に，認知心理学という迷宮に入り込んだので，そのような機会が実現することはないかもしれないと思っていた．認知心理学という迷宮の中でなかなか自信を持てない自分に，これまで多くの学兄から厳しくも暖かい激励があり，今では微力でも一生をかけて取り組むに値すると信じられる仕事に巡り会えたと感じられるようになった．本書は，認知心理学という迷宮の中で，約20年間かけて自分なりの道筋を見つけてきた軌跡でもあるが，いまだ道半ばであり，浅学非才のため不明な点が多いところはどうかお許し願いたい．

本来はこの機会に，これまでお世話になった全ての皆さんのお名前を挙げて謝意を表したいのだが，それは叶わないことなので，特に強く影響を受けた3人のお名前だけを挙げさせていただく．東京工業大学名誉教授の河原田弘先生には，1970年代後半当時のコンピュータ（読者の皆さんの多くは，コンピュータへの入力手段が穴あけパンチされた紙テープで，プログラムの修正のためにはその紙テープを切り貼りしていたなどとは，想像がつかないに違いない）では困難な挑戦であった手書き文字認識という研究課題に取り組む際に，謙虚に人間に学ぶということを教えていただいた．謙虚に人間に学ぶという姿勢は，自分が認知心理学に取り組む原点にもなっている．情報工学科での卒業研究から大学院に進んでもそのままご指導いただき，さらに学位論文審査の主査を務めていただき，研究者として世の中に送り出していただいたのも河原田先生である．

工学院大学名誉教授の淀川英司先生には，電電公社の新入社員として淀川先生の研究グループに配属されてから，情報工学をバックグラウンドとしてどのように認知心理学研究に取り組んでいくべきかという道筋について，常に自らお手本を示していただいた．淀川先生が電電公社の研究所で視覚心理学の研究グループを立ち上げ，さらに（株）ATR視聴覚機構研究所の初代社長になり，気鋭の研究者が全国から集うことによって，日本における視覚科学が発展していく歴史的瞬間である1980年代の約10年をずっと身近で体験できたことは，生涯の財産となった．

日本で心理学の教育を一切受けたことがないので，唯一自分にとって心理学の先生と呼べるのは，米国・南カリフォルニア大学のビーダーマン（Irving Biederman）教授である．NTT基礎研究所から1年間派遣される機会を得たときに，ビーダーマン先生が快く受入れてくれたことは，本当にラッキーだっ

図付-2　ビーダーマン教授と著者

た．世界中から俊英が集うラボ（研究室）で，ビーダーマン先生がリーダーシップを発揮し，先端的研究が成就していく姿を垣間見られたことが，その後自分自身が大学教員としての挑戦を決意するときの後押しになったことは間違いない．この機に，ビーダーマン先生を真似た口ひげが，認知心理学者として今後も研究に取り組んで行く決意を形で表した結果であることを白状しておこう．

　また，草稿の段階で貴重なコメントをいただいた聖心女子大学・永井淳一博士，名古屋大学・光松秀倫博士，早稲田大学・菅沼睦博士，東北大学・西村聡生博士，東京大学・新美亮輔博士，浅野倫子博士，中島亮一さん，金谷翔子さんに心から感謝したい．いずれも，高次視覚研究グループ（通称，横澤組）をいつも支えてもらい，最も信頼している皆さんであり，忙しい研究や教育の合間の貴重な時間を割いて協力していただいた．遅れがちの執筆を粘り強く，常に適切に対応していただいた勁草書房の永田悠一さんにも改めて感謝したい．

　出版にあたり，布施学術基金から学術叢書刊行費として助成いただいた．眼科医であった故・布施郁三博士のご遺志により設立された布施学術基金により，視覚科学の発展を伝える機会を得たことは喜びに堪えない．

　最後になるが，初めての単著となるこの本は，家族の支えの賜物である．特に，これまでの人生の岐路でも常に温かく見守ってくれた両親へのささやかな感謝の気持ちとして捧げたい．おそらく内容の良し悪しは分かってもらえないと思うが，無条件に喜んでくれるに違いない．そのような姿を思い描くと，ち

おわりに

ょっと恩返しできたような気がする。
　　2009年5月　黄菖蒲の咲く本郷にて

　　　　　　　　　　　　　　　　　　　　　　　横澤　一彦

索引

ア 行

アイコン 96
アイ・フィールド 20
赤目 31
明るさの恒常性 43
アクティヴ・ビジョン 27
アスペクト 132, 138
アポトーシス 198
アモーダル補完 100
アリストテレス (Aristotle) 73
暗順応 32, 34, 81
暗順応曲線 32
暗所視 32
閾下知覚 128
意識 70, 223, 224
石原式色覚検査表 49
位置の恒常性 26
一貫した運動 72
一般化円錐 136
一般化円筒 136
一般線形モデル 208
移動窓枠法 86
色識別性 53
色順応 51, 52
色の恒常性 50
色の見え 46, 52
陰影 62
ウィーゼル (Wiesel, T.) 16
ヴェルトハイマー (Wertheimer, M.) 77, 160
右脳 14
運動外挿 76
運動残効 73
運動視 71
運動視差 80
運動誘発による見落とし 75
エイムズの部屋 65
エクスナー (Exner, S.) 77
エルンスト・マッハ (Ernst Mach) 38

エーレンシュタイン図形 99
遠視 3
円柱レンズ 4
黄金分割 179
オブジェクト 131
オブジェクト中心座標系 136
オブジェクト認知 131, 159
オブジェクトベースの注意 124
オブジェクト優位効果 135
オフ中心／オン周辺型 7, 40
オプティカル・フロー 170
オン中心／オフ周辺型 7, 40

カ 行

下位概念レベル 139
絵画的奥行きてがかり 59, 62
外顆粒層 5
外側後頭複合体 214
外側膝状体 15, 49, 210
外網状層 5
ガウス関数 40
下丘 20
角膜 2
仮現運動 77
過去の経験 160, 189
重なり 62
可視光 45
下側頭回 214
下側頭葉皮質 213
形の恒常性 134
カテゴリカル色知覚 53
過渡的 108
カニッツァ (Kanizsa, G.) 99
カニッツァの三角形 99
ガボール・パターン 92
カムフラージュ 85
仮面錯視 69
ガル (Gall, F.) 203
眼窩 21
感覚記憶 96

237

索 引

感覚貯蔵　27, 96
眼球運動　21
眼球優位性　18
還元ヘモグロビン　206
観察者中心座標系　40
桿体細胞　5, 19, 31, 34
カンディンスキー（Kandinsky, W.）　197
ガントリー　206
間脳　208
カンブリア紀の大爆発　2
利き目　58
偽単語　154
偽単語優位効果　154
気づき　224
輝度　32
機能コラム　17
機能的磁気共鳴断層撮像　205
ギブソン（Gibson, J. J.）　170, 231
基本語レベル　139
基本色彩語　53
逆問題　206
逆行性遡及　225
ギャップ効果　26
球面収差　4
鏡映描写　177
境界拡張　171
共感覚　195
強膜　2, 149
近視　3
近中心窩領域　86
空間周波数　22, 36, 37, 39, 72, 90, 92, 145
空間認知　159
偶然の見え　64, 132
屈折異常　3
屈折光学　5
グラスパターン　98
クリック（Crick, E.）　vi
グリーブル　144
クルージ　204
グレゴリー（Gregory, R. L.）　231
クレショフ効果　147
クロスモーダル認知　186
群化　97
経頭蓋磁気刺激　219
ゲシュタルト心理学　97, 160, 199

結合錯誤　117
結合探索　114
欠落ドット検出課題　96
ゲーテ（Goethe, J. W.）　51
ケーラー（Köhler, W.）　199
幻視　218
幻肢　220
行為　175
光覚閾　32, 35, 45
光感受性細胞　10, 12
光感度　32
交差　188
虹彩　2
交差活性化　198
恒常法　34
構造記述　135, 152
高速系列視覚呈示　92
後頭葉　209, 218
後部頭頂皮質　213
光量子　11
固視　86, 104
固視微動　21
骨相学　203
コッファーマン・キューブ　63
コールラウシュの屈曲点　33
コロラリー・ディスチャージ　214
混色　46, 47
コントラスト閾値　36
コントラスト感度　36

サ 行

サイクロトロン　206
彩度　46
サイトウィック（Cytowic, R.）　196, 199
サイモン効果　176
サヴァン症候群　196, 219
逆さ眼鏡　178
サーカディアン・リズム　185
錯視　v, 230, 231
サッケード間統合　27
サッケード抑制　25
サッチャー錯視　142
左脳　14
酸化ヘモグロビン　206
3原色説　48

索 引

残像　96
散乱単語効果　155
ジオン理論　137, 186
視角　9
視覚失認　218
視覚世界の安定性　26
視覚探索　91, 113, 147
視覚的持続　96
視覚的消去　216
視覚的印付け　120, 121
視覚的注意　104
視覚誘導性自己運動感覚　171
視覚領　15
視覚連合野　20
視感覚　32
時間的腹話術効果　192
視感度　34
色彩輝度計　46
色相　45
色素上皮層　5, 12
色度図　46
色度弁別閾　46
刺激反応適合性効果　176
視交差　14
自己受容感覚　194
視細胞　12
視細胞層　5
事象関連電位　162
視床枕　213, 214
視神経　2
視神経線維層　5
視神経乳頭　12
ジスト　162
ジター錯視　23
質感　43
失語症　204
視点依存効果　132, 168
視点不確実性　137
視点不変特徴　132, 137
視放射　15
視野　86
斜塔錯視　65
視野闘争　69, 75, 223
遮蔽輪郭　40, 136
シャルル・ボネ症候群　218

自由意志　225
修正サッケード　26
充填　13
周辺視　8, 93
主観色　54
主観的輪郭　99
出現頻度効果　119
シュトゥンプ（Stumpf, P.）　71
受容野　7, 16
シュレディンガー（Schrödinger, E.）　49
上位概念レベル　139
上丘　20, 213, 214, 217
情景理解　159
条件等色　48
小細胞系　19, 25
小細胞層　19
少数派色覚　48
照度　32
小脳　208
初期視覚領　15
視力　9
シルビウス裂　209
神経節細胞　5, 15, 19, 38
神経節細胞層　5
人工盲点　220
侵襲性　205
心脳同一説　205
新皮質　203
随意的眼球運動　21
水彩効果　54
随従運動　24
水晶体　2, 3
錐体細胞　5, 10, 19, 32, 34, 49, 52
随伴性残効　52
水平細胞　5, 49
スクリャービン（Scriabine, A.）　197
図地反転　160
図地分化　160
ストループ効果　155
スノー・ノイズ　13
スパーリング（Sperling, G.）　95
スービタイジング　91
スペクトル　45
スペクトル軌跡　46
スポットライト　105, 125

239

索　引

ズームレンズ　106
正弦波グレーティング　36
静止網膜像　22, 75
ゼキ（Zeki, S.）　179
絶対閾　34
ゼノン（Zeno）　71
セルフリッジ（Selfridge, O. G.）　16
ゼロ交差　39, 40
線遠近　62
線条皮質　16
前帯状回　214
全体野　35
選択の見落とし　112
前庭動眼反射　20
前頭眼野　213, 214
前頭葉　180, 209, 225
線分抹消検査　215
双極細胞　5
相互活性化モデル　152, 155
相貌失認　218
側頭葉　209, 210, 218
側抑制　38
素原始スケッチ　40
損失利得法　105, 121, 150

タ　行

帯域通過　36, 39
第一次視覚野　16, 17, 210, 217, 223
大気遠近　62
大細胞系　19, 25
大細胞層　19
対称性　134
対側支配　14
大脳　208
大脳基底核　209
大脳皮質　17, 210, 220
大脳左半球　208
大脳辺縁系　209
大脳右半球　209
ダーウィン（Darwin, C.）　147
滝の錯視　73
畳み込み積分　40
ダニエル・タメット（Daniel Tammet）　196
単眼　2

単語親密度　156
単語-文字効果　152
単語優位効果　152
探索非対称性　117
単純細胞　16
知覚的体制化　97
知覚の範囲　94
注意停留時間　110
注意の瞬き　110
中心窩　8, 11
中心溝　209
中心視　8, 93
中脳　208
調節力　3
跳躍運動　24, 86, 214
直接知覚　170
チン小帯　3
デカルト（Descartes, R.）　5
テクスチャ勾配　62
テクスチャ分凝　87, 92
テクストン理論　90
テーブル回転錯視　64
典型色　53
典型の見え　133
統覚性失認　218
動眼神経　3
瞳孔　2, 31
頭頂間溝　215
頭頂間溝外側部　214
頭頂葉　209, 210, 214
頭頂連合野　213
同定　216
倒立顔効果　142
特徴探索　114
特徴統合理論　114
トリーズマン（Treisman, A.）　70
トレードオフ　11
トロクスラー効果　22

ナ　行

内顆粒層　5
ナイサー（Neisser, U.）　vi
内網状層　5
二重ルートカスケードモデル　154
2・1/2次元スケッチ　40

ニュートン（Newton, I.） 45, 47
認知神経科学 229
認知神経心理学 219
認知地図 172
ネッカー・キューブ 63
脳幹 208
脳磁波 205
脳波 205
脳葉 209

ハ 行

バイオロジカルモーション 78, 147
背側経路 210
パーカー（Parker, A.） 1
薄明視 32
バーゼンス 58
ハッキング 229
バーバー・ポール錯視 71
パーマー（Palmer, S.） 233
バリント症候群 217
半交差 14
半側空間無視 215, 219
反対色説 46, 49
パンディモニアム 16, 152
反発 189
反発誘導効果 189
ハンフリー（Humphrey, N.） iv, 224
「光スイッチ」説 2
比視感度曲線 34
皮質 51
ビーダーマン（Biederman, I.） 234
非注意による見落とし 125
ヒューベル（Hubel, D. H.） 16
表象 iv
標的 26, 42, 91, 104, 113
表面材質 43
表面反射率 41
フェヒナー（Fechner, G.） 54, 179
フェヒナー色 54
複眼 2
複雑細胞 16
複数オブジェクト追跡 123
輻輳 58
腹側経路 210
腹側側頭葉 215

腹話術効果 190
藤田一郎（Fujita, I.） iv
不随意的眼球運動 21
復帰の抑制 121
負のプライミング 127
ブーバ／キキ効果 198
部分報告法 95
不変項 170
フラクタル 182
フラッシュ・ラグ効果 76
ブラッドパターン 72
フーリエ変換 36
不良設定問題 171
プルキンエ（Purkinje, J. E.） 34
プルキンエ移行 32, 34
プルフリッヒ効果 81
ブレア錯視 143
ブレイン・ゲイト 222
ブレイン・マシン・インタフェース 221
ブローカ（Broca, P.） 203
ブローカ野 204
ブロックデザイン 207
ブロードマン（Brodmann, K.） 210
ブロードマン地図 209
ブロブ 18
分割的注意 123
分光 45
文脈効果 135
文脈手がかり効果 120
並列分散処理モデル 152
ベツォルト・ブリュッケ現象 46, 47
ヘッド・フィールド 20
ヘリング（Hering, E.） 49
ヘルムホルツ（Helmholtz, H.） 48, 104
変化の見落とし 106, 125, 162, 169
変化の見落としの見落とし 109
変調度伝達関数 37
ベンハムの独楽 53
ペンフィールド（Penfield, W. G.） 219
方位選択性 16
方向オンチ 175
紡錘状回 214, 218
ポケモン騒動 185
ポップアウト 91
ポップアウトのプライミング 93

索引

マ 行

マー（Marr, D.）　40, 231
マイケルソン・コントラスト　36
マガーク効果　192
マッカロー効果　52
マックアダムの楕円　46
マッハの帯　38
窓問題　71, 170
窓枠　71
マリオット（Mariotte, E.）　12
マリオット暗点　12
マリリンシュタイン錯視　145
マルチモーダル認知　186
マンデルブロ（Mandelbrot, B.）　182
ミエリン鞘　224
ミラーニューロン　215
無彩間隔　45
結び付け問題　115
明順応　32, 34
明所視　32
明度　46
盲視　213, 217, 219, 223
盲点　12, 220
網膜　2, 51, 210
網膜偏心度　9
毛様筋　3
モダリティ　186
モーダル補完　100
モンドリアン図形　50, 210

ヤ 行

ヤング（Young, T.）　48
有効視野　86
幽体離脱　194
誘導性身体動揺　171
ユレス（Julesz, B.）　59, 62
要素運動　72
陽電子断層撮像　205
抑制的タグ付け　122
4点法　88

ラ 行

ラグ　110
ラグ1刺激の見落とし回避　112

ラバーハンド錯覚　193
ラプラシアン演算子　40
ラプラシアン・ガウシアン・フィルタ　40
ラマチャンドラン（Ramachandran, V. S.）　198
乱視　4
ランダムドットキネマトグラム　78
ランダムドットステレオグラム　59, 78
ランダム場理論　208
ランド（Land, E.）　50
ランドルト環　9
リコーの法則　35
立体鏡　58
リッテンハウス（Rittenhouse, D.）　66
リベット（Libet, B.）　224
領域分割　159
両眼視差　58, 81
両眼立体視　70
臨界融合周波数　77
ルビン（Rubin, E.）　160
ルビンの壺　160
レイアウト　165
レスト　207
レチノトピー　4, 15
レティネックス理論　42, 51
連合性失認　218
老視　3
ロドプシン　33

アルファベット

BOLD　207
CIE　46
CIE 標準昼光　52
L錐体　10, 48
M神経節細胞　19
M錐体　10, 48
MRI　206
MST　213
MT　213
n次統計量　88
P神経節細胞　19
RSVP　92, 110
S錐体　10, 48
SPM　207
X染色体　197

著者略歴
1956年　千葉県に生まれる。
1981年　東京工業大学大学院総合理工学研究科電子システム専攻修士課程修了
　　　　NTT, ATR視聴覚機構研究所，東京大学生産技術研究所，南カリフォルニア大学，東京大学大学院人文社会系研究科を経て，
現　職　東京大学名誉教授，筑波学院大学教授　工学博士

視覚科学

2010年2月20日　第1版第1刷発行
2023年10月20日　第1版第6刷発行

著　者　横澤　一彦（よこさわ　かずひこ）

発行者　井　村　寿　人

発行所　株式会社　勁草書房（けいそう）

112-0005　東京都文京区水道 2-1-1　振替 00150-2-175253
　　　　（編集）電話 03-3815-5277／FAX 03-3814-6968
　　　　（営業）電話 03-3814-6861／FAX 03-3814-6854
　　　　　　　　港北メディアサービス・中永製本

© YOKOSAWA Kazuhiko 2010

ISBN978-4-326-25061-5　　Printed in Japan

JCOPY　〈出版者著作権管理機構　委託出版物〉
本書の無断複製は著作権法上での例外を除き禁じられています。
複製される場合は、そのつど事前に、出版者著作権管理機構
（電話 03-5244-5088, FAX 03-5244-5089, e-mail: info@jcopy.or.jp）
の許諾を得てください。

＊落丁本・乱丁本はお取替いたします。
　ご感想・お問い合わせは小社ホームページから
　お願いいたします。

https://www.keisoshobo.co.jp

シリーズ統合的認知

監修　横澤一彦

　五感と呼ばれる知覚情報処理過程によって，われわれは周囲環境もしくは外的世界についての豊富で詳細な特徴情報を得ることができる。このような，独立した各感覚器官による特徴抽出を踏まえて，様々な特徴や感覚を結び付ける過程がわれわれの行動にとって最も重要である。しかし，認知過程を解明するうえで，旧来の脳科学や神経生理学で取組まれている要素還元的な脳機能の理解には限界があり，認知心理学的もしくは認知科学的なアプローチによって，人間の行動を統合的に理解することが必要である。本シリーズでは6つの研究テーマを対象に，それぞれの分野の最先端で活躍する研究者たちが執筆している。各分野に興味を持つ認知心理学や認知科学専攻の大学院生や研究者のための必携の手引書として利用されることを願っている。

第1巻	河原純一郎・横澤一彦『注意』	3850円
第2巻	新美亮輔・上田彩子・横澤一彦『オブジェクト認知』	3850円
第3巻	横澤一彦・積山薫・西村聡生『身体と空間の表象』	3300円
第4巻	横澤一彦・藤崎和香・金谷翔子『感覚融合認知』	3520円
第5巻	三浦佳世・川畑秀明・横澤一彦『美感』	3850円
第6巻	浅野倫子・横澤一彦『共感覚』	3520円

勁草書房

＊表示価格は2023年10月現在。消費税（10％）を含みます。